DAVID CHIAVACCI, IRIS WIECZOREK (HRSG.)

Japan 2023

David Chiavacci, Iris Wieczorek (Hrsg.)

Japan 2023

Politik, Wirtschaft und Gesellschaft

mit Beiträgen von

David Adebahr, Denise Fiedler, Markus Heckel, Kerstin Lukner,
Kostiantyn Ovsiannikov, Matthias Pilz, Anke Scherer, Shinji Sakano,
Christian Tagsold, Franz Waldenberger, Torsten Weber, Wilhelm Vosse,
Christian G. Winkler

Bibliografische Information der Deutschen Nationalbibliothek
Die Deutsche Nationalbibliothek verzeichnet diese Publikation in der Deutschen Nationalbibliografie; detaillierte bibliografische Daten sind im Internet über http://dnb.d-nb.de abrufbar.
ISSN 0343-6950
ISBN 978-3-86205-480-0

© IUDICIUM Verlag GmbH München 2023
Alle Rechte vorbehalten
Druck: Elbe Druckerei, Wittenberg GmbH
Printed in Germany

www.iudicium.de

VSJF
A network for dialogue and research on contemporary japan

Die 1988 gegründete Vereinigung für sozialwissenschaftliche Japanforschung e.V. (VSJF) ist ein Netzwerk für die Förderung und den Austausch von Wissen über Politik, Wirtschaft, Gesellschaft und Kultur des modernen Japan. Der konzeptionelle Schwerpunkt besteht im Diskurs zwischen den Sozialwissenschaften und der Japan-Forschung. Mit der Vernetzung von Fach- und Länderspezialisten hat die VSJF Möglichkeiten geschaffen, interdisziplinär wichtige Fragestellungen zum modernen Japan zu bearbeiten und die Ergebnisse regelmäßig der Öffentlichkeit zugänglich zu machen. Die Vereinigung ist parteipolitisch neutral und als gemeinnützig anerkannt. Für weitere Informationen siehe www.vsjf.net

Inhaltsverzeichnis

INNEN- UND AUSSENPOLITIK

WIRTSCHAFT

GESELLSCHAFT

Vorwort

Die 46ste Ausgabe des Japan Jahrbuchs beginnt mit zwei Sonderbeiträgen zu Japans außenpolitischem Wirken in den gegenwärtigen Zeiten zunehmender geopolitischer Spannungen und versammelt zudem vier Übersichtsbeiträge und vier Forschungsartikel – die ein Double-Blind-Begutachtungsverfahren erfolgreich durchlaufen haben – in den Sektionen Außen- und Innenpolitik, Wirtschaft und Gesellschaft Japans.

Die Sektion zur Außen- und Innenpolitik Japans beginnt mit den zwei Sonderbeiträgen zum aktuellen Thema »Geopolitische Spannungen«. Kerstin Lukner geht der Frage nach, ob Japan vor dem Hintergrund zunehmender geopolitischer Spannungen den Multilateralismus stärkt. Sie führt aus, dass Russlands völkerrechtswidriger Einmarsch in die Ukraine aus Japans Sicht inakzeptabel ist, da er die universellen Werte der internationalen Gemeinschaft in Frage stellt, von denen sowohl Japans Frieden als auch sein Wohlstand abhängen. Zudem warnt Japan vor Nachahmern in Ostasien, womit insbesondere Chinas Anspruch auf Taiwan gemeint ist. Lukner zeigt, dass die derzeitigen geopolitischen Spannungen die Möglichkeiten der Vereinten Nationen und ihrer Mitglieder einschränken und Japan sich daher zunehmend kleineren, werteorientierten internationalen Allianzen zuwendet. Wilhelm Vosse geht in seinem Beitrag der Frage nach, ob Japans aktuelle Veränderungen auf den Gebieten seiner Sicherheits- und Technologiepolitik ausreichend sind, um adäquat auf die jüngsten geopolitischen Spannungen zu reagieren und ob sie angesichts Japans Abhängigkeit von den USA und China schnell genug umgesetzt werden.

Einen Überblick zu den Grundzügen und Tendenzen der japanischen Außen- und Sicherheitspolitik gibt David Adebahr. Im Zentrum seines Übersichtsbeitrages stehen dabei Japans neue Nationale Sicherheitsstrategie, und die Auswirkungen des russischen Angriffskriegs auf die Ukraine. Zudem geht Adebahr auf neue außenpolitische Akzente der Kishida-Regierung in den Bereichen Space-Security und Indopazifikstrategie ein. Christan G. Winkler zeichnet mit seinem Übersichtsbeitrag »Innenpolitik 2022/2023« die wichtigsten Entwicklungslinien in der japanischen Innenpolitik nach. Hierbei erörtert Winkler die Ergebnisse der Nachwahlen und der einheitlichen Kommunalwahlen im April 2023 sowie die wichtigsten Kabinettspolitiken und untersucht aktuelle Fragen in Zusammenhang mit den Folgen der Ermordung des ehemaligen Premierministers Abe.

Die Wirtschaftssektion hat zwei Beiträge. Franz Waldenberger und Kostiantyn Ovsiannikov beschäftigen sich in ihrem Vollbeitrag mit dem demographischen Wandel in Japans Gemeinden. Sie zeigen auf der Grundlage von Volkszählungen

sowie lokalen Einkommensteuer- und Finanzstatistiken für die Jahre 2000–2020,
dass die meisten japanischen Gemeinden heute klein und dünn besiedelt sind. Zudem sind diese kleinen und dünn besiedelten Gemeinden von einem deutlich stär-
keren Rückgang und einer schnelleren Alterung der Bevölkerung betroffen, die
Einkommen sind hier niedriger und die Finanzkraft der kommunalen Haushalte ist
schwächer. Markus Heckel analysiert in seinem Beitrag die unkonventionelle Geldpolitik der Bank of Japan (BOJ) während der Zeit von Haruhiko Kuroda als Chef
und stellt die Frage, ob mit dem neuen Chef Kazuo Ueda (seit April 2023 im Amt)
eine Normalisierung der Geldpolitik zu erwarten ist. Obwohl Ueda im Gegensatz
zu Kuroda als weitgehend unpolitisch und geldpolitisch eher ausgewogen gilt, konstatiert Heckel, dass es angesichts der derzeitigen Lage der japanischen Wirtschaft
unwahrscheinlich ist, dass sich Japans Geldpolitik in naher Zukunft normalisiert.

Die Gesellschaftssektion besteht dieses Jahr aus drei Beiträgen. Im Übersichtsbeitrag zum Geschichtsbewusstsein von Anke Scherer und Torsten Weber werden die
Reformen im Geschichtsunterricht an japanischen Gymnasien, die Jahrestage der
Rückgabe Okinawas an Japan und die Normalisierung der Beziehungen zwischen Japan und der VR China reflektiert. Am Anfang des Beitrages steht ein kurzer Überblick zum »historischen« Erbe von Shinzō Abe und eine Analyse der jüngsten Umfrageergebnisse zu den japanisch-chinesischen und japanisch-koreanischen Beziehungen. Matthias Pilz, Denise Fiedler und Shinji Sakano untersuchen die Attraktivität der
beruflichen Bildung in Japan. Ihre Ergebnisse basieren auf Interviews mit zwölf japanischen Lehrern an beruflichen Gymnasien, die sie im Februar 2020 durchgeführt
haben. Sie kommen zu dem Schluss, dass nach wie vor Berufsschulabsolventen ein
geringerer sozialer Status zugeschrieben wird, nicht zuletzt, weil sie seltener in prestigeträchtigen Unternehmen arbeiten als Hochschulabsolventen. Daher ist die berufliche Bildung in Japan nach wie nicht attraktiv. Der abschließende Forschungsbeitrag
von Christian Tagsold widmet sich dem Denkmalschutz der Moderne in Japan und
stellt die Frage, welches Erbe erhalten wird. Er gibt einen Überblick über den historischen Kontext und die Beweggründe für den Schutz moderner Architektur in Japan
und konstatiert, dass moderne Architektur nicht mehr nur als ausländischer Import
wahrgenommen wird, sondern zunehmend als Teil des japanischen Kulturerbes.

Unser sehr herzlicher Dank gilt allen Autorinnen und Autoren sowie dem Editorial Board und den externen Gutachterinnen und Gutachtern, die durch ihre fun-
dierten Kommentare, wichtige Hinweise und produktive Kritik auch dieses Jahr
die Qualität der Beiträge sichergestellt haben.

Zürich/Tōkyō, im November 2023
Prof. Dr. David Chiavacci und Dr. Iris Wieczorek

Die bisherigen Sonderbeiträge

POLITIK

Erfolge und Versäumnisse der Umweltschutzpolitik in Japan (H. Weidner), 1981/82

Die heutige Lage der japanischen Streitkräfte (R. Drifte), 1981/82

Japans Rechtsextremismus: zwischen etablierter Politik und Kriminalität (M. Pohl), 1982/83

Tiefpunkt einer Politikerkarriere – Kono Yoheis Experiment »Neuer Liberaler Club« ist gescheitert (Ch. Schwandt), 1986/87

Die Reform der japanischen Staatsbahnen (JNR) (H. J. Mayer), 1986/87

Leiharbeit und zwischenbetrieblicher Arbeitskräftetransfer (A. Ernst), 1986/87

Europäische Gemeinschaft – Japan (K.-R. Korte), 1986/87

Japans Antikernkraftbewegung im Aufwind (H. J. Mayer), 1988/89

Stichwort »Internationalisierung«: Marktöffnung genügt nicht (H. J. Mayer), 1988/89

Zwischen Politik und Religion: Der Streit um die Thronfolgeriten in Japan (P. Fischer), 1990/91

Japan als regionale Großmacht? Die ASEAN-Reise Kaifu Toshikis (M. Pohl), 1990/91

APEC – Die Konferenz über asiatisch-pazifische wirtschaftliche Zusammenarbeit aus japanischer Perspektive (J. Morhard), 1990/91

Japan: Der »Marsch zum Gipfel« (R. Machetzki), 1990/91

Japan und die GATT-Runden: Die grundsätzliche Haltung Japans in den GATT-Verhandlungen (M. Pohl), 1990/91

Japan und Rußland (W. Wallraf), 1991/92

SII und die amerikanisch-japanischen Beziehungen. Eine neue Lösung für ein altes Problem? (B. May), 1991/92

Zwischen Kooperation und Konflikt. Die Stellung Japans in der G-7 (B. Reszat), 1991/92

Die administrative Elite Japans und ihr Verhältnis zur Liberal-Demokratischen Partei (M. Bandow), 1992/93

Japan: Macht neuen Typs oder Riese ohne Verantwortung? (W. Wallraf), 1992/93

Japan und Südkorea zu Beginn der 90er Jahre: Aufbruch zu neuen Ufern? (P. Köllner), 1992/93

Japan als »aid leader«: Neue Entwicklungen in der japanischen Entwicklungspolitik (F. Nuscheler), 1993/94

Japan und Lateinamerika: Intensivierung der Beziehungen (H. Kreft), 1994/95

Die politischen und wirtschaftlichen Beziehungen der EU zu Japan (W. Pape), 1994/95

Tokyos Müllmanagement in Zeiten zunehmender Raumnot (R. Kühr), 1995/96

Von Vermächtnissen der Vergangenheit, gegenwärtigen Besorgnissen und zukünftigen Sicherheitsregimen: Anmerkungen zu Japans strategischem Umfeld in Nordostasien (P. Köllner), 1995/96

Die Zukunft der Erbfolge in der japanischen Politik (Kai-F. Donau), 2005

Elitenetzwerke in Japan (Carmen Schmidt), 2005

Aufstieg und Fall des »Endō-Reiches« – Öffentliches Bauen und politische Korruption in Japan am Beispiel der Präfektur Tokushima (Thomas Feldhoff), 2005

Zwischen regionaler Integration und nationaler Renaissance – Welchen Weg nimmt Japans Außenpolitik zu Beginn des 21. Jahrhunderts? (Martin Eberts), 2005

Political Leadership in Japan – Premierminister Koizumi und der »japanische Führungsstil« (Axel Klein), 2006

Strukturwandel des politischen Systems in Japan: Dezentralisierung und die neue Bedeutung der Kommunen (Gesine Foljanty-Jost), 2006

Japan und China – Perspektiven einer schwierigen Nachbarschaft (Martin Eberts und Henri Léval), 2006

Japans Streben nach einem ständigen Sitz im UNO-Sicherheitsrat: Eine unendliche Geschichte? (Kerstin Lukner), 2006

Shinzō Abe und das Ende der Reformpolitik (Albrecht Rothacher), 2007

Die Ästhetik des Opfers: Anmerkungen zur jüngsten Patriotismusdebatte in Japan (Matthias Pfeifer), 2007

Die Globalisierung der japanischen Sicherheits- und Verteidigungspolitik (Frank Umbach), 2007

Die japanische Innenpolitik 2007/2008 und Japans Parteien (Christian Winkler), 2008

Zehn Jahre NPOs in Japan – Diversifizierung des Dritten Sektors durch Recht (Gesine Foljanty-Jost, Mai Aoki), 2008

Änderungen im japanischen Innovationssystem und »neue« japanische Innovationspolitik (Kerstin Cuhls), 2008

Grundzüge und Tendenzen der japanischen Außenpolitik. Internationale Profilierung durch globale Herausforderungen (Wilhelm Vosse), 2008

Japans Entwicklungspolitik auf dem Prüfstand: Wegmarkierungen und Weichenstellungen (Paul Kevenhörster), 2008

Die Unterhauswahl 2009: Als der Wandel nach Japan kam!? (Christian Winkler), 2009

Bestimmt der Staat, was auf den Tisch kommt? Die Umsetzung des Rahmengesetzes zur Ernährungserziehung im ländlichen Japan (Cornelia Reiher), 2009

Terra marique: Die Rückkehr des Raumes in der völkerrechtlichen Debatte (Urs Matthias Zachmann), 2009

Das Ende des Eisernen Dreiecks? (Albrecht Rothacher), 2010

Niedrige Fertilität als politische Herausforderung: Eine neue Perspektive auf staatliche Steuerungsversuche im Feld der demographischen Entwicklung Japans (Axel Klein), 2010

Krisenherde im Meer: Japans Territorialkonflikte (Andreas Beck), 2010

Nationale Sicherheit als dominierender Faktor der japanischen Außenpolitik 2014/2015 (Wilhelm Vosse), 2015

Die Auswirkungen politischer Schocks auf die sino-japanischen Wirtschaftsbeziehungen: Beispiele von 2005, 2010 und 2012 (Franziska Schultz), 2015

Innenpolitik Japans 2015/2016 (Christian G. Winkler), 2016

50 Jahre Sanrizuka – Aufstieg, Niederlage und Transformation einer Widerstandsbewegung (Gesine Foljanty-Jost), 2016

Erweiterung von Sicherheits- und Handelspolitik: Japanische Außenpolitik 2015/2016 (Wilhelm Vosse), 2016

UNESCO-Welterbe, ostasiatische Nachbarn und japanische Altlasten (Christoph Brumann), 2016

Innenpolitik Japans 2016/2017 (Christian G. Winkler), 2017

Die Friedensverfassung und ihre Verteidiger: Proteste zum Schutz von Artikel 9? (Markus Pommerening), 2017

Grundzüge und Tendenzen der japanischen Außenpolitik 2016/2017: Japans Reaktion auf Donald Trump und Kim Jong-un (Wilhelm Vosse), 2017

Tōkyōs strategische Neuausrichtung in der asiatischen Pazifikregion: Eine komparative Analyse aktueller Entwicklungen in Japans regionaler Sicherheitspolitik (David Adebahr), 2017

Innenpolitik 2017/2018 (Christian G. Winkler), 2018

Rechtspopulismus in Japan: Eine thematische Diskursanalyse japanischer Blogeinträge zur Nippon Ishin no Kai (Katharina Dalko), 2018

Zwischen Sicherheitspolitik und Friedensbewegung: Gegenwärtige *Contentious Politics* bezüglich des US-Militärbasisbaus in der Präfektur Okinawa (Keisuke Mori), 2018

Grundzüge und Tendenzen der japanischen Außen- und Sicherheitspolitik 2017/2018: Ein Jahr der strategischen Weichenstellungen? (Kai Schulze), 2018

QUAD und das Indo-Pazifik-Konzept: Versuche, Chinas Hegemoniestreben einzudämmen (Siegfried Knittel), 2018

Innenpolitik 2018/2019 (Christian G. Winkler), 2019

Politik, Mediendiskurs und öffentliche Finanzen: Was Japans Staatsverschuldung über die Verfassung seiner Demokratie verrät (Yosuke Buchmeier), 2019

Ländliche Regionen im Wandel: Eine quantitative Vergleichsstudie zur Rolle der Binnenmigration für die Erhaltung ländlicher Siedlungen (Antonia Miserka), 2019

Grundzüge und Tendenzen der japanischen Außen- und Sicherheitspolitik 2018/2019: Globales Japan mit vielen Problemen (Kai Schulze), 2019

Japans Walfangpolitik: Die Gründe für den Austritt aus der Internationalen Walfangkommission (Fynn Holm), 2019

Innenpolitik 2019/2020 (Christian G. Winkler), 2020

Rauch und doch kein Feuer? Zur Varianz von Populismusdiagnosen für Japan (Axel Klein und Takeshi Kawasaki), 2020

Der Standortwechsel des Tsukiji Großmarkts in Tōkyō: Staatliche Risikokommunikation und ihre Wahrnehmung bei den Händlern (Anne-Sophie König), 2020

Japans Mindestlohnbewegung: *Social Movement Unionism* am Beispiel von Aequitas (Stefanie Schwarte), 2020

Grundzüge und Tendenzen der japanischen Außen- und Sicherheitspolitik 2019/20: Japan im Jahr der Krisen (Kai Schulze), 2020

Innenpolitik 2020/2021 (Christian G. Winkler), 2021

Stadtumgestaltung und Widerstand in Tōkyō: Die Rolle von Kunstschaffenden und Kreativen in Shimokitazawa (Michael Drewing), 2021

Wandel der Rolle des Premierministers in Japan: 20 Jahre Reformprozess der Exekutive und die Entstehung von *sontaku* (Lewis Erckenbrecht), 2021

Betroffenenbewegungen und das Recht: ›Heimatverlust‹ als Schaden in der Nariwai-Sammelklage gegen TEPCO und den Staat (Anna Wiemann und Köksal Sahin), 2021

Grundzüge und Tendenzen in der japanischen Außen- und Sicherheitspolitik 2020/2021: Das erste Jahr nach der Abe-Ära (Kai Schulze), 2021

Innenpolitik 2021/2022 (Christian G. Winkler), 2022

Grundzüge und Tendenzen der japanischen Außen- und Sicherheitspolitik 2021/22: Ein neues Jahr, ein neuer Premierminister, eine neue Krise (Kai Schulze), 2022

Zwischen regionaler Kooperation und strategischer Neuordnung: Eine Untersuchung des Perzeptionswandels in der japanischen Sicherheitspolitik (David Adebahr), 2022

WIRTSCHAFT

Japans Klein- und Mittelindustrie (M. Pohl), 1977/78

Vertriebssystem und Vertriebskosten in Japan (H. Laumer), 1979/80

Die japanische Konkurrenz – Hintergründe der hohen Leistungsfähigkeit (B. Pfaffenbach), 1980/81

Aufwind für Japans Universalhandelshäuser (M. Eli), 1980/81

Forschung und Technologie in Japan (S. von Krosigk), 1982/83

Japans Verflechtung in die Weltwirtschaft und die deutsche Wettbewerbslage im japanischen Spiegel (S. Böttcher), 1982/83

Die japanische Staatsverschuldung – Ursachen und Auswirkungen (A. Mekkel), 1983/84

Planrationalität und Marktrationalität – Vergleichende Betrachtung zwischen Japan und der Bundesrepublik Deutschland (S. Böttcher), 1983/84

Der bundesdeutsche Außenhandel mit Japan im Jahre 1984 (H.-J. Kurwan), 1984/85

Anmerkungen zur Informationslücke über Japans technologische Entwicklung (H. Schunck), 1984/85

Wettbewerb zwischen unterschiedlichen Wertevorstellungen im »Fernen Westen« und im »Fernen Osten« (S. Böttcher), 1984/85

Klischees, Mythen und Realitäten: Japan mit kritischer Brille betrachtet (G. Hielscher), 1985/86

Die einseitige Integration Japans in die Weltwirtschaft (S. Böttcher), 1985/86

Der Markt für deutsche Investitionsgüter in Japan (A. Rive), 1985/86

Aspekte der Exportförderung in Japan (M. Pohl), 1985/86

Die Ära der Mikroelektronik und die japanischen Gewerkschaften (H.-U. Bünger), 1985/86

Japans schwieriger Weg zur Internationalisierung (S. Böttcher), 1986/87

Deutsch-japanischer Vergleichsbericht über die Verteilungssysteme beider Länder (S. Böttcher), 1987/88

Staatliche Fördermaßnahmen für Innovation und Technologie-Entwicklung kleiner und mittlerer Unternehmen (M. Pohl), 1987/88

Japan lohnt sich – die deutsch-japanischen Wirtschaftsbeziehungen werden enger (S. Böttcher), 1988/89

Japan vor der Festung Europa? Nippons Europa-Strategien für 1992 (K.-R. Korte), 1988/89

Rückzug wider Willen: Japans Image leidet durch Hinhaltetaktik beim Treibnetzfischfang (H. J. Mayer), 1989/90

Kooperationen bestimmen die deutsch-japanischen Wirtschaftsbeziehungen (H.-J. Kurwan), 1989/90

Japans DDR- und Osthandelsbeziehungen im Umbruch (H. J. Kurwan), 1989/90

Deutscher Mittelstand nach Japan (S. Böttcher), 1989/90

Entwicklungen im japanischen Einzelhandel 1989/90 (M. Pohl), 1989/90

Die Europäer rollen nach Japan – Die Exporterfolge der EG-Länder in Japan und ihre handelspolitische Bedeutung (J. Mull), 1989/90

Deutsch-japanischer Handel vor einer Trendwende? (H.-J. Kurwan), 1990/91

Japanische Investitionen in Europa (H. Green), 1990/91

Westjapan – Verpaßt die deutsche Wirtschaft ihre Chancen? (G. Amelung), 1991/92

Staat und Industrieforschung in Japan (U. Wattenberg), 1991/92

Japanische Auslandsinvestitionen. Probleme mit der Datenbasis (U. Menzel), 1991/92

Europa im Blickpunkt japanischer Investoren (H. Kreft), 1991/92

Die neuen Bundesländer als Investitionsstandort für japanische Unternehmen (H. Kreft), 1991/92

Regionale Kooperationspläne in Nordostasien. Der Japan-See-Wirtschaftsraum (J. Morhard), 1991/92

Wachsen Japans Bäume etwa doch in den Himmel? (S. Böttcher), 1991/92

Kartelle, Kartellbehörden und Kartellaufsicht in Japan (C. Heath), 1992/93

Die Keiretsu: Rückgrat der japanischen Wirtschaft (H. Kreft), 1992/93

Neue Akzente in den US-japanischen Wirtschaftsbeziehungen (B. Reszat), 1992/93

Währungsentwicklung und Währungspolitik in Japan (B. Reszat), 1993/94

Japanische Transportunternehmen in Europa (W. Nötzold), 1993/94

Nach Japan exportieren – in Japan investieren – mit Japan kooperieren: Für eine Stärkung des deutschen Japan-Engagements (H. Kreft), 1993/94

Ostasien aus japanischer Perspektive: Vom Rohstofflieferanten zum Wirtschaftspartner (H. Kreft), 1993/94

Japans Pharmaindustrie auf dem Weg zum Global Player? (P. Köllner), 1993/94

Japan – eine Kopierkultur? (C. Heath), 1993/94

Japanische Banken im internationalen Wettbewerb – Phönix aus der Asche? (B. Reszat), 1994/95

Zwischen strategischen Allianzen und struktureller Abhängigkeit: Anmerkungen zur japanisch-südkoreanischen Industriekooperation (P. Köllner), 1994/95

Innovationspole – ein Instrument der Struktur- und Arbeitsmarktpolitik (K.-H. Schmidt), 1994/95

Der Arbeitskräftemangel in Japan: unlösbares Problem der 90er Jahre oder Spiegel verkrusteter Personalpolitik? (I. Kuhnert), 1994/95

Rezession und strukturelle Veränderungen setzen den japanischen Mittelstand unter Druck – Eine Bestandsaufnahme anhand des Weißbuchs für Klein- und Mittelunternehmen 1995 (F. Bosse), 1994/95

Beobachtungen und Randnotizen zur »Reiskrise« der frühen 90er Jahre (K. Vollmer), 1994/95

Das Hanshin-Erdbeben und seine ökonomischen Folgen (F. Bosse), 1994/95

Japan als Finanzzentrum Ostasiens? (B. Reszat), 1995/96

Rechtssystem und wirtschaftlicher Erfolg in Japan (Ch. Heath), 1995/96

Die räumliche Umorganisation der japanischen Industrieproduktion im Ausland (H. und B. Kreft), 1995/96

Deregulierung der japanischen Wirtschaft – mehr als ein Schlagwort? Der schwierige Reformprozeß in Japan (H. Kreft), 1996/97

Japans Wirtschaft entdeckt Indien: Die Intensivierung der japanisch-indischen Wirtschaftsbeziehungen seit Beginn der 90er Jahre (B. und H. Kreft), 1996/97

Japans umweltpolitische Entwicklungshilfe: Eine Analyse am Beispiel des Transfers von Umwelttechnologie (R. Kühr), 1996/97

Talking to the Machine: Herstellung und Gebrauch von Informationstechnik in Japan (P. Plate), 1996/97

Japan und die Regionalisierung im Pazifischen Becken (M. Preisinger-Monloup), 1996/97

Verbraucherverhalten in Japan, dessen Wandlungen und Tendenzen (U. Thiede), 1996/97

Tendenzen der japanischen Energie- und Umweltpolitik (P. Plate), 1997/98

Neue Unternehmer braucht das Land … (F. Bosse), 1997/98

»Back to the Future« oder: Eine Produktionsform auf der Suche nach ihrer Zukunft (H. Törkel), 1997/98

Der japanische Versandhandel (S. Aßmann), 1997/98

Japan und und die Einführung des Euro – Neue Bemühungen um eine Internationalisierung des Yen (H. Kreft), 1998/99

Mergers & Acquisitions: Öffnung und Wandel der Japan Inc. (A. Nabor), 1998/99

Abschied von den keiretsu? Japans Wirtschaft vor einem »new-economy«-Boom und weiterer Öffnung (H. Kreft), 1999/2000

Mergers & Acquisitions in Japan (H. Menkhaus und H. Schmitt), 1999/2000

Marktzugang für deutsche Unternehmen in Japan: Neue Chancen und Risiken (S. Bromann, W. Pascha und G. Philipsenburg), 1999/2000

Nach der verlorenen Dekade in Japan der ökonomische »turnaround«? Die Risiken einer notwendigen Reformpolitik sind hoch (Heinrich Kreft), 2000/2001

Finanzmarktwettbewerb und Regulierung (Andreas Nabor), 2000/2001

The Law of Marketing and Advertising in Japan (Christopher Heath), 2000/2001

Versorgung mit Risikokapital in Klein- und mittelständischen Unternehmen in Deutschland und Japan (Martin Naundorf), 2000/2001

Sōgō Shōsha – Japans multifunktionale Großunternehmen im Existenzkampf (Max Eli), 2000/2001

Auf dem Weg zur Kreislaufwirtschaft? Japans Umweltpolitik nach der Verwaltungsreform (Georg Schmidt), 2000/2001

Flughafenstandorte in Japan – Akteure, Strategien, Probleme und Perspektiven (Thomas Feldhoff), 2000/2001

Asymmetrie in der japanisch-amerikanischen Währungspolitik (Gunther Schnabl), 2001/2002

Internationale Kooperationen im Mittelstand: Vertrauen und vertrauensbildende Maßnahmen in deutsch-japanischen Unternehmenskooperationen (Harald Dolles), 2001/2002

Erfolgsfaktoren ausländischer Banken in Japan (Matthias Gundlach und Ute Roßmann), 2001/2002

Probleme und Perspektiven der japanischen Pharmaindustrie (Jörg Mahlich), 2001/2002

Manga – Evolution einer Industrie (Michael Haas), 2001/2002

Bubble Economy – Spätfolgen und Konsequenzen für die Finanzierungsstruktur japanischer Unternehmen (Martin Naundorf), 2003

Erneuerbare Energien in Japan – Im Osten etwas Neues? (Georg Schmidt), 2003

Das japanische Innovationssystem im Überblick (Jörg Mahlich), 2003

Wie wettbewerbsfähig ist Japan? (Ingo Meierhans und Christian Flock), 2004

Die Auswirkungen des Wechselkurses auf die japanische Geldpolitik (Matthias Brachmann), 2004

Japans Deregulierungszonen als wirtschaftspolitisches Experimentieren (Werner Pascha und Petra Schmitt), 2010

Geschäftsstrategie, Führungsstruktur und Arbeitsmotivation in Niederlassungen multinationaler japanischer Unternehmen in Deutschland (Yoshinori T. Wada), 2010

Das Tōhoku-Erdbeben – wirtschaftliche Auswirkungen (Franz Waldenberger und Jens Eilker), 2011

Ethischer Konsum in Japan: Ein neuer Trend? (Florian Kohlbacher), 2011

Ansichtssache: Zum Zustand der japanischen Wirtschaft nach Doppelschlag und Dreifach-Katastrophe (Georg Blind und Steffania Lottani von Mandach), 2012

Subjektives Glücksempfinden und seine Einflussfaktoren im japanischen Kontext: Eine glücksökonomische Analyse der Ergebnisse des National Survey on Lifestyle Preferences (Tim Tiefenbach und Florian Kohlbacher), 2012

Die geistige Eigentumsstrategie für die Contents-Industrie in der japanischen Wirtschaftspolitik (Takahiro Nishiyama), 2012

Bescheidene Managementgehälter und sich schließende Lohnscheren: Neue Einblicke in den japanischen Arbeitsmarkt (Georg Blind und Stefania Lottani von Mandach), 2013

Japans Senioren auf dem Arbeitsmarkt: Zwischen ökonomischer Notwendigkeit und innerem Antrieb (Florian Kohlbacher und Hendrik Mollenhauer), 2013

Abenomics weiter auf Erfolgskurs? Japans Wirtschaft vor und nach der Anhebung der Konsumsteuer 2014 (Nadine Burgschweiger), 2014

Ikumen: Japans neue Väter als neuer Markt? (Florian Kohlbacher und Christoph Schimkowsky), 2014

»Abenomics« und die Shunto 2014: Der Einfluss von Einkommens-, Beschäftigungs-, Vermögens- und Bevölkerungsentwicklung für die Wachstumspolitik in Japan (Albrecht Rothacher), 2014

Eine Frage der Zeit: Das Scheitern von Abenomics (Tim Tiefenbach), 2015

Womenomics – Ein Modell für eine neue Familienpolitik in Japan? (Annette Schad-Seifert), 2015

Erwartungsbildung unter Unsicherheit: Der blinde Fleck von Abenomics (Tim Tiefenbach), 2016

Zwischen Separation und Inklusion: Die Förderung von Menschen mit Behinderung durch berufliche Beschäftigung in Japan (Nora Gilgen), 2016

Hybrid-Manager in Japan: Weg zum interkulturellen Erfolg (Rolf D. Schlunze), 2016

Japan im ökonomischen Gesundheitscheck: Krise der Wirtschaft oder Krise der Wissenschaft (Frank Rövekamp), 2017

Das japanische Modell der Arbeitsplatzsuche: Historische Entwicklung und gegenwärtige Situation (Adam Jambor), 2017

GESELLSCHAFT

Polizeiskandal in Osaka: Polizeikritische Anmerkungen zum Aufstand der Tagelöhner von Kamagasaki (H. Worm), 1990/91

Akademischer Austausch zwischen Deutschland und Japan (U. Lins), 1992/93

Überalterung der Bevölkerung stellt neue Anforderungen an Japans Sozialpolitik (F. Bosse), 1993/94

Japans Kōban-Polizei: Die Helden der inneren Sicherheit? (H. Worm), 1993/94

Holocaust-Leugner in Japan: Der Fall »Marco Polo« – Printmedien und Vergangenheitsbewältigung (H. Worm), 1994/95

Soziale Sicherung in Japan am Beispiel von Arbeitnehmern in unsicheren Anstellungsverhältnissen (F. Brandes), 1995/96

Wie stark sind die japanischen Gewerkschaften? – Eine Positionsbestimmung anhand der Lohnpolitik (F. Bosse), 1995/96

Die Entschädigung ehemaliger Zwangsprostituierter in Japan (H. Küpper), 1996/97

Leben, arbeiten und alt werden in Japan – Japanische Arbeits- und Sozialpolitik (M. Sommer), 1997/98

Das neue Ainu-Gesetz (H. Küpper), 1997/98

Leitmotiv Überalterung: Arbeits- und Sozialpolitik in Japan (M. M. Sommer), 1998/99

Die japanische Arbeitslosenversicherung in der Krise (A. M. Thränhardt), 1998/99

Randale an Japans Schulen: Ursachen und bildungspolitische Antworten (G. Foljanty-Jost), 1998/99

Uhrenindustrie und Zeitregime (F. Coulmas), 1999/2000

Wege aus der Arbeitslosigkeit? Neue und alte Formen der Selbstständigkeit in Japan (C. Storz), 1999/2000

Japanische Arbeits- und Sozialpolitik in Zeiten des Strukturwandels (M. M. Sommer), 1999/2000

Ungeregelt, ungesichert, unterbezahlt – Arbeit und Beschäftigung im Schatten des Toyotaismus (W. Manzenreiter), 1999/2000

Forschung und technologische Entwicklung in Japan und Deutschland – Standortbestimmung und neue Kooperationsansätze (Klaus Matthes), 2000/2001

Wie Japan und Deutschland mit dem Zweiten Weltkrieg umgehen (Gebhard Hielscher), 2000/2001

Vergangenheit im Spielfilm der frühen Nachkriegszeit – Japan und Deutschland im Vergleich (Miriam Rohde), 2000/2001

(Ehe-)Paarhaushalt als Auslaufmodell? Die Debatte um die Parasiten-Singles in Japan (Annette Schad-Seifert), 2001/2002

Japan – a Disaffected Democracy? On Political Trust, Political Dissatisfaction, Political Activity, and Environmental Issues (Wilhelm Vosse), 2001/2002

Wenn der Zirkus die Stadt verlassen hat: Ein Nachspiel zur politischen Ökonomie der Fußball-WM 2002 in Japan (Wolfram Manzenreiter), 2003

Eine Kaiserin auf Japans Thron? Die Zukunft des japanischen Kaiserhauses (Eva-Maria Meyer), 2003

Neue Entwicklungen in der japanischen Schulbuchdebatte (Sven Saaler), 2003

Zwischen Ignoranz und Reaktion – Aktuelle Medienberichterstattung über japanische Kriegsverbrechen im Asiatisch-Pazifischen Krieg (Daniela Rechenberger), 2003

Jugendhilfe in Japan: Reformen und zukünftige Aufgaben (Manuel Metzler), 2004

Quo vadis, Futenma? Zur Transnationalisierung des politischen Protestes in Okinawa (Gabriele Vogt), 2005

Das japanische Gesellschaftsmodell in der Krise: Fazit und Versuch eines Ausblicks am Ende des verlorenen Jahrzehnts (David Chiavacci), 2006

Japans kinderarme Gesellschaft – Die niedrige Geburtenrate und das Gender-Problem (Annette Schad-Seifert), 2006

Japanische Krankenhäuser: Ein Sektor im Umbruch (Matthias Brachmann), 2006

Paradigmenwechsel? Eine empirische Betrachtung transsektoraler Zusammenarbeit zwischen zivilen Umweltorganisationen und Großunternehmen in Japan (Susanne Bruksch), 2007

Migrant Support Organizations in Japan – A Mixed-Method Approach (Gabriele Vogt, Philipp Lersch), 2007

Die Zukunft der kaiserlichen Thronfolge (Junko Ando), 2007

Zur Entwicklung einer partizipatorischen Zivilgesellschaft in Japan (Michiko Mae), 2008

Partner oder Gegner? Begegnungen mit China, Taiwan und Hongkong in Kinofilm und Fernsehdrama in Japan (Griseldis Kirsch), 2008

Not in Education, Employment or Training: Das »NEET-Problem« – Ansichten eines Gesellschaftsphänomens (Silke Werth), 2008

Vorwärts in die Vergangenheit? Für und Wider der Bewerbung Tōkyōs um die Olympischen Spiele 2016 in der politischen Diskussion (Christian Tagsold), 2009

Ländliche Regionen und Tourismusvermarktung zwischen Revitalisierung oder Exotisierung: das Beispiel Echigo-Tsumari (Susanne Klien), 2009

Sutekina kurashi – Rückbesinnung auf Heim und Familie (Anemone Platz), 2009

Massenmedialer Geschichtsrevisionismus im gegenwärtigen Japan: Filmische Repräsentationen der »Tōkyō-Tribunal-Geschichtsauffassung« (Steffi Richter), 2009

Die japanische Diskussion über soziale Ungleichheit in der Bildung: Erklärungsansätze und Lösungsvorschläge (Julia Canstein), 2010

Krieg und Erinnerung zwischen Mündlichkeit und Medien: Streifzüge durch japanische Gedächtnisdiskurse (Robert F. Wittkamp), 2010

Neue Risiken, neues Selbstbild: Japan in verunsichernden Zeiten (Carola Hommerich), 2011

Die familiale Tischgemeinschaft in Japan zwischen Ideal und Alltagspraxis vom Ende des 19. Jahrhunderts bis zur Gegenwart (Katja Schmidtpott), 2011

Die Tsunami- und Nuklear-Katastrophe 2011 in Japan: Der Umgang mit dem (Rest-)Risiko (Winfried Flüchter), 2012

Nutzen durch Beteiligung? Politische Partizipation nach der Katastrophe (Phoebe Holdgrün), 2012

Vor und nach »Fukushima«: Dynamiken sozialer Protestbewegungen in Japan seit der Jahrtausendwende (Katrin Gengenbach und Martina Trunk), 2012

Lebensmittelsicherheit in Japan nach Fukushima: Produzenten versus Konsumenten? (Cornelia Reiher), 2012

Kizuna: Das Schriftzeichen des Jahres 2011 als Antwort auf das gefühlte Auseinanderbrechen der Gesellschaft? (Christian Tagsold), 2012

Japanische Geburtenpolitik in Geschichte und aktuellem Diskurs (K.-Ulrike Nennstiel), 2012

Katastrophenvolunteers in Tōhoku: Lebensinhalt, Strategie, Selbstzufriedenheit? (Susanne Klien), 2013

»Sushi global«: Zwischen J-branding und kulinarischem Nationalismus (Dorothea Mladenova), 2013

Setsuden: Die Energiekrise und gesellschaftliche Stromsparanstrengungen nach Fukushima (Robert Lindner), 2014

Omotenashi – Gastfreundschaft im Spiegel von Olympia (Claudia Caroline Schmidt), 2014

Die japanischen Medien und die Atomkatastrophe von Fukushima (Tobias Weiß), 2014

Japanische Atombombenopfer: Eine Analyse von Diskriminierungserfahrungen (Nicole Terne), 2015

LGBT-Boom: Neueste Entwicklungen zur Gleichstellung »sexueller Minderheiten« in Japan (Regine Dieth), 2016

Zunehmende Bildungsungleichheiten in Japan? Der Einfluss von Unsicherheit auf Bildungsinvestitionen von den 1990ern bis heute (Steve R. Entrich), 2016

Sezession, Rezession und Transformation: Umbruch in der Welt der Yakuza (Wolfgang Herbert), 2016

Das Glück auf dem Land: Wohlbefinden in Kumamoto im Stadt-Land-Vergleich (Wolfram Manzenreiter), 2016

Miritarī Otaku: Der moefizierte Krieg und die Faszination für das deutsche Militär (Philip Lindemer), 2017

Altenpflege in Japan: Wohlfahrtsgenese im regionalen Kontext (Vitali Heidt), 2017

Diversität und Justizsystem in Japan (Moritz Bälz), 2018

Das Ende des »Mythos« des sicheren Japans: Das Sicherheitsgefühl aus Sicht der japanischen privaten Sicherheitsindustrie (Sebastian Polak-Rottmann), 2018

Diskriminierung von Homosexualität in Japan: Protest einer Minderheit (Maria Blödel), 2019

Indigene Rechte für die Ainu?: »Neues Gesetz«, »Symbolischer Raum« und der Streit um 1.600 Gebeine (Uwe Makino), 2019

»Kommt auf keinen Fall nach Kyōto«: Von Touristenschwemme zu Touristenmangel in Japan, 2011–2020 (Harald Fuess), 2020

Akademische Fähigkeit in Form von Zahlen: *Hensachi* als doppeltes Ranking von Personen und Universitäten (Markus Hoffmann), 2020

Exotisierung und Internationalisierung in der Kulturgeschichte des Modeviertels Harajuku (Jana Katzenberg), 2020

Geschichte und Geschichtsbewusstsein im Jahr der Jahrestage 2020 (Torsten Weber und Anke Scherer), 2021

Zwischen Diaspora und hybrider Identität: Generationeller Wandel in Identitätsdiskursen der koreanischen Minderheit in Japan (Jana Aresin), 2021

»Kochen ist (nicht) nur Mama-Sache«: (Vor-) Bilder von Ernährungsversorger(inne)n in den japanischen Medien zwischen Kontinuität und Wandel (Stefanie Reitzig), 2021

Doppelverdiener-Haushalte in Japan: Sozialpolitische Implikationen für eine *Dual Earner Society* (Annette Schad-Seifert), 2021

Humor in der japanischen und US-amerikanischen Populärkultur: Eine vergleichende Medienanalyse von Humor als kulturellem und gesellschaftlichem Phänomen (Miriam Welz), 2021

Geschichte und Geschichtsbewusstsein in Japan im Jahr 2021 (Anke Scherer und Torsten Weber), 2022

Zieht aufs Land! Strategien japanischer Präfekturen zur Anwerbung von Stadt-Land-Migrant*innen vor und während der Corona-Pandemie (Cornelia Reiher), 2022

Die Revitalisierungsinitiative Zen der Stadt Aso, ihre Stakeholder und deren Konflikte (Signy Goto-Spletzer), 2022

Geschlossene Grenzen: Alltagserfahrungen internationaler Studierender während der COVID-19-Pandemie und deren Implikationen für eine Integration in die japanische Gesellschaft (Paul Johann Kramer), 2022

SONDERSEKTION: BILDUNG

Wer geht während der Schulzeit ins Ausland? Soziale Selektivität in der Akkumulation transnationalen Humankapitals in Japan (Steve R. Entrich), 2019

Die Entwicklung der sozialwissenschaftlichen Diskussion über Schulabsentismus in Japan: Neue Trends oder ein altes Phänomen? (Susanne Kreitz-Sandberg und Vincent B. Lesch), 2019

»Souverän-Erziehung« – *Shukensha Kyōiku*: Hintergründe und Leitbilder der gegenwärtigen Debatte über die Neuausrichtung politischer Bildung in Japan (Anja Sips), 2019

SONDERSEKTION ZUR ABE-ÄRA IN JAPAN

Zwischen Verehrung und Geringschätzung: Einführung in die Sondersektion zu Abes Wirken und Vermächtnis (David Chiavacci), 2022

Das tödliche Attentat auf Shinzō Abe und die Verbindung von Religion und Politik in Japan (Iris Wieczorek), 2022

Shinzō Abe und Japans Beziehungen zu China und den USA: Geopolitische Machtverschiebungen und strategische Neuausrichtung (Sebastian Maslow), 2022

Vorbereitung auf eine neue Weltordnung: Das Vermächtnis Shinzō Abes in der Außenwirtschaft (Werner Pascha), 2022

Shinzō Abe und die koreanische Halbinsel: Schwieriges Verhältnis (Alexandra Sakaki), 2022

Fallende Kosten staatlicher Intervention: Abes Kehrtwenden in der Arbeitsmarktpolitik (Steffen Heinrich), 2022

Abenomics in der Landwirtschaftspolitik: Koizumis Werk und Abes Beitrag (Hanno Jentzsch), 2022

Abes atompolitisches Erbe: Ein Jahrzehnt der Ungewissheit (Florentine Koppenborg), 2022

Die japanische Wirtschaft unter »Abenomics« (Franz Waldenberger), 2022

Abeducation: Das Vermächtnis der Bildungspolitik von Shinzō Abe (Steve R. Entrich), 2022

Die Regulation von Hate Speech unter Abe (Ayaka Löschke und Sangyun Kim), 2022

Die stille Revolution in Japans Zuwanderungspolitik unter Shinzō Abe (Gabriele Vogt), 2022

Protest ohne Zähne? Entwicklung und Wandel sozialer Bewegungen während der Amtszeit Abes (Anna Wiemann), 2022

Innenpolitik 2022/2023

Christian G. Winkler

Domestic Politics 2022/2023

This chapter examines domestic Japanese politics in 2022/2023. It discusses the results of the by-elections and the unified local elections of April 2023. Furthermore, it examines key Cabinet policies and the ongoing questions pertaining to the aftermath of former Prime Minister Abe's assassination.

1 Wahlen

1.1 Wahlen auf nationaler Ebene

Im Beobachtungszeitraum gab es insgesamt vier Beiwahlen in Unterhauswahlkreisen, sowie eine weitere im Oberhauswahlkreis Ōita. Diese wurden aus unterschiedlichen Gründen notwendig. Im Wahlkreis Chiba 5 kam es zu einer Wahl, nachdem der bisherige Amtsinhaber Kentarō Sonoura von der Liberal Demokratischen Partei (LDP) falsche Angaben über die Finanzierung seiner politischen Aktivitäten gemacht hatte. Daraufhin trat Sonoura aus der Partei aus und gab sein Mandat auf. Er wurde letztlich wegen eines Verstoßes gegen das Gesetz über die Regulierung der Finanzierung politischer Aktivitäten angeklagt und verurteilt (*AS* 24.04.2023).

Die Beiwahlen in Wakayama 1 und Ōita waren eine Konsequenz aus der Entscheidung der jeweiligen Amtsinhaber, bei Gouverneurswahlen anzutreten. Die beiden Wahlkreise Yamaguchi 2 und 4 waren lange in der Hand des langjährigen Premierministers Shinzō Abe sowie seines Halbbruders Nobuo Kishi. Nach der Ermordung von Abe im Sommer 2022 und Kishis Rücktritt aus gesundheitlichen Gründen wurden jedoch auch in diesen Wahlkreisen Neuwahlen notwendig.

Mit Ausnahme von Wakayama 1 konnte die LDP alle Wahlen für sich entscheiden und damit die entsprechenden Sitze im Parlament halten. Für die Opposition mit Ausnahme der JIP war bei den Beiwahlen aus diversen Gründen nichts zu holen. In der traditionellen LDP-Hochburg Yamaguchi war dies zu erwarten gewesen, zumal mit Nobuchiyo Kishi in Yamaguchi 2 der Sohn des langjährigen Amtsinhabers ins Rennen gegangen war. Im Wahlkreis Yamaguchi 4 wurde Shinji Yoshida von Abes Witwe Akie unterstützt und betonte, er wolle Abes Agenda weiterführen (*MS* 24.04.2023). Auch wenn die LDP somit die Geschichte ihrer Dominanz am Südzipfel von Honshū fortgeschrieben hat, waren die Wahlsiege von Kishi und Yoshida nicht so deutlich wie erwartet. Kishis Herausforderer, der ehemalige Vize-Innenminister Hiraoka konnte 47,5 % der abgegebenen Stimmen auf sich vereinen und damit das Rennen deutlich enger gestalten als gedacht. Abes Nachfolger Yoshida gewann seine erste Wahl klarer, aber auch er blieb mit 51.000 Stimmen weit hinter dem Ergebnis seines Vorgängers. 2021 hatte Abe seinen Wahlkreis noch mit 80.000 Stimmen gewonnen (*AS* 24.04.2023a).

Bei der Wahl in Chiba 5 stellten sowohl die Konstitutionell-Demokratische Partei (KDP) als auch die Demokratischen Partei des Volkes (DPV) Kandidaten auf, die, wie so oft in der Vergangenheit, das anti-LDP Lager spalteten und damit der von der LDP aufgestellten ehemaligen UN-Mitarbeiterin Arfiya Eri den Einzug ins Unterhaus bescherten (*AS* 24.04.2023; *MS* 24.04.2023).

Im Wahlkreis Wakayama 1 wurde die von der Japanischen Innovations-Partei (JIP) aufgestellte Yumi Hayashi zur Nachfolgerin des zum Gouverneur gewählten Shūhei Kishimoto, nachdem sie sich gegen den ehemaligen Unterhausabgeordneten Hirofumi Kado von der LDP durchgesetzt hatte (*MS* 24.04.2023).

Im Oberhauswahlkreis Ōita bezwang die von der LDP aufgestellte Aki Shirasaka den ehemaligen Vorsitzenden der Sozialdemokratischen Partei Tadatomo Yoshida, der für die KDP ins Rennen gegangen war (*MS* 24.04.2023). Somit konnte sich die Regierungspartei den Sitz, welchen sie bei der Oberhauswahl 2019 noch an die Opposition verloren hatte, zurückholen. Der Ausgang der Wahl war denkbar knapp. Am Ende machten 341 Stimmen den Unterschied und verhalfen Shirasaka somit zu ihrem Wahlerfolg (*AS* 24.04.2023).

1.2 Wahlen auf regionaler Ebene

Im Frühjahr standen Wahlen von Stadträten in Großstädten, Abgeordneten in Präfektur-Parlamenten, Bürgermeistern und etlichen Gouverneuren an. Die LDP konnte ihre dominante Stellung verteidigen, der JIP gelang ein weiterer Wahlerfolg, während die anderen Parteien Federn lassen mussten. Wie weit die Distanz zwischen der LDP und ihrer politischen Konkurrenz nach wie vor ist, zeigt sich an der

Tatsache, dass die LDP zweimal so viele lokale Abgeordnetenmandate (2410) erringen konnte wie die beiden größten Oppositionsparteien zusammen: Die DKP kam
auf 671 Sitze, die JIP auf 591 (*YS* 27.04.2023). Ein Blick auf die Präfektur-Ebene zeigt
die Diskrepanz zwischen LDP und den Oppositionsparteien noch deutlicher: Zum
dritten Mal in Folge konnte die LDP eine absolute Mehrheit (51%) der Sitze in den
Präfektur-Parlamenten erringen. In 24 der 47 Parlamente kontrolliert die LDP mehr
als 50% der Sitze (im Vergleich zu 25 vor der Wahl). Die Partei für eine saubere
Regierung (*Kōmeitō*) konnte einen leichten Zuwachs an Sitzen verbuchen, aber ver-
fehlte ihr Ziel, alle von ihr aufgestellten Kandidat*innen wählen zu lassen. Die JIP
konnte die Zahl ihrer Sitze (von 57 auf 124) zwar mehr als verdoppeln, der Abstand
zu den 1151 Sitzen der LDP ist allerdings nach wie vor extrem groß. Die DPK verlor
15 Sitze und errang 185. Auch die DPV und die Sozial-Demokratische Partei büß-
ten Sitze ein (*MS* 11.04.2023).

Die Gouverneurswahlen endeten in 15 von 20 Fällen mit dem Sieg des Amtsinhabers im Beobachtungszeitraum (September 2022 – Anfang August 2023). Dies
war der Fall in Hokkaidō, Kanagawa, Gunma, Saitama, Yamanashi, Aichi, Ōsaka,
Fukui, Shimane, Tottori, Ehime, Saga, Miyazaki, Fukushima und Okinawa. In den
meisten Fällen wurden die Amtsinhaber klar in ihrem Amt bestätigt (*NHKSW*
2023). Lediglich in Hokkaidō hatte die Opposition mit der ehemaligen Unterhausabgeordneten Maki Ikeda eine Gegenkandidatin aufgestellt. Diese konnte die Wie-
derwahl von Amtsinhaber Naomichi Suzuki jedoch nicht gefährden (*MS*
10.04.2023). Die Wahl in Miyazaki wurde mit großer Aufmerksamkeit verfolgt, weil
der Vorgänger und ehemalige Chef von Amtsinhaber Junji Kōno erneut angetreten
war. Hideo Higashikokubaru war bereits von 2007 bis 2011 Gouverneur von Miyazaki, bevor es ihn ins Unterhaus zog. 2007 hatte Higashikokubaru ohne organisato-
rische Unterstützung von Parteien und Interessengruppen den Sprung auf den
Gouverneursstuhl geschafft. Die Wähler verwehrten ihm jedoch eine Rückkehr auf
selbigen und bescherten Higashikokubarus Nachfolger Kōno eine vierte Amtszeit
(*YS* 26.12.2022). Viele Wähler hatten anscheinend nicht vergessen, dass Higashikokubaru 2011 erst seine erneute Kandidatur angekündigt hatte, nur um dann nach
Tōkyō zu entschwinden (*AS* 27.12.2022).

In Aomori, Wakayama und Ōita waren die bisherigen Amtsinhaber nicht mehr
angetreten. In Wakayama errang der bereits oben erwähnte langjährige Unterhausabgeordnete Shūhei Kishimoto (ehemals Unterhauswahlkreis Wakayama 1) seinen ersten Erfolg bei einer Gouverneurswahl. Der Oppositionspolitiker war zuletzt Mitglied
der KPV (*MS* 24.04.2023). In Aomori wurde der ehemalige Bürgermeister von Mutsu,
Sōichirō Miyashita, zum Nachfolger des 20 Jahre lang amtierenden Shingo Mimura
gewählt. Miyashita setzte sich in der Wahl gegen den ehemaligen Bürgermeister von

Aomori Stadt, Onodera, durch. Wie in Nara und Tokushima (siehe unten), hatte sich die LDP nicht auf einen Kandidaten verständigen können. Sowohl Onodera als auch Miyashita hatten die Regierungspartei um ihre Unterstützung gebeten. Dies spaltete letztlich die lokale und regionale LDP-Organisation (*MS* 05.06.2023, 06.06.2023). Auch in Ōita stand der langjährige Amtsinhaber Hirose nicht mehr für eine sechste Amtszeit zur Verfügung. Die Nachfolge von Hirose wurde zu einem Zweikampf zwischen dem ehemaligen Bürgermeister von Ōita Stadt, dem von der Regierungskoalition unterstützten Kiichirō Satō sowie dem ehemaligen Oberhausabgeordneten Kiyoshi Adachi. Adachi, der als unabhängiger Kandidat angetreten war, verlor letztlich klar gegen Satō (*MS* 10.04.2023a).

In Nara und Tokushima wurden mit Shōgo Arai und Kamon Iizumi langjährige Amtsinhaber abgewählt. In beiden Fällen konnte sich die LDP nicht auf einen Kandidaten verständigen. In Nara führten diese Auseinandersetzungen dazu, dass der von der JIP aufgestellte Makoto Yamashita die Wahl zu seinen Gunsten entscheiden konnte. Die von Kabinettsmitglied Sanae Takaichi (Wahlkreis Nara 2) geführte lokale Parteiorganisation hatte sich auf den ehemaligen Mitarbeiter im Innenministerium (dem Takaichi lange vorstand) Shō Hiraki als neuen Kandidaten für die Gouverneurswahl geeinigt. Amtsinhaber Arai nahm dies jedoch nicht tatenlos zur Kenntnis und wurde letztlich von einem Teil der lokalen LDP-Abgeordneten unterstützt. Dies führte zu einer Spaltung des LDP-Lagers und dessen Stimmen sowie zu Yamashitas Wahlsieg (*AS* 10.04.2023).

Ein ähnliches Bild zeigte sich in Tokushima, wenngleich hier letztlich ein LDP-Urgestein die Gouverneurswahl für sich entscheiden konnte. Masazumi Gotōda, ehemals Vizeregierungssprecher, langjähriger Unterhausabgeordneter und Verwandter des ehemaligen obersten Regierungssprechers Masaharu Gotōda, setzte sich gegen Amtsinhaber Iizumi sowie den ehemaligen Oberhausabgeordneten Tōru Miki durch. Iizumi, der eine sechste Amtszeit anstrebte, hatte sich die Unterstützung der lokalen LDP-Parteiorganisation gesichert. Wie in Nara stellten sich Teile der lokalen LDP jedoch gegen diese Entscheidung und unterstützten stattdessen Gotōda bzw. Miki (*AS* 10.04.2023a).

In einer stetig wachsenden Zahl von Fällen hatten die Bürger*innen bei den obigen Regionalwahlen jedoch keine Wahl im eigentlichen Sinne. So stand in 28,4 % der Bürgermeisterwahlen im Rahmen der zweiten Hälfte der landesweiten Regionalwahlen jeweils nur ein Kandidat bzw. eine Kandidatin zur Wahl, der bzw. die, weil alternativlos, automatisch ins Amt »gewählt« wurde. Auch wenn der Prozentsatz dieser »Nichtwahlen« im Gegensatz zu den Jahren 2015 und 2019 etwas gesunken ist, scheint eine Trendwende nicht in Sicht, denn verglichen mit den Regionalwahlen im Jahre 2003 stellen die 28,4 % einen mehr als 200-prozentigen Anstieg dar (*YS* 18.04.2023).

2 Die Parteien

2.1 Die LDP

Neben dem Kabinett (siehe Abschnitt 3) bildete Premierminister Kishida in seiner Funktion als LDP-Vorsitzender auch die Parteiexekutive um. Parteivize Tarō Asō (ehemals Premierminister und langjähriger Finanzminister unter Abe) sowie Generalsekretär Toshimitsu Motegi (ehemals Außenminister) wurden in ihren Ämtern bestätigt. Zum PARC (Policy Affairs Research Council)-Vorsitzenden machte Kishida Wirtschaftsminister Kōichi Hagiuda, zum Vorsitzenden des Exekutivkomitees Toshiaki Endō und zum Vorsitzenden der Wahlkampfkommission den Vorsitzenden der ehemaligen Ishihara-Faktion Hiroshi Moriyama (*AS* 10.08.2022).

Die Ermordung Shinzō Abes während des Oberhauswahlkampfes im Juli 2022 warf im Beobachtungszeitraum weiterhin ihre Schatten auf die japanische Politik. Abe war als langjähriger Premierminister und Parteivorsitzender zum Zeitpunkt seines Todes nach wie vor extrem einflussreich. Als Vorsitzender der größten LDP-Faktion hatte sein Wort viel Gewicht. Das durch Abes plötzlichen Tod entstandene Machtvakuum zu füllen, hat sich als kompliziert erwiesen. So gibt es innerhalb der alten Abe-Faktion nach wie vor verschiedene Ansichten über deren Zukunft: Während sich manche Mitglieder für die Wahl eines neuen Vorsitzenden ausgesprochen haben, wollen andere eine Führungsriege installieren (*YS* 21.07.2023). Der Ausgang dieses Ringens um die Zukunft der Faktion hat allerdings auch potentielle Auswirkungen auf die gesamte Partei, denn die Ambitionen von mehreren führenden Faktionsmitgliedern, z.B. Wirtschaftsminister Yasutoshi Nishimura und dem PARC-Vorsitzenden Hagiuda, gehen über den Faktionsvorsitz hinaus: So hat ersterer erklärt, er strebe das Amt des Parteivorsitzenden an, während letzterer auf den Posten des Generalsekretärs schielt (*YS* 28.06.2023).

Die von Kishida neu installierte Parteiführung stand bereits kurz nach ihrer Vorstellung in der Kritik. Nach Abes Ermordung rückten die Vereinigungskirche (Moon-Sekte) und ihre Verbindungen zur japanischen Politik immer mehr in den Vordergrund. Dabei stellte sich heraus, dass die Sekte sehr proaktiv und erfolgreich um Kontakte im Regierungsviertel Nagata-chō geworben hatte. Kontakte bestanden auch zu manchen Oppositionspolitikern, aber der Fokus lag auf den Kontakten zu LDP-Politikern. Generalsekretär Motegi hatte Anfang September die Resultate einer Umfrage unter allen LDP-Ober- und Unterhausabgeordneten publik gemacht und versprochen, die Partei würde alle Verbindungen zu der Vereinigungskirche kappen (*YS* 15.09.2022). Die veröffentlichte Umfrage zeigte, dass 179 von 379 LDP-Abgeordneten Kontakt zur Vereinigungskirche hatten. In den Medien tauchten bald darauf neue Namen auf, und Kritik an der Umfrage wurde laut (*AS* 30.09.2022).

Eine weitere Herausforderung für die Parteiführung war die Neuordnung der Wahlkreise im Unterhaus und die damit verbundene Koordination von KandidatInnen. Um die Verfassungsmäßigkeit der nächsten Unterhauswahlen zu garantieren, werden die Grenzen von 140 Wahlkreisen in 25 Präfekturen angepasst. Im Zuge dieser Veränderungen verlieren 10 ländliche Präfekturen (Miyagi, Fukushima, Niigata, Shiga, Wakayama, Okayama, Hiroshima, Yamaguchi, Ehime, Nagasaki) jeweils einen Sitz, während fünf (mehrheitlich) urbane Präfekturen (Tōkyō, Saitama, Chiba, Kanagawa und Aichi) 10 Sitze hinzugewinnen (*MS* 19.11.2022). Aus Sicht der LDP war vor allem die Koordination in Yamaguchi eine Herausforderung: Die Zusammenlegung der Wahlkreise Yamaguchi 3 und 4 bedeutet nämlich, dass die langjährige Konkurrenz zwischen den Familien Abe und Hayashi in die nächste Runde geht. Wie bereits unter 1.1 erwähnt, hält gegenwärtig Abes Nachfolger Yoshida den Wahlkreis Yamaguchi 4. Den benachbarten Wahlkreis Yamaguchi 3 vertritt Außenminister Hayashi. Die LDP-Parteiführung stand vor der heiklen Frage, welchen der beiden Amtsinhaber sie als Kandidaten im neu-fusionierten Wahlkreis Yamaguchi 3 aufstellen sollte. Immerhin hatten sich bereits zu Zeiten des alten Wahlsystems Abes Vater Shintarō und Hayashis Vater Yoshirō im südlichsten Wahlkreis Honshūs duelliert (*AS* 17.07.2023). Das Duell im Sommer 2023 um die Kandidatur im neuen Wahlkreis konnte Außenminister Hayashi für sich entscheiden. Ausschlaggebend für die Entscheidung pro Hayashi und kontra Yoshida war die Tatsache, dass Hayashi nicht nur de facto die Nummer 2 in der Kishida-Faktion ist, sondern auch dank seiner langjährigen Tätigkeit als Kabinettsmitglied selbstredend ein anderes Standing hat als Yoshida, der im April 2023 zum ersten Mal ins Parlament gewählt worden war. Yoshida wird zumindest bei der nächsten Wahl versuchen, über die Parteiliste erneut ins Parlament einzuziehen (*AS* 17.06.2023).

2.2 Die Kōmeitō

Für den kleinen Koalitionspartner der LDP erwies sich 2022/2023 als ein schwieriges Jahr. Dies lag zum einen am Abschneiden der Partei bei den landesweiten Regionalwahlen im April 2023, zum anderen an Koordinationsproblemen mit der LDP.

Die Kōmeitō ist bekannt dafür, nur dort Kandidat*innen aufzustellen, wo diese auch mit an Sicherheit grenzender Wahrscheinlichkeit Wahlsiege einfahren können (Smith 2014: 151). So gab die Parteispitze um den Vorsitzenden Natsuo Yamaguchi auch dieses Jahr den Sieg aller aufgestellten Kandidat*innen als Wahlziel aus. Dieses

Ziel wurde dieses Mal verfehlt. 12 Kandidat*innen auf Präfektur- bzw. Stadt- und
Gemeindeebene verloren ihre Wahlen. Für die Kōmeitō ist dies ein neuer Negativ-
rekord seit der Wiederformierung der Partei im Jahre 1998 (*YS* 16.05.2023).

Ein weiteres Problemfeld für die Kōmeitō ist ein handfester Streit mit dem langjährigen Koalitions-Partner LDP. Der Stein des Anstoßes war die Nominierung von
Kandidaten in fünf neuen Unterhauswahlkreisen in Tōkyō. Um Bevölkerungswachstum in den Großstädten und Bevölkerungsschwund in ländlichen Regionen
zu kompensieren, wurde die Zahl der in der Präfektur Tōkyō gelegenen Unterhaus-
wahlkreise um 5 auf 30 erhöht (siehe hierzu 2.1). Den Plänen der Kōmeitō zufolge
sollte einer ihrer Amtsinhaber im neuen Wahlkreis Tōkyō 29 antreten, und ein
neuer Kandidat im Wahlkreis Tōkyō 28 aufgestellt werden. Die LDP war allerdings
nicht bereit, letzteren Wahlkreis dem kleinen Koalitionspartner zu überlassen. Als
Reaktion entschied sich die Kōmeitō zu einem drastischen Schritt: Sie kündigte die
langjährige Unterstützung von LDP-Kandidat*innen in allen Tōkyōter Wahlkreisen
auf (*AS* 21.06.2023). Die Synergie-Effekte der Wahlkampf- und Kandidaten-Koor-
dination der beiden Regierungsparteien sind bekannt: Die Oppositionsparteien, ob
die alte Demokratische Partei oder in der Gegenwart die KDP oder die JIP, sind vor
allem in den urbanen Zentren eine Bedrohung für die LDP. Ohne die Stimmen von
Kōmeitō-Anhänger*innen hätten LDP-Kandidaten in Tōkyō schlechtere Karten
gegen die Opposition. Auf der anderen Seite hat die Kooperation mit der LDP es der
Kōmeitō erlaubt, die Direktmandate in ihren Hochburgen (Teilen von Tōkyō sowie
der Kansai-Region) zu verteidigen (siehe z. B. Klein und Hasunuma 2014: 241).
Nach ursprünglich sehr hitzigen Wortgefechten versuchten beide Parteien im Som-
mer 2023 den Konflikt einzudämmen. So entschied die LDP-Führung, den neuen
Wahlkreis Tōkyō 29 dem kleinen Koalitionspartner zu überlassen (*AS* 21.06.2023).
Zudem verständigten sich die Parteivorsitzenden Kishida und Yamaguchi auf eine
Fortsetzung der mehr als 20-jährigen landesweiten Wahlkampfkooperation. Die
Wahlkreise in Tōkyō bleiben allerdings Stand Juli 2023 von dieser Regelung unan-
getastet (*AS* 28.06.2023).

2.3 Die Konstitutionell-Demokratische Partei und die Demokratische Partei des Volkes

Die beiden Oppositionsparteien mit Wurzeln in der alten Demokratischen Partei
konnten sich auch im Beobachtungszeitraum nicht annähern. Die KDP unter ihrem
Parteivorsitzenden Kenta Izumi musste im Sommer 2022 erst einmal die Niederlage
bei der Oberhauswahl verdauen. Als Reaktion auf den Verlust von sechs Sitzen (39

nach der Wahl, im Vergleich zu 45 vor der Wahl) entschied sich Izumi für eine personelle Neuaufstellung der Parteiexekutive. Während er zuvor seine Mitbewerber*innen um den Posten des Parteivorsitzenden zu Mitgliedern der Exekutive gemacht hatte, entschied er sich im August 2022 für Erfahrung. Zum Nachfolger von Generalsekretärin Nishimura ernannte er den ehemaligen Parteivorsitzenden und Vize-Premierminister Katsuya Okada. Der ehemalige Gesundheitsminister Nagatsuma wurde Nachfolger von Junya Ogawa als PARC-Vorsitzender, der ehemalige Finanzminister Jun Azumi Nachfolger von Sumio Mabuchi als Vorsitzender des Komitees für Parlamentsangelegenheiten. Schnell wurde Kritik an der Neuausrichtung laut, weil sie den zuvor eingeläuteten Generationswechsel rückgängig gemacht hätte und die Partei nun wieder fest in der Hand der »alten Garde« gewesen wäre. So wurde die bis Mai 2023 andauernde Kooperation mit der Parlaments-Fraktion der JIP vor allem als Initiative der Veteranen interpretiert (*MS* 06.12.2022).

Auf die Ergebnisse der landesweiten Regionalwahlen im April 2023 und Meinungsumfragen haben die personellen Veränderungen jedoch keinen (positiven) Einfluss gehabt. In einer Umfrage vom Mai 2023 gaben 47% der Befragten an, dass sie die JIP geeignet für den Posten der größten Oppositionspartei hielten. Lediglich 25% nannten die KDP. Unter den wahlentscheidenden Wechselwählern nannten ca. 30% die JIP und ca. 20% die KDP, während 50% keine der beiden Parteien nannten. Während die JIP in allen Alterskohorten die Nase vorne hatte, wurde der Abstand zur KDP mit ansteigendem Alter der Befragten kleiner, auch war die JIP unter männlichen Befragten relativ populärer als unter weiblichen. Unterschiede zeigten sich auch auf regionaler Ebene. So entschieden sich 70% der Befragten im Kansai für die JIP, die dort ihre Heimatbasis hat, in Tōkyō sowie der Tōkai-Region stimmten nur 40% für die JIP, während sich ca. 30% für die KDP aussprachen (*MS* 23.05.2023). Diese Umfragewerte spiegeln klar die Stärke der JIP und die Schwäche der KDP vor allem in der Kansai-Region wider. Das erneut erstarkte Konkurrenzdenken zwischen JIP und DPV auf der einen und der KDP auf der anderen Seite dürfte eine vor allem in den Einzelwahlkreisen so entscheidende Koordination von Kandidaten erschweren und somit letztlich der Chancen der Regierungskoalition auf weitere Wahlsiege erhöhen.

Auch für die DPV waren die landesweiten Regionalwahlen kein Erfolgserlebnis (siehe 1.2). Unter ihrem Parteivorsitzenden Yūichirō Tamaki setzt die Partei weiter auf Dialog – statt Konfrontation – mit den Regierungsparteien. Ob die Partei diesen Kurs fortsetzt, wird u. a. vom Ausgang der Vorsitzenden-Wahlen im September 2023 abhängen. Neben Tamaki kündigte dessen Stellvertreter Seiji Maehara seine Kandidatur an. Während Tamaki an seinem Kurs festhalten will, erklärte Maehara, er wolle eine vereinte Opposition (ohne die Kommunistische Partei), die gegen die

LDP antritt (*MS* 04.08.2023). Hier zeigt sich erneut das große Dilemma der Oppositionsparteien seit 2012: Der mangelnde Konsensus, ob man nun konstruktiv mit der Regierungskoalition arbeiten und ab und zu einen Kompromiss aushandeln soll, oder ob man wieder eine große Oppositionspartei nach dem Vorbild der *Shinshintō* (New Frontier Party) oder der alten Demokratischen Partei (DPJ) anstreben soll. Für letztere Alternative bedarf es einer gewissen ideologischen Flexibilität, die in der Vergangenheit jedoch immer wieder zum Problem wurde. So konnte sich die DPJ zu Regierungszeiten nicht darauf verständigen, ob sie nun ihrem Wahlprogramm von 2009 treu bleiben sollte oder nicht. In der Folgezeit kam es immer wieder zu partei-internen Konflikten unter den Nachfolgern der DPJ und den Vorgängern der JIP um die Fragen für und wider Atomkraft oder Verfassungsreform (Winkler 2022: 151).

2.4 Die Japanische Innovationspartei

Der Kampf um die Vorherrschaft unter den Oppositionsparteien hat sich während des Beobachtungszeitraumes weiter zugespitzt. Die JIP scheint fest entschlossen, ihr Ziel, größte Oppositionspartei zu werden, bei den nächsten Wahlen zu erreichen. Während die Fraktionen von JIP und KDP zwischenzeitlich ihre Strategien im Parlament abgestimmt hatten, häuften sich im Laufe der ersten Jahreshälfte 2023 erneut Unstimmigkeiten und verbale Attacken auf die Gegenseite.

Trotz ihrer Erfolge hat die JIP auch mit Problemen zu kämpfen. Zum einen stellt sie auch nach den landesweiten Regionalwahlen im April keinen einzigen Abgeordneten in 10 Präfektur-Parlamenten. Der Parteivorsitzende Baba gab nach den Wahlen zu, dass die Politik der JIP auf urbane Zentren ausgelegt sei. Die größte Herausforderung der Partei sei die Formulierung von Politik, die auch ländliche Regionen anspreche (*YS* 27.04.2023). Des Weiteren hat die Partei immer wieder mit Skandalen zu kämpfen. So wurde ihr Fraktionsvorsitzender im Präfektur-Parlament von Ōsaka aus Fraktion und Partei ausgeschlossen, nachdem eine lokale Abgeordnete von sexueller Belästigung berichtet hatte (*AS* 29.05.2023). In Saitama erklärte der Wahlleiter die Wahl der ersten JIP-Abgeordneten im Präfektur-Parlament für ungültig, nachdem sich herausgestellt hatte, dass die Politikerin ihren Wohnsitz nicht wie rechtlich festgeschrieben für mindestens drei Monate in Saitama gehabt hatte (*AS* 15.07.2023).

Sicherzustellen, dass die JIP nicht das nächste Opfer der komplexen und mit vielen »Parteileichen« übersäten Geschichte der Oppositionsparteien wird, dürfte eine noch größere Herausforderung für die Partei werden als die Qualität von Kandidat*innen. Bisher sind die rechtsgerichteten Oppositionsparteien, die sich nicht nur als Alternative zur LDP, sondern auch in vielerlei Hinsicht (z. B. in Sachen Außen- und Sicherheitspolitik) als deren Spiegelbild präsentiert haben, allesamt gescheitert. Dies gilt sowohl für den 2012 von Ishihara und Hashimoto gegründeten JIP-Vorgänger sowie die 2017 von Yuriko Koike ins Leben gerufene *Kibō no Tō* (Partei der Hoffnung) (siehe hierzu Pekkanen und Reed 2023: 61).

3   Kabinett

Im August 2022 hatte Premierminister Kishida sein Kabinett umgebildet. Die wichtigsten Stützen (Regierungssprecher Matsuno, Finanzminister Suzuki, Außenminister Hayashi, LDP-Parteivize Asō und Generalsekretär Motegi) ließ er dabei unangetastet. Der Minister für wirtschaftliche Revitalisierung Yamagiwa sowie Land- und Infrastrukturminister Saitō von der Kōmeitō behielten ebenfalls ihre Posten. Mit dem Minister für Gesundheit, Arbeit und Soziales Katsunobu Katō (mehrmals Gesundheitsminister unter Abe, Regierungssprecher unter Suga), der Ministerin für wirtschaftliche Sicherheit Sanae Takaichi (ehemals Innenministerin), Verteidigungsminister Yasukazu Hamada (einst Verteidigungsminister im Kabinett Asō), dem Minister für digitale Angelegenheiten Tarō Kōno (ehemals u.a. Außen- und Verteidigungsminister) und Wirtschaftsminister Yasutoshi Nishimura (ehemals Minister für wirtschaftliche Revitalisierung und COVID-19-Gegenmaßnahmen) holte Kishida mehrere erfahrene LDP-Politiker zurück ins Kabinett. Auf der anderen Seite ernannte er neun Ober- und Unterhausabgeordnete, die zum ersten Mal in das Kabinett berufen wurden (*AS* 10.08.2022).

Die Kabinettsumbildung war u.a. eine Reaktion auf die lautwerdende Kritik an diversen Verbindungen zwischen der LDP und der Moon-Sekte in der Folge des tödlichen Attentats auf Kishidas Vorvorgänger Abe im Juli 2022. Nach anfänglichem Zögern versuchte sich die Partei von der in die Kritik geratenen Sekte zu distanzieren. Dies gestaltete sich jedoch wesentlich schwieriger als gedacht. So hatte Kishida bei der Kabinettsumbildung im August 2022 noch erklärt, dass die neuen Kabinettsmitglieder keine Kontakte zur Vereinigungskirche besaßen. In der Folge musste z.B. Daishirō Yamagiwa, der Minister für wirtschaftliche Revitalisierung, diverse Verbindungen zur Vereinigungskirche einräumen. Im Angesicht der stärker werdenden Kritik musste Yamagiwa letztlich seinen Posten im Kabinett räumen. Kishida ernannte darauf den ehemaligen Gesundheitsminister Shigeyuki Gotō zu Yamagiwas Nachfolger. Auch an den Spitzen des Innen- und Justizministeriums gab es Wechsel, nachdem Minoru Terada und Yasuhiro Hanashi durch den ehemaligen

Außenminister Takeaki Matsumoto, sowie Ken Saitō (ehemals Vize-Gouverneur der Präfektur Saitama) ersetzt worden waren. Im Dezember 2022 musste Kishida mit Wiederaufbauminister Kenya Akiba erneut einen Minister entlassen (zu den Gründen, siehe Abschnitt 4). In allen vier Fällen wurde der Premierminister für seine zögerliche Haltung und das (zu) lange Festhalten an seinen Kabinettsmitgliedern kritisiert (*MS* 28.12.2022).

Optimistische Stimmen hatten Kishida drei »goldene Jahre« vorausgesagt. Nach der gewonnenen Oberhauswahl im Sommer 2022 stehen die nächsten planmäßigen Parlamentswahlen erst wieder 2025 an. Andererseits finden Unterhauswahlen in Japan in der Regel vor Ablauf der Legislaturperiode statt, wenn sich der Premierminister entschieden hat, zu einem opportunen Zeitpunkt das Unterhaus aufzulösen und damit den Weg frei für Neuwahlen zu machen. Im Kabinett und der LDP hatte man laut Medienberichten mit dem Gedanken gespielt, Neuwahlen für die Zeit nach dem G7-Gipfel in Hiroshima anzusetzen. Die erfolgreiche Ausrichtung des Gipfels, zumal in Kishidas politischer Heimat, sollte, so die Gedankenspiele, den Zustimmungsraten zum Kabinett einen Schub geben, der sich in einen LDP-Wahlsieg umzumünzen lassen sollte (*YS* 16.06.2023). Mitte Juni beendete Kishida selbst die Spekulationen, mit der Ansage, dass er das Unterhaus während der bis Juni andauernden Sitzungsperiode nicht auflösen werde (*MS* 17.06.2023).

Ein Grund für diese Entscheidung ist wohl in den Umfragewerten zu suchen: Die Zustimmung zum Kabinett stieg nach dem Gipfel temporär an und erreichte Werte wie im Sommer 2022 (45 % Zustimmung in der Mai-Umfrage der *Mainichi Shinbun*). Nur einen Monat später fiel die Zustimmungsrate auf 33 % (*MS* 19.06.2023). Im Juli 2023 sank der Anteil derer, die das Kabinett positiv sahen, weiter auf 28 % (*MS* 24.07.2023). Die Gründe für Kishidas relativ geringe Zustimmung sind vielfältig. Zum einem wurde vor dem G7-Gipfel massive Kritik an Kishidas zögerlicher Reaktion auf die Affäre um seinen Sohn laut (siehe Abschnitt 4). In einer Umfrage der *Mainichi Shinbun* gaben 51 % der Befragten an, die Entlassung des Sohnes sei zu spät erfolgt (*MS* 19.06.2023).

Noch mehr als die »Familienfotos« aus der Residenz des Premierministers und die darauffolgende Entlassung beschäftige die Öffentlichkeit das Thema Bürgeridentifikationskarte (My Number Card). In der obigen Mainichi-Umfrage gaben mehr als 60 % der Befragten an, besorgt über das My Number-System zu sein (*MS* 24.07.2023). Die im Jahre 2016 eingeführte Chipkarte sollte nach den Plänen der Regierung nicht nur die Notwendigkeit von Behördengängen reduzieren, sondern auch diverse, bei öffentlichen Einrichtungen gespeicherte Personendaten zusammenführen. Es ist angedacht, dass die Karte Stück für Stück Krankenversicherungskarte, Führerschein, Aufenthaltsgenehmigungs-Karte, etc. ersetzen soll. Vor allem der Minister für Digitale Angelegenheiten, Tarō Kōno, plante diesen Prozess zu beschleunigen, indem die My Number-Karte z. B. bereits zum Herbst 2024 Krankenversicherungskarten obsolet machen soll. Nach den Plänen der Regierung sollen alle Versicherungskarten ein Jahr danach, also im Herbst 2025, ihre Gültigkeit verlieren (*YS* 25.07.2023). Just während die Regierung ein Zeichen in Richtung fortschreitende Digitalisierung setzen wollte, wurden mehrere Probleme mit den Karten bekannt: So hatten Bürger*innen Karten erhalten, die eigentlich für andere Personen bestimmt waren. In anderen Fällen konnten Bürger*innen öffentliche Dokumente wie Meldebescheinigungen anderer Personen ausdrucken. Des Weiteren wurden Fälle bekannt, in denen Krankenkassendaten mit der falschen My Number-Karten verknüpft worden waren oder Bürger*innen die Renteninformationen anderer Personen einsehen konnten. Während es sich bei den falschen Ausdrucken um einen Fehler im System des Anbieters handelte, war in den anderen Fällen die inkorrekte Eingabe von Daten schuld an den Problemen. Es ist eine Ironie der Geschichte, dass ein Impetus für die Einführung der My Number-Karten ähnlicher Natur war: Der Skandal um die Rentendaten, der 2007 publik wurde: Damals wurde bekannt, dass 50 Millionen Rentenkonten inkorrekt mit Identifikationsnummern verknüpft worden waren (*NHK* 22.06.2023). Der Skandal war ein Grund für die Niederlage der LDP bei der Oberhauswahl 2007.

Im Hier und Jetzt hat die Regierung angekündigt, bis Herbst eine Kontrolle der My Number-Daten durchzuführen. Da die eigentliche Inspektionsarbeit jedoch bei den Kommunen liegt, haben Gouverneure bereits vor einer Überforderung der lokalen Verwaltungen gewarnt (*AS* 26.07.2023). Ein weiteres Problem für Kabinett und Regierungsparteien ist die ablehnende Haltung in der Bevölkerung. Einer Umfrage der *Yomiuri* im Juli 2023 zufolge, lehnten 58 % der Befragten die Integration der Krankenversicherungskarte in die My Number-Karte ab. Nur 33 % der Befragten sahen den Plan der Regierung positiv (*YS* 25.07.2023). Als Reaktion auf die stärker werdende Kritik erklärte Premierminister Kishida Anfang August, dass die Abschaffung der bisherigen Krankenkassenkarten zwar wie geplant umgesetzt werden solle. Allerdings sollen Bescheinigungen über den Krankenkassen-Status von Patienten, die die in die My Number-Karte integrierte Krankenversicherungskarte nicht beantragt haben, helfen, potentielles Chaos in Arztpraxen und Kliniken zu vermeiden (*MS* 05.08.2023).

Mit Blick auf den fortschreitenden demographischen Wandel beschloss das Kabinett im Juni 2023 seine Zukunftsstrategie für Kinder. Eine wichtige Rolle spielt hierbei das Kindergeld. Bisher gab es in Japan eine Einkommensgrenze für Kindergeld. Diese entfällt ab September 2024. Für Kinder von 0 bis 2 Jahren erhalten Eltern ab September 2024 15.000 Yen pro Monat. Vom dritten Lebensjahr bis zum Oberschulalter soll es 10.000 Yen pro Kind und Monat geben. Bisher wurde Kindergeld nur bis zur Mittelschule gezahlt. Ab dem dritten Kind steigt das Kindergeld auf 30.000 Yen pro Monat an. Darüber hinaus werden die Kosten für eine natürliche Geburt ab Fiskaljahr 2026 von der Krankenkasse übernommen. Das Strategiepapier sieht weiterhin vor, dass Eltern, unabhängig von ihrem Beschäftigungsverhältnis, ihre Kinder flexibel in Kindertagesstätten abgeben sollen können. Zudem sollen Väter dazu animiert werden, nach der Geburt Elternzeit in Anspruch zu nehmen (*YS* 14.06.2023).

In Sachen Verteidigungspolitik und Energiepolitik trieb Kishida weiterreichende Weichenstellungen voran. Bereits unter Abe wurde Atomkraft wieder als eine »wichtige Grundlastenergiequelle« beschrieben. Andererseits waren LDP und Wirtschaftsministerium sehr lange zurückhaltend, wenn es um die konkrete Zukunft der Atomenergie ging. Kishida beendete diese Zurückhaltung und kündigte zwei wichtige Initiativen an: Zum einem erlaubt eine im Mai 2023 verabschiedete Gesetzesänderung den Betreibern von kommerziellen Atommeilern, diese länger als bisher am Netz zu lassen. Nach dem Reaktorunglück im Kraftwerk Fukushima Daiichi hatte die damalige DPJ-Regierung eine Laufzeitobergrenze von 40 Jahren beschlossen. Nach einer strengen Sicherheitsprüfung konnte diese Laufzeit um weitere 20 Jahre verlängert werden. Der neue gesetzliche Rahmen behält diese Obergrenzen bei, ändert allerdings die zugrundeliegende Berechnungsmethode. So wird die Zeit, in denen ein Reaktor abgeschaltet ist, nicht mehr auf die Gesamtlaufzeit angerechnet. Dies ist von großer Relevanz, da viele Reaktoren, vor allem im Osten und Norden Japans, seit dem Reaktorunglück abgeschaltet sind. So müsste der von Hokkaido Electric Power Company (HEPCO) betriebene Reaktor Tomari 3, der 2009 ans Netz gegangen ist, nach der alten Regelung (ohne Laufzeitverlängerung) 2049 endgültig abgeschaltet werden. Nach der neuen Regelung könnte Tomari 3 mindestens 12 weitere Jahre, d.h. bis 2061, im Betrieb bleiben. Der Reaktor war erst 2009 in den kommerziellen Betrieb gegangen und ist seit 2011 nicht wieder hochgefahren worden. Immer wieder geriet der Betreiber mit der Atomaufsichtsbehörde aneinander, welche Probleme in den von HEPCO eingereichten Dokumenten bemängelte. HEPCO führte diese Probleme auf einen akuten Personalmangel, der nur langsam behoben werden konnte, zurück (*AS* 10.06.2023; *YS* 16.07.2023). Darüber hinaus kündigte Premier Kishida die Entwicklung einer neuen Generation von Atomreaktoren mit höheren Sicherheitsstandards an. Diese neuen Reaktoren sollen dann den Platz von stillgelegten Reaktoren einnehmen (*YS* 16.07.2023).

In Sachen Verteidigungspolitik stand bzw. steht die Frage im Raum, wie Japan auf die russische Invasion der Ukraine sowie die Spannungen in der Straße von Taiwan und auf der koreanischen Halbinsel reagieren soll. Die Stärkung der Selbstverteidigungsstreitkräfte stieß innerhalb der LDP nicht auf Kritik, wohl aber die Frage der Finanzierung. So beschloss das Kabinett im Dezember 2022, das Budget für Verteidigung weiter auszubauen, mit dem Ziel, im Jahre 2027 2 % des Bruttoinlandsproduktes für Verteidigung auszugeben (*YS* 17.12.2022). Das Ziel von 2 % ist dieselbe Marke, die alle NATO-Mitgliedsstaaten sich selbst auferlegt haben, auch wenn viele, wie z. B. die Bundesrepublik, dieses Ziel regelmäßig verfehlen. Die wahrscheinlich kontroverseste Komponente von Kishidas neuer Verteidigungspolitik ist die Option auf einen Gegenschlag, z. B. mit Tomahawk-Marschflugkörpern. Die Regierung argumentierte, dass dieser Schritt vor dem Hintergrund der stetigen Weiterentwicklung von Raketen und den Problemen, diese durch einen Abwehrschirm abzufangen, unausweichlich sei. Kishida selbst betonte, die Selbstverteidigungsstreitkräfte besäßen im Hier und Jetzt nicht genug Abschreckungspotential, um potentielle Aggressoren von Angriffen abzuhalten (*YS* 17.12.2022). Im Juni 2023 verabschiedete das Parlament ein neues Gesetz, das die langfristige Stabilität der japanischen Rüstungsindustrie sicherstellen soll. Diese ist in den vergangenen Jahren stark geschrumpft, nachdem viele Unternehmen sich mit Blick auf hohe Entwicklungskosten, die Produktion geringer Stückzahlen für einen einzigen Kunden (die Selbstverteidigungsstreitkräfte) und den resultierenden geringen Aussichten auf Profite aus dem Rüstungssektor zurückgezogen haben. Um diesem Exodus Einhalt zu gebieten, sieht das neue Gesetz u. a. die finanzielle Unterstützung und die temporäre staatliche Übernahme von Produktionsstätten von in wirtschaftliche Schieflage geratenen Unternehmen vor. Außerdem regelt es die strafrechtliche Verfolgung von Unternehmens-Mitarbeitern, die sensible Informationen aus dem Verteidigungsministerium an Dritte weitergeben (*AS* 08.06.2023).

Die Finanzierung dieser proaktiveren Rüstungspolitik ist indes noch nicht klar. Zum einen ist das Thema selbst innerhalb der LDP umstritten, zum anderen ist die Frage einer potentiellen Steuererhöhung selbstredend eine, die Regierungsparteien mit Blick auf Wahlen gerne ausklammern (*MS* 17.06.2023).

Mit einer mehrjährigen Verspätung wurde der Gesetzentwurf zur Förderung des Verständnisses gegenüber der LGBT-Gemeinde ins Parlament eingebracht und im Juni 2023 verabschiedet. Nachdem der Gesetzentwurf, auf den sich Regierungskoalition und Opposition ursprünglich zu Zeiten des Kabinetts Suga geeinigt hatten, auf starken Widerstand des rechten Parteiflügels der LDP gestoßen war, kam es 2021 nicht zu einer Abstimmung über selbigen (*AS* 08.07.2023). Die gescheiterte Gesetzesinitiative wurde vor dem G7-Gipfel in Hiroshima erneut ein Thema. Der Hintergrund: Als Gastgeber des G7-Gipfels sah sich die japanische Regierung der Kritik ausgesetzt, das Thema Diskriminierung von sexuellen Minderheiten zu ignorieren (*YS* 17.05.2023). Während gleichgeschlechtliche Ehen in den anderen sechs

G7-Staaten rechtlich anerkannt werden, argumentiert die japanische Regierung, dass Artikel 24 der Verfassung die Ehe klar als eine Verbindung zwischen Mann und Frau definiere. Kritiker hingegen verweisen darauf, dass die Mütter und Väter der 1947 in Kraft getretenen Verfassung die obige Problematik schlecht erahnen konnten und folglich Artikel 24 nicht als Argument gegen gleichgeschlechtliche Ehe angeführt werden könne (z. B. Kondō 2016: 148–149). Auf Bezirksgerichtsebene hat es zu dem Thema verschiedene Urteile gegeben. In zwei Fällen entschieden Gerichte in Sapporo und Nagoya, dass das Verbot gleichgeschlechtlicher Ehen verfassungswidrig sei. Die Bezirksgerichte in Tōkyō und Fukuoka kamen zu dem Schluss, dass es sich bei dem Verbot um einen verfassungswidrigen Zustand handele. Im Gegensatz zu den Urteilen der Gerichte in Sapporo und Nagoya handelt es sich hierbei um die juristische Version einer gelben Karte. Das Bezirksgericht Ōsaka hingegen sah die jetzige Regelung als verfassungskonform an. Die Gerichte in Sapporo und Nagoya begründeten ihre Urteile mit dem Verweis auf das Gleichheitsgebot von Artikel 14 der Verfassung. Das Bezirksgericht Sapporo beanstandete, dass gleichgeschlechtliche Paare ohne rationale Grundlage diskriminiert würden, weil ihnen die rechtlichen Ansprüche, welche Ehepaare geltend machen können, komplett verwehrt wären. Dies stelle, so das Gericht, eine Verletzung des Grundsatzes der Gleichheit vor dem Gesetz dar. Das Bezirksgericht Tōkyō hingegen argumentierte, dass die Ausgestaltung des rechtlichen Rahmens dem Ermessungsspielraum des Gesetzgebers obliege, daher sei ein Verbot nicht verfassungswidrig. Der Mangel eines solchen rechtlichen Rahmens für gleichgeschlechtliche Paare und ihre Familien befinde sich jedoch in einem verfassungswidrigen Zustand zu dem auf der Würde des Individuums basierenden Artikel 24 Paragraph 2 (*NHK* 08.06.2023).

In dem im Juni 2023 verabschiedeten Gesetzestext ist nach Kritik aus den Reihen der LDP das Verbot von Diskriminierung abgeschwächt worden, zudem wurde auf Anregung u. a. der JIP ein Passus hinzugefügt, wonach Rücksicht getragen werden solle, dass alle Bürger*innen ihrem Leben ohne Sorgen nachgehen können. Größere Akzeptanz im Rahmen des Schulunterrichts solle in Kooperation mit Eltern und der lokalen Gesellschaft erreicht werden. Kritiker warfen der Regierung daraufhin vor, das ursprüngliche Ziel des Gesetzes, nämlich eine größere Akzeptanz von Minderheiten, verwässert zu haben. Stattdessen sei das Gesetz vor allem ein Mittel, um Ängste in Teilen der Bevölkerung abzubauen (*AS* 08.07.2023). Auch konservative Kritiker waren nicht zufrieden und gründeten eine parlamentarische Gesellschaft, die etwaige Probleme des Gesetzes untersuchen will (*AS* 08.07.2023).

4 Skandale

Wie auch schon seine Vorgänger hatte Premierminister Kishida mit etlichen Skandalen zu kämpfen. Neben dem bereits unter 2.1 erwähnten Beziehungen der LDP zu der Vereinigungskirche, sorgten auch »klassische« Skandalthemen für Entlassungen auf höchster Ebene. Die bereits unter Abschnitt 3 erwähnten Personalwechsel im Kabinett Ende 2022 waren die Konsequenz aus zu engen Kontakten zu der Vereinigungskirche, einem Fauxpas, sowie zwei weiteren »Geld und Politik«-Skandalen.

Während andere (ehemalige) Kabinettsmitglieder, die Kontakte zu der Sekte zugegeben hatten, nicht wieder ins Kabinett berufen worden waren, berief Kishida Yamagiwa erneut in das neue, im August 2022 umgebildete Kabinett. Bereits bei seiner Antrittspressekonferenz musste Yamagiwa allerdings Verbindungen zur Vereinigungskirche einräumen. Im Laufe der folgenden zwei Monate wurden weitere Details bekannt, u. a. dass Yamagiwa die Vorsitzende der Vereinigungskirche selbst getroffen hatte. Ende Oktober 2022 war der Minister somit nicht mehr zu halten (*MS* 25.10.2022).

Innenminister Minoru Terada musste seinen Hut nehmen, nachdem bekannt geworden war, dass Angaben in seinen Rechenschaftsberichten zu seinen politischen Ein- und Ausgaben inkorrekt waren (*AS* 21.11.2022). Justizminister Hanashi hatte sich auf einer Veranstaltung gleich mehrere Fauxpas geleistet. Unter anderem sagte Hanashi, dass sein damaliger Posten »schlicht« sei. Als Justizminister würde man immer nur dann in den Mittagsnachrichten erscheinen, nachdem man am Morgen die Vollstreckung der Todesstrafe mit einem Aufdruck seines Namenssiegel angeordnet hätte (*YS* 12.11.2022).

Die Parteiorganisation, der Wiederaufbauminister Kenya Akiba vorgestanden hatte, bezahlte der Mutter sowie der Ehefrau des Ministers Miete für die Nutzung eines Büros in Akibas Heimatwahlkreis in der Präfektur Miyagi. Nach dem Bekanntwerden dieses Konstruktes stand schnell der Vorwurf im Raum, Akiba habe gegen das Gesetz über die Wahl in öffentlichen Ämtern verstoßen (*MS* 28.12.2022).

Wie Akiba trat auch die parlamentarische Staatssekretärin im Innenministerium Mio Sugita Ende 2022 von ihrem Amt zurück. Sugita hatte in der Vergangenheit immer wieder mit kontroversen Aussagen für Entrüstung gesorgt. 2018 hatte sie sexuellen Minderheiten »mangelnde Produktivität« vorgeworfen. Zwei Jahre später zweifelte sie die Verlässlichkeit der Aussagen von Opfern sexueller Gewalt mit der Bemerkung an, dass Frauen viele »Lügen« erzählen würden (*MS* 28.12.2022). Nach ihrer Ernennung wurden diese Aussagen erneut Gegenstand von Parlamentsdebatten und zwangen die Staatssekretärin letztlich zum Rücktritt (*YS* 28.12.2022).

Zwei weitere Skandale ereigneten sich in Kishidas nächstem Umfeld. Anfang Februar 2023 sorgte ein Sekretär von Kishida mit homophoben Aussagen über LGBT+ für massive Kritik. In einem Interview sagte Masayoshi Arai, Ministerialbeamter aus dem Wirtschaftsministerium und abgestellt als einer der wichtigsten Sekretäre des Premierministers, er könnte es nicht ertragen, neben einem LGBT-Paar zu wohnen. Sollten gleichgeschlechtliche Eheschließungen in Japan legal werden, würden, so Arai, Menschen das Land verlassen. Die homophoben Aussagen seines Redenschreibers zwangen den Premierminister letztlich, Arai von seinen Aufgaben zu entbinden (YS 07.02.2023).

Im Mai 2023 trat Fumio Kishidas Sohn, Shōtarō Kishida, von seinem Amt als Sekretär des Premierministers zurück. Kishida war erst ein halbes Jahr zuvor von seinem Vater ernannt worden. Der Sohn des Premierministers hat bereits im Januar für Schlagzeilen gesorgt, nachdem er sich auf einer Auslandsreise zum Kauf von Geschenken für Kabinettsmitglieder hatte fahren lassen. Medien und Opposition kritisierten daraufhin die Vermengung von öffentlichem Dienst und Privatvergnügen. Zum Verhängnis sollte dem Sohn des Premierministers eine Silvesterfeier im altehrwürdigen offiziellen Wohnsitz des Premierministers werden. Bilder der Feier, welche die Feiernden u. a. beim Nachstellen des traditionellen Gruppenfotos des Kabinetts bei Amtsantritt zeigten, landeten bei der Boulevardpresse. Die Kritik an den Fotos folgte prompt und führte letztlich dazu, dass Premierminister Kishida seinen Sohn entlassen musste. Der Premierminister selbst wurde dafür kritisiert, seinen Sohn ernannt zu haben, und dann, nachdem die Affäre ihren Lauf genommen hatte, zu langsam und zu zaghaft auf die Vorwürfe zu reagieren (AS 24.06.2023).

Im Juni 2023 kündigte der Oberhausabgeordnete Kōjirō Takano (Wahlkreis Tokushima-Kōchi) von der LDP seinen Rücktritt an, nachdem bekannt wurde, dass er seinen ehemaligen Sekretär blutig geschlagen hatte. Takanos Nachfolger*in wird in einer Beiwahl im Oktober 2023 ermittelt (MS 23.06.2023).

Anfang August 2023 wurden Ermittlungen der Sonderuntersuchungsabteilung der Tōkyōter Staatsanwaltschaft gegen den LDP-Unterhausabgeordneten und parlamentarischen Staatssekretär im Außenministerium Masatoshi Akimoto (Wahlkreis Chiba 9, gewählt im West-Kantō Block auf der Liste im Verhältniswahlrecht) und den Windstromerzeuger JWD bekannt. Die Staatsanwaltschaft ermittelt gegen Akimoto und die Firma wegen Bestechung. Sie geht dabei der Frage nach, ob Akimoto im Gegenzug für etwaige Lobby-Arbeit in Sachen Windkraft 30 Millionen Yen von JWD erhalten hat. Der Präsident von JWD hat den Bestechungsverdacht bestritten, aber Akimoto trat nach Bekanntwerden der Ermittlungen nicht nur als Staatssekretär zurück, sondern reichte auch seinen Parteiaustritt ein (MS 06.08.2023).

In März 2023 sorgte der KDP-Oberhausabgeordnete Hiroyuki Konishi mit Kraftausdrücken für Aufsehen. Konishi störte sich an der Entscheidung, wöchentliche Sitzungen der Komitees zum Thema Verfassung in Ober- und Unterhaus abzuhalten. Nur »Affen«, welche sich über die Verfassung keinen Gedanken machten, kämen auf eine solche Idee, so Konishi. Die Verfechter der wöchentlichen Sitzungen seien »Barbaren«. Konishi war anscheinend gegen die Idee, weil er der Meinung war, dass der kurze Abstand zwischen den Sitzungen keine ernsthaften Diskussionen über die Verfassung zuließe. Selbstredend ging diese Nuance in der Debatte um die Verbalinjurien unter. Konishi wurde letztlich von seinem Amt als Leiter der Oppositionsparteien im Oberhauskomitee zur Verfassung entbunden (*MS* 01.04.2023).

5   Der Umgang mit der Vereinigungskirche nach dem Attentat auf Ex-Premier Abe

Die Ermordung des ehemaligen Premierministers Abe hatte nicht nur Auswirkungen auf die Machtverhältnisse in der LDP sowie das Verhältnis der Partei zu der Vereinigungskirche (siehe hierzu 2.1). Das Attentat warf erneut die in der Vergangenheit vieldiskutierte Frage nach dem Umgang mit religiösen Körperschaften auf. So stand die Vereinigungskirche bereits in den 1980er und 1990er Jahren in der Kritik, nachdem bekannt geworden war, dass die Sekte angeblich heilsbringende Gegenstände für horrende Summen an Gläubige verkauft hatte. In mindestens 22 zivilrechtlichen Verfahren hatten Gerichte die Schuld der Vereinigungskirche festgestellt (*MS* 25.10.2022a). Auch die Mutter von Abes Attentäter, Tetsuya Yamagami, hatte in der Vergangenheit mehr als großzügig an die Vereinigungskirche gespendet. Yamagami selbst hat die Vereinigungskirche für die finanziellen Sorgen seiner Familie verantwortlich gemacht (*AS* 08.12.2022).

Die Konsequenzen aus dieser komplizierten Vergangenheit wurden somit zum Gegenstand kontroverser Diskussionen. Dabei ging es vor allem um zwei Fragen: Erstens, sollte die Vereinigungskirche ihren Status als religiöse Körperschaft verlieren oder behalten? Und zweitens, wie kann ein effektiver Opferschutz aussehen, der weitere Familientragödien verhindert oder lindert?

Im Oktober 2022 leitete das Amt für Kunst und Kultur auf Basis des Gesetzes über religiöse Körperschaften eine Untersuchung gegen die Vereinigungskirche ein. Sollte sich das Amt aufgrund der Beweislage entscheiden, bei Gericht eine Anweisung zur Auflösung der religiösen Organisation zu beantragen, und diese bestätigt werden, würde die Organisation ihren Status als religiöse Körperschaft und die damit verbundenen steuerlichen Vergünstigungen verlieren. Bisher haben lediglich zwei Körperschaften (die Aum-Sekte und die in Wakayama ansässige Meikakuji-Sekte) ihren Status verloren, nachdem führende Mitglieder in Strafverfahren schuldig gesprochen worden waren (*MS* 26.10.2022). Ein generelles Verbot einer religiösen Vereinigung ist im gesetzlichen Rahmen der Nachkriegsverfassung nicht vorgesehen, sodass religiöse Körperschaften zwar ihren Status verlieren, aber auch danach als religiöse Gemeinschaft ohne selbigen Status weiter existieren oder neugegründet werden können (Ashibe und Takahashi 2019: 161–164).

Im Gegensatz zu dem von Sektengründer Asahara angeordneten Terror der Aum-Sekte oder den Betrügereien des Meikakuji, wurde bisher kein führendes Mitglied der Vereinigungskirche in einem Strafverfahren für schuldig befunden. Im Oktober 2022 erklärte Premierminister Kishida, dass auch die Verurteilung in zivilrechtlichen Verfahren als Grund für die Beantragung der Aberkennung des Status einer religiösen Körperschaft ausreiche (*MS* 26.10.2022). Stand Juli 2023, hat das Amt für Kunst und Kultur sieben Anfragen an die Vereinigungskirche gestellt. Konkret handelt es sich bei diesen Anfragen um einen Fragenkatalog (*MS* 22.07.2023). Auf Basis dieser und anderer Daten, wird das Amt letztlich entscheiden, ob und wann ein etwaiger Antrag bei Gericht gestellt wird.

Die Frage nach dem Opferschutz führte zu intensiven Parlamentsdebatten und einem Gesetz mit dem Ziel, Sektenopfern zu helfen. Das Resultat dieser Auseinandersetzungen und letztlich der Kooperation von Regierungs- und Oppositionsparteien ist das Opferentschädigungsgesetz. Das Gesetz untersagt das ungerechte Bewerben von Aktivitäten, welche Individuen verwirren, wie z.B. das Betonen der Notwendigkeit von Spenden. Weiterhin legt das Gesetz Organisationen eine Rücksichtnahmepflicht auf. Damit soll verhindert werden, dass Individuen, die z.B. aufgrund von Gehirnwäsche nicht mehr in der Lage sind, freie Entscheidungen zu treffen, ausgebeutet werden können. Außerdem soll sichergestellt werden, dass das Spendenvolumen nicht den Lebensunterhalt des Einzelnen bzw. der Familie gefährdet. Bei Zuwiderhandlungen können Freiheitsstrafen von bis zu einem Jahr oder Geldstrafen von bis zu einer Millionen Yen verhängt werden (*NHK* 10.12.2022). Zudem wurde das Verbrauchervertragsgesetz reformiert, sodass Verträge, die auf Basis unlauterer Geschäftsmethoden abgeschlossen wurden, über einen Zeitraum von zehn Jahren anfechtbar sind (*NHK* 10.12.2022).

Kritiker, wie Anwälte, die sich seit langem für Sektenopfer einsetzen, sahen die Rücksichtnahmepflicht als unzureichend an. Sie forderten eine Prüfung, ob und inwieweit ein Verbot von Spenden unter dem Einfluss von Gehirnwäsche machbar sei (*NHK* 10.12.2022).

Literatur

AS *(Asahi Shinbun)* (10.08.2022), »Hamada Bōeishō, Takaichi Keizaianposhō« [Verteidigungsminister Hamada, Ministerin für wirtschaftliche Sicherheit Takaichi], S. 1.

AS *(Asahi Shinbun)* (30.09.2022), »Jimin, Tenken More tsugitsugi« [LDP, immer weitere Lücken in der Inspektion], S. 27.

AS *(Asahi Shinbun)* (21.11.2022), »Terada Sōmushō o Kōtetsu« [Innenminister Terada entlassen], S. 1.

AS *(Asahi Shinbun)* (08.12.2022), »Tsuyoki Rikken, Yoron nirami Chakuchi« [Angriffslustige KDP, Landung mit Blick auf die öffentliche Meinung], S. 2.

AS *(Asahi Shinbun)* (27.12.2022), »Kōno-shi Hakuhyō no 4-sen« [Vierter Wahlsieg von Herrn Kōno auf dünnem Eis], Morgenausgabe Miyazaki, S. 19.

AS *(Asahi Shinbun)* (10.04.2023), »Bunretsu Jimin, Uramibushi« [Gespaltene LDP, Worte der Verbitterung], S. 23.

AS *(Asahi Shinbun)* (10.04.2023a), »3-bunretsu, Tokushima ha Gotōda-shi Genshoku to Zen Sanin Giin yaburu Chijisen« [Gouverneurswahl in Tokushima: Spaltung in drei Gruppen: Herr Gotōda besiegt Amtsinhaber und ehemaligen Oberhausabgeordneten], Ōsaka Morgenausgabe, S. 22.

AS *(Asahi Shinbun)* (24.04.2023), »Rikken, Ōita ›Kyōtō‹ Minorazu« [KDP, Kooperation trägt keine Früchte in Ōita], S. 3.

AS *(Asahi Shinbun)* (24.04.2023a), »›Seshū‹ Kishi-shi, Masa ka no Shinshō« [Unerwartet knapper Sieg für »Erbfolger« Kishi], S. 5.

AS *(Asahi Shinbun)* (29.05.2023), »Shasetsu: Giin no Sekuharu Ishin no Taiō ga towareru« [Leitartikel: Sexuelle Belästigung, Reaktion der JIP in Frage gestellt], S. 6.

AS *(Asahi Shinbun)* (08.06.2023), »Bōei Sangyō ›Kokuyūka‹ Kanō ni« [»Verstaatlichung« der Rüstungsindustrie wird möglich], S. 4.

AS *(Asahi Shinbun)* (10.06.2023), »Tomari Genpatsu no Kijun Jishindō, Ryōshō« [Atomkraftwerk Tomari, [Daten zu] seismischen Bodenbewegungen akzeptiert], Morgenausgabe Hokkaidō, S. 25.

AS *(Asahi Shinbun)* (17.06.2023), »Yamaguchi Shin-3-ku ha Hayashi Gaishō« [Kandidatur im neuen Wahlkreis Yamaguchi 3 geht an Außerminister Hayashi], S. 4.

AS *(Asahi Shinbun)* (21.06.2023), »Jimin, Tōkyō de Kōmei e Ayumi yori« [LDP geht in Tōkyō auf Kōmeitō zu], S. 4.

AS *(Asahi Shinbun)* (24.06.2023), »Shushō, ›Mibiiki‹ No Daishō« [Premierminister, Preis für Vetternwirtschaft], S. 4.

AS *(Asahi Shinbun)* (28.06.2023), »Jikō ›Tōkyō igai de Kyōryoku‹ Gōi« [LDP und Kōmeitō einigen sich auf Kooperation in Wahlkreisen mit der Ausnahme von Tōkyō], S. 3.

AS (*Asahi Shinbun*) (08.07.2023), »Taisai Yūsen, Kasumu Rikai Zōshin« [Priorität für äußere Erscheinung, eingetrübte Förderung der Akzeptanz], S. 4.

AS (*Asahi Shinbun*) (15.07.2023), »Ishin Kengi no Tōsen Mukō« [Wahl von JIP-Präfektur-Abgeordneter annulliert], S. 32.

AS (*Asahi Shinbun*) (17.07.2023), »Senkyoku ushinai, sameyuku Jimoto« [Wahlkreis verloren, abgekühlte Heimat], S. 26.

AS (*Asahi Shinbun*) (26.07.2023), »Sōtenken, Hairyo ni Yōsei« [Generalinspektion, Forderung nach Rücksicht], S. 30.

Ashibe, Nobuyoshi und Kazuyuki Takahashi (2019), *Kenpō*. Tōkyō: Iwanami Shoten.

Klein, Axel und Linda Hasanuma (2014), »Kōmeitō in Coalition«, in: George Ehrhardt, Axel Klein, Levi McLaughlin und Steven R. Reed (Hg.), *Kōmeitō: Politics and Religion in Japan*, Berkeley: Institute of East Asian Studies University of California, S. 240–265.

Kondō, Atsushi (2016), *Jinkenhō* [Menschenrechtsgesetze], Tōkyō: Nihon Hyōronsha.

MS (*Mainichi Shinbun*) (25.10.2022), »Yamagishi Keizai Saiseishō, Kōtetsu« [Minister für wirtschaftliche Revitalisierung Yamagiwa entlassen], S. 1.

MS (*Mainichi Shinbun*) (25.10.2022a), »Kyū Tōitsu Kyōkai Chōsa Shushō, Kyōdan Higaisha to Menkai Hyōmei« [Untersuchung der ehemaligen Vereinigungskirche, Premierminister kündigt Treffen mit Sektenopfern an], S. 5.

MS (*Mainichi Shinbun*) (26.10.2022), »Kyūtōitsukyōkai, Minpō Fuhō Kōi mo Kaisan Yōken« [Ehemalige Vereinigungskirche, zivilrechtliche Delikte auch eine Vorbedingung für Auflösung], S. 1.

MS (*Mainichi Shinbun*) (19.11.2022), »Kaisei Kōshikihō: ›10-zō 10-gen‹ Seiritsu« [Reformiertes Wahlgesetz in Kraft getreten »Plus von 10, Minus von 10 Wahlkreisen«], S. 2.

MS (*Mainichi Shinbun*) (06.12.2022), »Rikken Minshutō: Izumi Daihyō, Kyokusetsu no ichinen« [KDP: Vorsitzender Izumi, ein unbeständiges Jahr], S. 5.

MS (*Mainichi Shinbun*) (28.12.2022), »Kishida Shushō: Fukkōshō Kōtetsu« [Premierminister Kishida: Entlassung des Wiederaufbauministers], S. 2.

MS (*Mainichi Shinbun*) (01.04.2023), »Kenpōshin Kanji, Saru Hatsugen no Konishi-shi Kōtetsu« [Leiter des Komitees zur Verfassung, Herr Konishi nach Affen-Kommentar entlassen], S. 5.

MS (*Mainichi Shinbun*) (10.04.2023), »23 Tōitsu Chihōsen: 9 Chijisen, 6 Seiji Reishi Chōsen Kaihyō Kekka to Tōsensha« [Wahlergebnisse und Wahlsieger von Gouverneurswahlen in 9 Präfekturen und Bürgermeisterwahlen in 6 durch Regierungserlass bestimmten Großstädten], S. 1.

MS (*Mainichi Shinbun*) (10.04.2023a), »23 Tōitsu Chihōsen: Ōita futatabi Moto Keisan Kanryō« [Landesweite Kommunalwahlen 2023: Erneut ehemaliger Ministerialbeamter aus dem Wirtschaftsministerium zum Gouverneur von Ōita gewählt], S. 15.

MS (Mainichi Shinbun) (11.04.2023), »23 Tōitsu Chihōsen: Jimin, Kahansū mo Gisekisūgen« [Landesweite Kommunalwahlen 2023: LDP verteidigt Mehrheit, aber verliert Sitze], S. 2.

MS (Mainichi Shinbun) (24.04.2023), »Shūsan Hosen: Shūsan Hosen Jimin 4shō« [Beiwahlen zum Unterhaus: 4 LDP-Siege], S. 1.

MS (Mainichi Shinbun) (25.04.2023), »Chihō ni ›kei 774-nin‹, Ishin ga Shūkei Kōhyō« [JIP beziffert Zahl ihrer lokalen Amtsträger auf insgesamt 774], S. 6.

MS (Mainichi Shinbun) (23.05.2023), »Mainichi Shinbun Yoron Chōsa: Yatō Daiittō, Fusawashii no ha Ishin 47 %, Rikken 25 %« [Meinungsumfrage der Mainichi Shinbun: Zur führenden Oppositionspartei geeignet, 47 % antworten JIP, 25 % KDP], S. 5.

MS (Mainichi Shinbun) (05.06.2023), »Senkyo: Aomori Chiji ni Shinjin Miyashita-shi« [Wahlen: Herr Miyashita zum Gouverneur von Aomori gewählt], S. 2.

MS (Mainichi Shinbun) (06.06.2023), »Senkyo: Aomoriken Chijisen, Jimin ni Kage« [Wahlen: Gouverneurswahlen in der Präfektur Aomori, Schatten über der LDP], S. 5.

MS (Mainichi Shinbun) (17.06.2023), »Honebuto Hōshin Kettei« [Grundzüge der Wirtschafts- und Fiskalpolitik entschieden], S. 3.

MS (Mainichi Shinbun) (19.06.2023), »Mainichi Shinbun Yoron Chōsa: Naikaku Shijiritsu 12 pointo Geraku 33 % [Meinungsumfrage der Mainichi Shinbun: Zustimmungsrate zum Kabinett fällt um 12 Prozentpunkte auf 33 %], S. 1.

MS (Mainichi Shinbun) (23.06.2023), »Takano Sanin Giin: Jimin Takano-shi ga Giin Jishoku« [Oberhausabgeordneter Takano: Herr Takano von der LDP tritt als Abgeordneter zurück], S. 5.

MS (Mainichi Shinbun) (22.07.2023), »Kyū Tōitsu Kyōkai ni 7-kaime Shitsumon e Bunkachō« [Amt für Kunst und Kultur, siebte Anfrage an die ehemalige Vereinigungskirche], S. 25.

MS (Mainichi Shinbun) (24.07.2023), »Mainichi Shinbun Yoron Chōsa: Naikaku Shijiritsu Zokuraku 28 %« [Meinungsumfrage der Mainichi Shinbun: Zustimmungsrate zum Kabinett fällt weiter auf 28 %], S. 1.

MS (Mainichi Shinbun) (04.08.2023), »Kokumin, Jimin to no Kyori Shōten« [Demokratische Partei des Volkes: Distanz zu der LDP als Brennpunkt], S. 5.

MS (Mainichi Shinbun) (05.08.2023), »Maina Hokenshō: Shikaku Kakuninsho, Ichiritsu Hakkō« [My Number-Versicherungsschein: Einheitliche Ausstellung eines Bescheinigungsscheins über den Versicherungsstatus], S. 1.

MS (Mainichi Shinbun) (06.08.2023), »Nihon Fūryoku Kaihatsu: Akimoto Giin, Ichibu chokusetsu Juryō ka, Fūryoku Kaishagawa kara no 3000-manen« [JWD: Hat Abgeordneter Akimoto einen Teil der 30 Millionen Yen von der Windstromfirma direkt entgegengenommen?], S. 26.

NHK (Nippon Hōsō Kyōkai) (10.12.2022), »Kyū Tōitsu Kyōkai Mondai Higaisha Kyūsaihou ga Seiritsu, Jikkōsei Kakuho ga Kadai« [Fall der Ehemaligen Vereinigungskirche, Opferentschädigungsgesetz vom Parlament verabschiedet, Sicherstellung der Effektivität ein Problem], https://www.nhk.or.jp/politics/articles/lastweek/93099.html (14.07.2023).

NHK (*Nippon Hōsō Kyōkai*) (08.06.2023),»Dōseikon mitomerarete inai no ha ›Iken Jōtai‹ Fukuoka Chisai« [Landgericht Fukuoka: Fehlende Anerkennung gleichgeschlechtlicher Ehen ist ein »verfassungswidriger Zustand«], https://www3.nhk.or.jp/news/html/ 20230608/k10014093401000.html (14.07.2023).

NHK (*Nippon Hōsō Kyōkai*) (22.06.2023),»Daijōbu ka? Konran no My Number Card« [Alles in Ordnung? Das Chaos um die My Number-Karte], https://www3.nhk.or.jp/news/special/news_seminar/jiji/jiji139/ (14.07.2023).

NHKSW (*Nippon Hōsō Kyōkai Senkyo Web*). 2023. »2023-nen no Chūmoku Senkyo« [Die Beiwahlen des Jahres 2023]. https://www.nhk.or.jp/senkyo/schedule/focus/ (14.07.2023).

Pekkanen, Robert und Steven Reed (2023),»The Opposition in 2021: A Second Party and a Third Force,« in: Robert Pekkanen, Steven Reed und Daniel Smith (Hg.), *Japan Decides 2021: The Japanese General Election*, London: Palgrave Macmillan, S. 59–69.

Smith, Daniel M. (2014),»Party Ideals and Practical Constraints in Kōmeitō Candidate Nominations,« in George Ehrhardt, Axel Klein, Levi McLaughlin und Steven R. Reed (Hg.), *Kōmeitō: Politics and Religion in Japan*, Berkeley: Institute of East Asian Studies University of California, S. 139–162.

Winkler, Christian G. (2022),»Innenpolitik 2021/2022,« in: David Chiavacci und Iris Wieczorek (Hg.), *Japan 2022: Politik, Wirtschaft, Gesellschaft*, München: Iudicium, S. 147–167.

YS (*Yomiuri Shinbun*) (15.09.2022),»Kyū Tōitsu Kyōkai Jimin Aratana Setten Zokuzoku« [Ehemalige Vereinigungskirche: Immer neue Verbindungen zur LDP], S. 4.

YS (*Yomiuri Shinbun*) (12.11.2022),»Hanashi Hōshō Kōtetsu ›Shikei Keishi Yurusarenai‹« [Entlassung von Justizminister Hanashi: »Herunterspielen der Todesstrafe ist inakzeptabel«], S. 34.

YS (*Yomiuri Shinbun*) (17.12.2022),»›Hangeki Nōryoku‹ Hoyū Meiki« [Spezifizierung des Besitzes von »Kapazitäten zum Gegenschlag«], S. 1.

YS (*Yomiuri Shinbun*) (26.12.2022),»Miyazaki Kenmin ›Anteikan‹ erabu« [Bürger von Miyazaki entscheiden sich für »Stabilität«], Morgenausgabe Westen, S. 24.

YS (*Yomiuri Shinbun*) (28.12.2022),»Akiba Fukkōshō o Kōtetsu« [Wiederaufbauminister Akiba entlassen], S. 1.

YS (*Yomiuri Shinbun*) (07.02.2023),»Shasetsu: Shushō Hishokan Kōtetsu« [Leitartikel: Entlassung von Privatsekretär des Premierministers], S. 3.

YS (*Yomiuri Shinbun*) (10.04.2023),»Ōsaka Daburusen Ishin seisu« [JIP gewinnt Doppelwahl in Ōsaka], S. 1.

YS (*Yomiuri Shinbun*) (18.04.2023),»Tōitsusen Kajitoriyaku: Sentakushi naku« [Landesweite Regionalwahlen: Keine Wahl der Steuermänner], S. 34.

YS (*Yomiuri Shinbun*) (27.04.2023), »Zenkoku Seitōka Michi Kewashii« [Der Weg zur landesweiten Partei ist beschwerlich]. Ōsaka Morgenausgabe, S. 30.

YS (*Yomiuri Shinbun*) (16.05.2023), »Yamaguchi Daihyō ›Sekinin Tsūkan‹« [Vorsitzender
Yamaguchi »spürt deutlich Verantwortung«], S. 4.

YS (*Yomiuri Shinbun*) (17.05.2023), »LGBT Hōan Shūnai Teishutsu« [LGBT-Gesetzesent-
wurf wird im Laufe der Woche ins Parlament eingebracht], S. 4.

YS (*Yomiuri Shinbun*) (14.06.2023), »Jidō Teate Rainen 10-gatsu Kakujū« [Erweiterung des
Kindergeldes nächstes Jahr im September], S. 1.

YS (*Yomiuri Shinbun*) (16.06.2023), »Shushō ›Kake‹ sakeru« [Premierminister vermeidet
»Risiko«], S. 3.

YS (*Yomiuri Shinbun*) (28.06.2023), »Abe-ha Shintaisei Giron Sakan« [Lebhafte Diskussionen
um die Organisation der Abe-Faktion], S. 4.

YS (*Yomiuri Shinbun*) (16.07.2023), »Genpatsu susumanu Saikadō« [Stockende Wiederaufnahme des Betriebs von Atomkraftwerken], S. 3.

YS (*Yomiuri Shinbun*) (21.07.2023), »Abe-ha Taisei Shikiri Naoshi« [Erneutes Ringen um die
Organisation der Abe-Faktion], S. 4.

YS (*Yomiuri Shinbun*) (25.07.2023), »Seifu ›Maina‹ Setsumei ni Fushin« [Regierung bemüht
um Erklärung von My Number], S. 4.

Grundzüge und Tendenzen der japanischen Außen- und Sicherheitspolitik 2022/23: Neue Strategien, neue regionale Schwerpunkte

David Adebahr

Recent Developments and Trends in Japan's Foreign and Security Policy 2022/ 2023: New strategies, new regional emphasis

The last year from September 2022 to August 2023 was marked in Japanese foreign and security policy by a new National Security Strategy, the Russian war of aggression in Ukraine and Tokyo's securitization of Space. During the second year of Prime Minister Kishida's term, the country continues to intensify its strategic focus towards the Pacific, while implementing new partnerships with Pacific Island countries and (difficult) efforts to improve bilateral relations with South Korea. Under Kishida, Japan's regional Pacific strategy may evolve to its main national security strategy – complementing its bilateral alliance with the United States and opening the door for a more nuanced foreign policy.

1 Überblick

Im Betrachtungszeitraum August/September 2022 bis August 2023 war die japanischen Außenpolitik wesentlich durch den russischen Angriffskrieg in der Ukraine und Japans regionale Strategie im Pazifik bestimmt. Auffallend war, dass Premierminister Kishida Kontinuitäten und Intensivierungen von politischen Strategien der Abe-Amtszeit vorgenommen hat, die unter Abes Nachfolger Suga vernachlässigt worden waren. So wurde Japans Indopazifikstrategie ausgebaut und es wurden Ansätze zur Verbesserung der japanisch-südkoreanischen Beziehungen im Lichte dieser Strategie entwickelt. In Kishidas Rede zur 77. Sitzung der UN-Generalversammlung in New York am 20.09.2022 zeigte sich ein deutlicher Schwerpunkt auf der Bedeutung der *Rule of Law* sowie ein Bekenntnis zur Fortsetzung einer wertegeleiteten Außenpolitik im Indopazifik (MOFA 20.09.2022).

Im Betrachtungszeitraum führte Kishida eine Kabinettsumbildung durch, die für Japans Außenpolitik entscheidend ist. Im August 2022 löste Yasukasu Hamada den bisherigen Verteidigungsminister Nobuo Kishi ab. An der Spitze des Außenministeriums sorgte die Beibehaltung von Yoshimasa Hayashi, der dieses Amt bereits seit November 2021 bekleidet, für Kontinuität.

Mit der Verabschiedung einer neuen Nationalen Sicherheitsstrategie Ende 2022 wurde mit der Benennung Chinas als aktuell größte strategische Herausforderung für Japans regionale Außenpolitik eine wichtige Konkretisierung vorgenommen. Auffällig ist vor allem, dass sich Japan verstärkt mit Blick auf die geografische und strategische Nähe zu Taiwan, auf die Erweiterung eigener Abwehrfähigkeiten feindlicher Invasionen konzentriert. Besonders die Absicht, in den kommenden zehn Jahren Kapazitäten zu entwickeln, die eine chinesische Invasion abwehren können, zeugt von dem tiefgreifenden Überzeugungswandel unter sicherheitspolitischen Entscheidungsträgern in den letzten zwanzig Jahren, Japans nationale Sicherheit vermehrt »selbstständig« gewährleisten zu können.

Diese realistische Perzeption gegenüber Japans sicherheitspolitischer Strategie wird auch von großen Teilen der Bevölkerung unterstützt. Ende 2022 befürworteten 55 % der Befragten den Ausbau von Japans Verteidigungskapazitäten sowie über die Hälfte (56 %) den Erwerb von Gegenschlagkapazitäten (*Nikkei Asia* 25.01.2023).

Während sich in Außenminister Hayashis Rede am 23. Januar 2023 vor dem japanischen Parlament außenpolitische Kontinuitäten in Bezug auf Japans Beitrag zur bilateralen Allianz mit den USA und der Bedrohungsevaluation bezüglich Nordkoreas zeigten, traten mehrere Kernthemen sowie neue Themenfelder hervor. Hayashi führte folgende Kernthemen an (MOFA 23.01.2023):

1. Russlands Angriffskrieg in der Ukraine und den G-7-Hiroshima Gipfel
2. die U. S.-japanische Allianz
3. Chinas Strategie und die Notwendigkeit der Beibehaltung des Status quo in Ostasien
4. die Beziehungen zu Süd- und Nordkorea
5. Japans wertegeleitete Außenpolitik im Indopazifik.

Außerdem hat sich Japans Außenpolitik im vergangenen Jahr im Bereich seiner Afrikapolitik im Rahmen des TICAD sowie in den Beziehungen zur NATO weiterentwickelt.

Insgesamt folgt die diesjährige Zusammenfassung der japanischen Außenpolitik im Zeitraum September 2022 bis August 2023 im vorliegenden Artikel dieser Schwerpunktsetzung. Aufgrund der Aktualität ist der Neufassung der Nationalen Sicherheitsstrategie Ende 2022 ein eigener Abschnitt gewidmet. Zudem wird auf neue Akzente der Außenpolitikfelder der Kishida-Regierung in den Bereichen Space-Security und Indopazifikstrategie eingegangen. Einerseits durch Japans spezielle Rolle als Gastgeber beim diesjährigen G-7-Gipfels in Hiroshima (19.–21. Mai 2023), andererseits durch den, noch immer große Teile der globalen Diplomatie bestimmenden, Krieg in der Ukraine wird dieser Themenbereich nachfolgend eingehender betrachtet. Abschließend werden Japans Beziehungen zur EU und NATO sowie die Bedeutung von Tōkyōs Afrika-Diplomatie für Kishidas neue Indopazifikstrategie erörtert.

2   Japans grundlegende außenpolitische Strategie

Premierminister Kishida hat mit dem neuen Verteidigungshaushalt sowie der Überarbeitung der Nationalen Sicherheitsstrategie (NSS) wichtige Schritte unternommen, Japans eigene Sicherheitskapazitäten auszubauen und Tōkyōs regionalen Fokus in Asien zu stärken. Mit einer deutlich konkreteren Bewertung Chinas präsentiert die NSS eine erheblich realere Bedrohungsperzeption als vorherige Dokumente.

Bereits Ende des Jahres erstaunte das japanische Kabinett mit seiner Ankündigung vom 23. Dezember 2022, den Etat für die Selbstverteidigungsstreitkräfte (*Jieitai*, SFD) zu erhöhen, viele Beobachter. Einige sprachen von einer Verdopplung der Verteidigungsausgaben mit einer Erhöhung auf 6,8 Billionen Yen (*BBC* 16.12.2022) und einem Fünf-Jahresetat von 43 Billionen Yen bis 2028 (*Die Zeit* 23.12.2022). Tatsächlich markiert der Verteidigungsetat für 2023 mit 6,8 Billionen Yen eine Erhöhung von knapp 26 % gegenüber dem Vorjahr (*NKS* 23.12.2022). Die Diskrepanz zwischen diesen unterschiedlichen Bewertungen des japanischen Verteidigungshaushalts ergibt sich durch eine kumulierte Rechnung im neuen *Plan zum Aufbau militärischer Fähigkeiten in den nächsten fünf Jahren* (*5-nen kann no chūki bōeiryoku seibi keikaku*), der Ende 2022 veröffentlicht wurde und der einen Verteidigungsetat von 8,9 Billionen Yen vorsieht. Im Vergleich zum bisherigen Fünf-Jahres Plan (2019–2023) markiert dies eine Erhöhung von 56 % – keine Verdopplung. Insgesamt sieht die NSS von 2022 eine Erhöhung des Verteidigungshaushalts, in den nun auch »zusätzliche Verteidigungsausgaben« (wie die Ausgaben für die Küstenwache, verteidigungsrelevante Investitionen im Privatsektor etc.) eingerechnet werden, auf 2 % vor (Liff 23.05.2023).

Grundlegende Veränderungen ergeben sich in der Bewertung der Sicherheitslage in Nordostasien durch die NSS dennoch (CAS 16.12.2022). Besonders mit ihrem Ziel, bis 2027 genügend Sicherheitskapazitäten aufgebaut zu haben, um Invasionen mit Hilfe verbündeter Staaten abwehren zu können, sowie die Absicht, bis 2032 das japanische Territorium frühzeitig und bereits mit weitem geographischen Abstand verteidigen zu können, räumt die NSS ein, eine derartige Verteidigung des japanischen Territoriums aktuell nicht gewährleisten zu können (CAS 16.12.2023).

Weitere Veränderungen durch die NSS betreffen die Interaktion mit Japans Bündnispartner. Um in den gemeinsamen Operationen mit Einheiten des U. S.-Militärs koordiniert agieren zu können – wie in der NSS vorgesehen –, plant Japan den Kauf von Tomahawks Cruise Missiles von den USA, welche die nationalen Raketensysteme ergänzen sollen. Eine Veränderung in der Bedrohungsperzeption gegenüber China lässt sich ebenfalls erkennen. Während die erste NSS unter Premierminister Abe 2013 China noch als »besorgniserregend« sowohl für Japan als auch für die Stabilität der internationalen Gemeinschaft angesehen hatte, ist die aktuelle Modernisierung der japanischen Streitkräfte vor dem Hintergrund zu bewerten, dass die NSS 2022 China nun als »nie dagewesene und größte strategische Herausforderung« für Japan identifiziert. Mit dieser Formulierung entsprach das Verteidigungsamt zwar nicht der Forderung aus Teilen der LDP, China als »Bedrohung« zu identifizieren, weist jedoch nun wesentlich deutlicher auf die Gefahr hin, die Peking durch seine anhaltende und zunehmend aggressive Marinestrategie im Ost- und Südostchinesischen Meer sowie in der Taiwan-Straße darstellt (AS 17.12.2022).

Die Entscheidung der Kishida-Administration, den Erwerb von Kampfflugzeugen und neuen Raketen mittels Staatsanleihen anstatt über einen soliden Haushalt zu finanzieren, markiert eine weitere Zeitenwende in der Ausweitung des sicherheitspolitischen Fokus und seiner politischen Realisierbarkeit (AS 17.12.2022).

3   Neue Schwerpunkte der japanischen Außenpolitik

3.1   Das erste Sicherheitskonzept für »Space-Security«

Mit der Ankündigung der USA und Japan im Januar 2023, ihre Kooperation im Luftraum zu intensivieren und U. S. Air Force-Einheiten die Verteidigung von Weltraumgerät zu erlauben, unternahm Japan erstmals konkretere Schritte, die bereits 2017 implementierten Pläne zur verteidigungsstrategischen Nutzung des Weltraumprogrammes umzusetzen. Seit 2017 hatte das Verteidigungsministerium mit dem Start des *Kirameki*-Programms seine ersten Satelliten erfolgreich in Umlaufbahnen gebracht (*JT* 24.01.2017). Die neue NSS von Dezember 2022 intensiviert und konkretisiert die Pläne des Verteidigungsministeriums einer Satelliten-gestützten Verteidigungsstrategie durch die Nutzung von privatwirtschaftlicher Satelliten-Technik für Verteidigungsaufgaben, insbesondere in der Raketenabwehr-Technologie (*JT* 13.06.2023). Die neue Stellung der weltraumbasierten Sicherheitskapazität wurde im Dezember 2022 nochmals durch die Erwähnung eines eigenen Unterpunktes »Verstärkte umfassende Anstrengungen zum Ausbau weltraumbasierter Sicherheit« (*Uchū no Anzenhoshō ni kansuru sōgō tekina torikumi no kyōka*) in der erneuerten NSS bekräftigt (CAS 16.12.2022).

Der Weltraum-Grundlagenplan (*Uchū kihon keikaku*) aus dem Juni 2023 sieht besonders die nachrichtendienstliche Nutzung eines breitangelegten Satellitensystems zur effektiven Abwehr von Luftschlägen feindlicher Basen als notwendig für Japans Sicherheit an (CAO 13.06.2023). Diese Schritte wurden als Reaktion auf die Ankündigung Chinas gewertet, bis Ende 2023 drei neue *BeiDou*-Navigationssatelliten zu installieren (*Xinhua* 27.04.2023).

Zudem betonte Kishida, dass die Wahrung der nationalen Sicherheit von der Weiterentwicklung des Satelliten-Programms abhängt. Der Weltraumgrundlagenplan verweist auf die strategischen Vorteile eines zukünftigen Ausbaus von Satellitentechnologie zur nachrichtendienstlichen Nutzung, um der voranschreitenden potenziellen Gefahr expandierender Staaten wie Chinas oder Russlands zu begegnen. Japans MOD beabsichtigt daher den schrittweisen Ausbau dieser Technologie in den nächsten Jahren und kündigte hierzu an, die sicherheitsstrategische Koordination zwischen MOD und der Raumfahrtbehörde (Japan Aerospace Exploration Agency, JAXA) zu intensivieren (*KN* 13.06.2023). Das Verteidigungsministerium sieht vor, Japans weltraumbasierte Verteidigung zukünftig mit Abwehrsystemen aus den USA und Großbritannien zu koordinieren und zudem die Satelliten-Programme anderer Nationen verstärkt nachrichtendienstlich auszuwerten. Im Kern bedeutet dies eine Intensivierung eigener Bemühungen und eine stärkere Einbindung der JAXA, um der aktuellen Bedrohung durch das nordkoreanische Raketenprogramm proaktiver zu begegnen (Ogata 14.06.2023). Zwar stellt dies einerseits insofern eine Kontinuität dar, als dass Japan weiterhin auf die Unterhaltung von eigenen rein militärischen Stelliten verzichtet. Auch die Nationalen Verteidigungsrichtlinien aus dem Jahr 2018 betonten den Ausbau der Nutzung zu nachrichtendienstlichen Zwecken und für den reibungslosen Betrieb bestehender Satelliten. Andererseits hat Japan mit der Errichtung einer neuen Raumüberwachungseinheit (Space Situational Awareness, SSA), die radarbasierte Ortungssysteme nutzt, sowie der Einrichtung einer Analyseeinheit innerhalb der Luftselbstverteidigungsstreitkräfte (*kūkō jieitai*, JASDF) für Satelliten-basierte Informationen verbündeter Nationen diese Trennung sukzessive verschoben (Suzuki 21.06.2023). Mit der Revision der Nationalen Sicherheitsstrategie, der Nationalen Verteidigungsstrategie und dem *Plan zum Aufbau militärischer Fähigkeiten in den nächsten fünf Jahren* beendet Japan seine strikte Trennung ziviler und sicherheitspolitischer Satellitennutzung. Diese Dokumente schlagen langfristig die Einrichtung eines eigenen Satellitensystems vor, das imstande ist, Überschallwaffen in Echtzeit abzufangen (CAS 16.12.2022).

Hierzu plant das Verteidigungsministerium die Einrichtung einer Space Domain Awareness (SDA) Infrastruktur, um die Verteidigungskapazität im Falle unvorhersehbarer Notfallsituationen in Japan und den umliegenden Gebieten zu erhöhen. Der Ausbau dieser SDA zu einer weitreichenden Verteidigungsinfrastruktur bis 2027 soll nach Fertigstellung genutzt werden, um eigene Manöver in der Atmosphäre durchführen zu können und diesen Bereich als festen Bestandteil in Japans Verteidigungsstruktur zu etablieren. Für 2023 sind im Verteidigungshaushalt 79 Mrd. Yen für weltraumbasierte Verteidigung eingeplant – exklusive des Budgets für Ballistische Raketenabwehrsysteme (MOD 2022b).

3.2 Japans Reaktion auf den russischen Angriffskrieg gegen die Ukraine

Der russische Angriffskrieg gegen die Ukraine hat auch die Debatte um das sicherheitspolitische Selbstverständnis Japans stark verändert. Bereits im Februar 2022 hatte die Kishida-Administration die russische Aggression gegen die Ukraine verurteilt und auf die möglichen Gefahren für die globale internationale Ordnung hingewiesen (Kantei 25.02.2022). Dieser Kritik folgte im März 2023 die Kabinettsentscheidung für zwei zusätzliche Notfallunterstützungen an die Ukraine in Höhe von 400 Mio. U. S.-Dollar für Infrastruktur- und Wiederaufbaumaßnahmen, insbesondere im Bereich der Minenräumung, Wiederaufbau und Landwirtschaft (Kantei 30.3.2023). Von besonderer Bedeutung war ein Überraschungsbesuch von Premierminister Kishida, der am 21. März 2023 als letzter der G-7-Regierungschefs mit Präsident Selenskyj in Kiew zusammengetroffen war. Obwohl dieser Besuch eher symbolischen Charakter hatte, unterstrich er die Bereitschaft der Kishida-Regierung, die bilateralen Beziehungen beider Staaten auszubauen und Japans humanitäre Hilfe für die Ukraine zu verlängern und zu verstärken. Kishidas und Selenskyjs Treffen fiel mit dem Besuch des chinesischen Präsidenten Jinping Xi in Moskau zusammen, das mit der Entsendung von zwei strategischen russischen Kampfflugzeugen ins Japanische Meer reagierte (Ogirenko und Takemoto 21.03.2023). Mit diesem ersten Treffen eines japanischen Premierministers in einem vom Krieg betroffenen Gebiet bekräftigte Kishida auch Japans Entschlossenheit, einer gewaltsamen Änderung des Status quo durch die chinesische Regierung in Bezug auf die Sekaku Inseln entgegenzutreten (Johnstone and Szechenyi 21.03.2023).

Neben finanziellen Hilfen verwies Außenminister Hayashi bei einem Treffen der NATO-Außenminister in Belgien auf die zentrale Bedeutung der Einhaltung der *Rule of Law* für Tōkyōs außenpolitische Agenda und die sich daraus ergebende japanische Unterstützung für die verabschiedeten Sanktionen der G-7-Staaten gegen Russland (MOFA 05.04.2023).

Nachdem Waffen- und Hilfslieferungen an die Ukraine auch in NATO- und EU-Staaten im Frühling und Sommer diskutiert worden waren, verkündete auch die Internationale Abteilung des japanischen Kabinettsbüros für Öffentliche Angelegenheiten (*Naikaku Kōhōshitsu*) im Juni 2023 die Lieferung von einhundert SDF-Lkw-Fahrzeugen, die Behandlung von verwundeten ukrainischen Soldaten in SDF-Krankenhäusern sowie finanzielle Unterstützungen bei nicht-militärischen Mitteln durch die NATO in Höhe von 30 Millionen U. S.-Dollar. Im Rahmen der Bemühungen der G-7-Staaten, Russland international stärker zu isolieren, verhängte Japan zudem ein Verbot von Finanzdienstleistungen durch japanische Personen und Firmen in Russland (Kantei 23.06.2023).

Beim Treffen der G-7-Außenminister in Karuizawa, im Vorfeld des G-7-Gipfels in Hiroshima im Mai 2023, standen neben der aktuellen Situation in der Ukraine auch die chinesischen Bemühungen, Verteidigungskapazitäten durch den Erwerb von Erstschlagkapazitäten auszubauen, auf der Agenda. Unter dem Eindruck des russischen Angriffskriegs auf die Ukraine hatte Außenminister Hayashi bei dem Gipfeltreffen vor allem versucht, das Augenmerk der G-7 auf eine gemeinsame Reaktion auf die aktuelle chinesische Marinestrategie im Pazifik zu richten, die im Frühjahr 2023 vor allem durch Invasionsübungen vor der Küste Taiwans geprägt war (*AS* 17.04.2023). Hayashis Bemühungen schlugen sich auch im Abschlusskommuniqué des G-7-Gipfels nieder, welches mehrmals explizit Chinas Bemühungen der gewaltsamen Veränderung des Status quo sowohl im Indopazifik als auch im Ost- und Südchinesischen Meer verurteilt (MOFA 20.05.2023). In diesem Kontext können auch Premiermister Kishidas Kommentare beim NATO-Gipfel in Vilnius im Juli 2023 verstanden werden. Kishida hatte betont, dass Japan und die NATO untrennbar mit der Sicherheit in der Indopazifikregion verbunden seien. Diese Verbundenheit zeige sich vor allem in der gemeinsamen Überzeugung, dass unilaterale Versuche, den Status quo in Territorialfragen gewaltsam zu ändern – »egal wo in der Welt diese stattfänden« –, nicht toleriert würden (*JT* 14.07.2023). Japans außenpolitische Strategie im Pazifik in den kommenden Jahren wird auch entscheidend von den Entwicklungen des Ukraine-Krieges mitbestimmt werden.

4   Die fünf Grundpfeiler der japanischen Außenpolitik

4.1   Japan-U. S.-Allianz

Der Fokus der U. S.-japanischen Allianz hat sich 2022/2023 weiter auf die Indopazifikregion konzentriert. Anlässlich des Staatsbegräbnisses für den ermordeten ehemaligen Premierminister Shinzō Abe bekräftigte U. S.-Vizepräsidentin Kamala Harris bei ihrem Tōkyō-Besuch die Notwendigkeit, die Vision einer freien Indopazifikregion zu realisieren. Hierzu sollen vor allem Nachbarstaaten gewonnen werden, um – zusammen mit der U.S.-japanischen Allianz – aufstrebenden Mittelmächten, die einseitig den Status quo in der Region verändern wollten, entgegenzutreten (MOFA 26.09.2022). Premierminister Kishida wies auf die Notwendigkeit einer schnellen Rückkehr der U. S. zur Trans-Pacific Partnership (TPP) Initiative, die unter Präsident Trump aufgekündigt worden war. Präsident Biden hatte bereits als Präsidentschaftskandidat angekündigt, die USA zu einem neuverhandelten TPP zurückführen zu wollen, um China nicht die »Vorherrschaft« in der Asia-Pazifikregion zu überlassen (McBride et al. 2021). Trotz nachdrücklicher Versuche seitens Vizeaußenminister Takeo Moris, die USA wieder zurück zur Teilnahme an der TPP-Initiative zu bewegen, erteilten die USA auch unter Präsident Biden TPP eine Absage und werben inzwischen für das *Indo-Pacific Economic Framework* als neues regionales Handelsabkommen (Fujiwara 15.01.2023; MOFA 25.10.2022; Swanson 27.05.2023).

Mit der Ernennung Hamadas zum Verteidigungsminister im August 2022 stärkte Premierminister Kishi die realistischen Kräfte im Kabinett. Der LDP-Politiker hatte bereits unter Premierminister Tarō Asō das Amt des Verteidigungsministers für ein knappes Jahr (2008–2009) bekleidet und sich während dieser Zeit sowohl für den Ausbau japanischer Marineeinheiten nahe der Senkaku Inseln als auch für ein stärkeres Zurückdrängen chinesischer Militärmanöver im Pazifikraum ausgesprochen (Ball und Tanter 2015: 191). Hamada befürwortet die Stärkung einer Regel-basierten Außenpolitik im Pazifik, um China an der unilateralen Veränderung des Status quo zu hindern. Hierzu strebt er eine Grundmodernisierung der japanischen SDF-Einheiten an, um die Zusammenarbeit mit den USA in der Indopazifikregion auszubauen und die Kooperation mit *like-minded* Nationen, i. e. trilateralen Abkommen mit Pazifikdemokratien wie Indien, Australien und Südkorea, zu intensivieren (Garamone 14.09.2022). Bei einem 2+4 Meeting in Washington im Januar 2023 hatte Hamada mit U. S.-Verteidigungsminister Lloyd J. Austin III ein *Memorandum of Understanding* unterzeichnet, in dem sich beide Allianzpartner dazu verpflichten, die technologische Zusammenarbeit im Bereich autonomer Systeme, der Luftwaffe sowie Mikrowellen-gestützter Luftverteidigung auszuweiten. Hamada hatte hierbei unterstrichen, dass diese Form der Zusammenarbeit eine spezielle Reaktion auf Chinas rasche Entwicklung von Nuklearwaffentechnologie sei und die Stabilität der Indopazifikregion gewährleisten solle (US DOD 12.01.2023). Diese klare Benennung von Bedenken, hinsichtlich der wachsenden chinesischen militärischen Präsenz in der Region, ist eine deutliche Abkehr von der gemeinsamen Erklärung der Außenministerien beider Staaten vom Oktober 2022. Damals hatten sich Vize-Außenminister Takeo Mori und Wendy R. Sherman lediglich zur Notwendigkeit geäußert, eine enge Koordinierung mit China in außenpolitischen Belangen weiter voranzutreiben (MOFA 25.10.2022).

Die gesteigerte Bedrohungsperzeption gegenüber China führte auch zu einer nochmaligen Betonung der Rolle der bilateralen Allianz für die Stabilität der Indopazifikregion. Sowohl in Washington als auch in Tōkyō scheinen die Regierungsvertreter und administrativen Berater im MOFA und State Department zunehmend die Dringlichkeit einer umfassenderen China-Strategie für die bilaterale Allianz im Pazifik zu erkennen (Mahadzir 15.09.2022). Nicht nur die deutliche Identifizierung Chinas als Bedrohung in Japans nationaler Sicherheitsstrategie Ende 2022, sondern auch Forderungen von U. S.-Abgeordneten nach einer Anerkennung von Taiwans Unabhängigkeit und schließlich der Besuch der Vorsitzenden des Repräsentantenhauses Nancy Pelosi in Taiwan im August 2022 hatten das Verhältnis der USA und Chinas weiter verschlechtert. Der Besuch löste eine Reihe von militärischen Manövern der chinesischen Volksarmee aus und führte im August 2023 zur Genehmigung eines U. S.-Sonderetats für militärische Hilfen an den Inselstaat in Höhe von 345 Mio. U. S.-Dollar (Fulco 04.08.2023).

Diese Entwicklungen verdeutlichen, dass sich die U. S.-japanische Außenpolitik in der Region im letzten Jahr weiter multilateralisiert hat. Darüber hinaus haben beide Staaten einen erweiterten Abschreckungsdialog eingerichtet, innerhalb dessen Tōkyō und Washington gemeinsam die Sicherheitsregion im asiatischen Pazifikraum evaluieren und so ihre jeweiligen Verteidigungsstrategien effizienter integrieren (MOFA 16.11.2022). Diese Entwicklungen zeigen, dass die regionalen Pazifikstrategien der beiden Bündnispartner in Zukunft enger aufeinander abgestimmt werden. Auch Tōkyōs sicherheitspolitische Kreise sind weitestgehend von der Notwendigkeit einer umfassenderen Pazifikstrategie im Hinblick auf Chinas regionale Expansion überzeugt. Im Oktober 2022 hatte beispielsweise Takahiro Ikeda vom SDF-nahen *Japan Institute for International Affairs* darauf hingewiesen, dass Japan vor dem Hintergrund intensiver U. S.-chinesischer Spannungen Verteidigungskapazitäten ausbauen, Einsatzpläne im Pazifik anpassen und eine nationale Nuklearstrategie entwickeln sollte (Ikeda 21.10.2022).

Neben sicherheitspolitisch relevanten Bereichen intensivierten beide Bündnispartner auch ihre Kooperation in der ökonomischen Sicherheit. Kishida priorisiert eine stärkere Sicherung der Zulieferketten, der digitalen Technologie und grüner Energieträger. In diesem Zusammenhang schlossen die USA und Japan am 28. März 2023 ein Abkommen, welches Japan als Freihandelspartner beim Handel, mit für die nationale Sicherheit unentbehrlichen Rohstoffen, bevorzugt. Obwohl Japan nicht über große Mengen an Rohstoffen wie beispielsweise Kobalt, Graphit, Lithium, Magnesium oder Nickel verfügt, sichern beide Staaten in dem Abkommen zu, die bisherige Praxis, sich gegenseitig keine Ausfuhrzölle auf diese Rohstoffe aufzuerlegen, fortzuführen (Chanlett-Avery et al. 15.05.2023).

Das Abkommen stieß sowohl unter japanischen als auch U. S.-Autoherstellern auf breite Zustimmung. Insgesamt war dieses Abkommen jedoch wesentlich aufgrund der Bedenken der U. S.-Regierung, sich aus der wachsenden Abhängigkeit von China bei der Belieferung von energierelevanten Seltenen Erden zu lösen und den Mineral- und Energiemarkt zu diversifizieren, getroffen worden (AS 28.03.2023). Für Japan stellt dieses Abkommen einen wichtigen Schritt in seiner Diversifizierungsstrategie dar, um asymmetrische Interdependenzen bei seinem Rohstoffimport aus China zu minimieren. Wirtschaftsminister Yasutoshi Nishimura kündigte daher im Sommer 2023 an, ähnliche Abkommen über den Import von Seltenen Erden mit Namibia, Sambia und der Demokratischen Republik Kongo abschließen zu wollen (Nyaungwa 08.08.2023).

Bei ihrem jüngsten Treffen in Japan im Mai 2023 verkündeten U. S.-Außenminister Antony Blinken und Außenminister Hayashi eine stärkere Zusammenarbeit bei der Sicherung des Indopazifikraums und des hierzu notwendigen Ausbaus weiterer Abschreckungskapazitäten. Dazu zählen auch eine Erhöhung der Truppenstärke auf den U. S.-Stützpunkten in Okinawa und deren Marineabwehrkapazitäten für den Fall einer Invasion Taiwans. Gleichzeitig betonten beide Außenminister das unveränderte Bestreben beider Bündnispartner, China in kooperative Netzwerke einzubinden und das Konfliktpotential im asiatischen Pazifik zu minimieren. In enger Abstimmung mit der Erhöhung der U. S.-Truppenpräsenz auf Okinawa haben auch die japanischen Bodenselbstverteidigungsstreitkräfte (GSDF) im Frühjahr 2023 damit begonnen, neue Stützpunkte auf Yonaguni und Ishigaki zu errichten. Mit dem Ausbau seiner Truppenpräsenz, nur 223km vor der taiwanesischen Küste entfernt, sind diese Schritte auch unter dem Aspekt einer zunehmend als realistisch eingeschätzten Invasionsgefahr chinesischer Truppen in Taiwan zu werten. Kishida hat angekündigt, die Fragen des Schutzes von Japans südlichen bzw. südwestlichen Territorialgrenzen zukünftig noch enger mit der Biden-Regierung abstimmen zu wollen, um auch die Rolle der bilateralen Allianz für die Stabilität des Indopazifiks weiter zu konkretisieren (*AS* 13.01.2023).

Insgesamt waren die US-japanischen Beziehungen im Betrachtungszeitraum von September 2022 bis August 2023 von intensiven Bemühungen geprägt, Japans nationale Sicherheitskapazitäten auszubauen. Insbesondere Tōkyōs deutliche Identifizierung Chinas als Bedrohung für die regionale Ordnung und die Intensivierung der SDF-Präsenz an der südwestlichen Territorialgrenze konkretisieren die Motivationsgründe aktueller militärischer Modernisierungsmaßnahmen und strategischer Anpassungen im Pazifik. Auch wird die Beförderung realistischer Stimmen im MOFA, z.B. durch die Ernennung des Vizeaußenministers Shigeo Yamada zu Japans Botschafter in Washington, Japans Bestrebungen, das bilaterale Abschreckungspotential gegenüber China im Pazifik weiter auszubauen, weiterhin vorantreiben (*Nikkei Asia*, 24.10.2023; Interview 2020).

4.2 Japans Beziehungen zu seinen nordostasiatischen Nachbarn

China

Die sino-japanischen Beziehungen waren 2022/23 zunächst geprägt von ernsten Bemühungen, das angespannte diplomatische Verhältnis zu verbessern. Am 17. November 2022 trafen Kishida und der chinesische Staatspräsident Jinping Xi erstmals seit drei Jahren wieder direkt aufeinander. Das Treffen in diesem Jahr fiel mit dem fünfzigsten Jubiläum der Normalisierung der diplomatischen Beziehungen beider Staaten 1972 zusammen und markiert seinerseits wieder eine langsame Annäherung im angespannten sino-japanischen Verhältnis (MOFA 17.11.2022). Kishida und Xi einigten sich auf die Wiedereinsetzung von regulären Treffen zwischen Spitzendiplomaten sowie eine bessere Abstimmung in Fragen der Luftraumsicherheit und maritimen Sicherheitsfragen (Kawashima 15.12.2022).

Trotz dieser Bemühungen sind die allgemeinen Beziehungen beider Staaten weiter angespannt. China kritisiert die »Einkesselungs-Politik« (*encirclement*) der U. S.-japanischen Allianz und sieht sich durch die Einrichtung von multilateralen Foren, wie beispielsweise der QUAD, AUKUS oder Japans potentieller Integration in das nachrichtendienstliche Netzwerk »Five Eyes«, einer durchsetzungsfähigeren japanischen Außenpolitik gegenüber (Kawashima 15.12.2022). Die Unabhängigkeit Taiwans, bzw. die Verteidigung des Inselstaates gegen eine potentielle Invasion, stellt für Japan weiterhin ein zentrales Element seines eigenen sicherheitspolitischen Selbstverständnisses dar. Dies hatte zuletzt der ehemalige Premierminister Abe bei einem Symposium in Taiwan im Dezember 2021 betont, als er darauf hinwies, dass »eine Taiwan-Krise« auch eine »Japan-Krise« darstelle und sich diese Krise bis auf das Aufgabenfeld der U. S.-japanischen Allianz erstrecken würde (*CNN* 01.12.2021). In diesem Zusammenhang skizziert auch Japans NSS eine mögliche Invasion Taiwans durch chinesische Truppen im Jahr 2027, dem Zusammentreffen des hundertjährigen Jubiläums der Gründung der chinesischen Volksarmee und Staatspräsident Jinping Xis möglicher dritter Amtszeit (Takahata 01.03.2023).

In seiner Rede an der Johns Hopkins Universität in Washington bekräftigte Premierminister Kishida die Divergenz zwischen Japans und Chinas Visionen einer globalen Weltordnung. Kishida betonte, dass Japan der »Herausforderung China« mit einer umfassenden Staatsmacht und in enger Abstimmung mit seinen Verbündeten begegnen sollte (Kishida 13.01.2023). Gleichzeitig versteht Japan China als Partner in der Region und strebt eine friedliche Konfliktlösung an.

Trotz dieser Entwicklungen verschlechterten sich die chinesisch-japanischen Beziehungen merklich. In einer Telefonkonferenz Anfang Februar 2023 mit dem chinesischen Außenminister Gang Qin äußerte Außenminister Hayashi Bedenken hinsichtlich der momentanen militärischen Aktivitäten der Volksrepublik vor den Senkaku Inseln sowie der verstärkten russisch-chinesischen Kooperation (MOFA 03.02.2023). Das Treffen des japanischen Botschafters Hideo Tarumi mit dem chinesischen Vizeaußenminister Weidong Sun vier Tage später in Peking sowie Suns Gegenbesuch Konsultation mit Vizeaußenminister Yamada beim 17. Japan-China Security Dialogue vom 21.–28. Februar 2023 in Tōkyō stabilisierten die Beziehungen (Kawashima 25.04.2023). Nach vier Jahren war die Neubelebung des sino-japanischen Sicherheitsdialogs ein Zeichen der leichten Annäherung beider Staaten – der letzte Dialog hatte im Februar 2019 in Peking stattgefunden. Ergebnis dieser Gespräche war Einigkeit über die Einrichtung einer direkten Kommunikationsleitung zwischen Spitzendiplomaten beider Länder im Frühjahr 2023 (MOFA 22.02.2023).

Trotz dieser Bemühungen gab es auch Verschlechterungen in den bilateralen Beziehungen. Zunächst führte die Festnahme eines japanischen Arzneimittel-Konzernchefs aufgrund von Spionage-Vorwürfen in Peking Ende März 2023 dazu, dass es Premierminister Kishida ablehnte, den scheidenden chinesischen Botschafter Xuanyou Kong offiziell zu verabschieden (*JT* 27.03.2023). Infolge des G-7-Gipfels in Hiroshima im Mai 2023 bestellte dann der chinesische Außenminister Sun den japanischen Botschafters Hideo Tarumi in Peking ein und kritisierte, dass die Ausführungen des Abschlusskommuniqués zur Erhaltung der

Sicherheit in der Taiwanstraße die inneren Angelegenheiten Chinas betreffen würden (Higa 23.05.2023). Mit seiner China-Politik wird sich Kishida weiter verschiedenen Interessen ausgesetzt sehen. Einerseits hat der japanische Premierminister durch die Vertiefung der bilateralen Allianz mit den USA und den damit verbundenen Maßnahmen gegen eine Ausdehnung der Einflusssphäre Chinas im Pazifik weitreichende Schritte für eine starke China-Strategie initialisiert. Gleichzeitig sah sich die Kishida-Administration im betrachteten Zeitraum auch mit der Kritik von Wirtschaftsverbänden konfrontiert, die eine Verbesserung der Beziehungen zu China – gerade in diesem symbolträchtigen 45. Jahr des Friedensvertrages beider Länder – befürworten. Kishida wird einen Balanceakt wagen müssen, um die Maßnahmen der NSS umzusetzen, für Kontinuität in wirtschaftlichen Beziehungen zu sorgen und sich gleichzeitig nicht dem Vorwurf ausgesetzt zu sehen, ein »Panda-Hugger« zu sein.

Südkorea

Der Amtsantritt von Suk-yeol Yoon zum neuen südkoreanischen Präsidenten am 10. Mai 2022 wurde allgemein als Chance betrachtet, die Beziehungen zum Nachbarland Japan zu verbessern. Präsidentschaftskandidat Yoon hatte in den Vormonaten stets auf die Notwendigkeit verwiesen, die südkoreanisch-japanischen Beziehungen wieder neu zu beleben (Nishino 16.09.2022). Allerdings konnte die Yoon-Administration nicht auf eine breite Unterstützung in der Bevölkerung vertrauen, hatte sie doch die Wahl mit nur knapp 0,73 % Vorsprung gewonnen und die Zustimmungswerte waren bereits nach zwei Monaten auf 28 % gesunken (Nishino 16.09.2022). Positive Anzeichen zeigten sich, als Yoon zwei Tage vor dem trilateralen U.S.-Japan-ROK Summit Meeting am 13. November 2022 in Phnom Penh eine südkoreanische »Strategy for a Free, Peaceful, and Prosperous Indo-Pacific Region« ankündigte. Die bewusst gewählte Namensähnlichkeit mit Japans *Free and Open Pacific* Strategie verdeutlichte vor allem die Anstrengungen beider Nationen, die koreanisch-japanischen Beziehungen wieder neu zu beleben, wenn auch zunächst hauptsächlich mit symbolischem Charakter (MOFA 13.11.2022).

Beide Staaten verurteilten die nordkoreanischen Raketentests, die 2022 mit 28 Starts ein Rekordniveau erreicht hatten und gegenüber 2021 eine Steigerung von 10 % aufwiesen (DeGuzman 24.07.2023). Auch vertiefte sich die Zusammenarbeit im Bereich der maritimen Sicherheit, nachdem 2022 erfolgreich trilaterale Anti-Raketen- und Anti-U-Boot-Manöver zwischen den USA, Japan und Südkorea abgehalten werden konnten. Mit Seouls Indopazifikstrategie könnte Südkorea zu einem wichtigen sicherheitspolitischen Partner für Japan in der Region werden, da beide im Hub-and-Spokes-System der USA als Allianzpartner fungieren und eine tiefgreifendere Interaktion der kleineren Partner (»Spokes«) in der Pazifikregion die Transaktionskosten für die USA senken könnte. Auf ähnliche Weise äußerte sich Vizeaußenminister Takeo Mori, als er auf die Möglichkeiten einer japanisch-koreanischen Kooperation in der Zusammenarbeit mit ASEAN-Pazifikstaaten hinwies (US DOS 13.02.2023).

Bezugnehmend auf Koreas Indopazifikstrategie hatte Ende 2022 auch Japans NSS Südkorea als »like-minded«-Partner innerhalb Tōkyōs FOIP-Initiative identifiziert. Die NSS erkennt die trilateralen Beziehungen U. S.-Japan-Südkorea als gleichsam bedeutendes Forum im Pazifik, neben der U. S.-japanischen Allianz und dem Japan-U. S.-Australia-Kooperationsrahmen, an. Allerdings ist für Japan die Stabilisierung der Beziehung zu Südkorea vor allem ein Mittel, um der Bedrohung durch nordkoreanische Raketen zu begegnen und im Rahmen der Denuklearisierung der koreanischen Halbinsel zu kooperieren. Dies ist notwendig, um Japans Ziel einer, von der NSS als notwendig identifizierten, effektiven Gegenschlagskapazität näher zu kommen (Kantei 17.12.2022).

Im Rahmen des U. S.-Japan-Südkorea-Dialogs kündigten die drei Partner im Februar 2023 an, auch im Bereich der wirtschaftlichen Sicherheit zukünftig enger zu kooperieren. Hierzu sieht der neu eingerichtete U. S.-Japan-ROK Economic Security Dialogue die Zusammenarbeit in den Feldern Quanten- und Weltraumtechnik, Datensicherheit, Mineralienabbau und Halbleitertechnologie vor (TWH 28.02.2023).

Am 6. Juni 2023 sorgte der südkoreanische Außenminister Park mit einem Vorschlag, Südkorea solle selbst für Entschädigungen für Zwangsarbeit zur Zeit der japanischen Besatzung im Zweiten Weltkrieg durch die Einrichtung eines spendenbasierten Fonds aufkommen, für Aufsehen. Während Opferverbände den Vorschlag als »Schande« kritisierten, betrachtet die japanische Regierung die Forderungen der Hinterbliebenen mit dem Grundlagenvertrag zwischen Japan und der Republik Korea von 1965 als gegenstandslos (*FAZ* 06.03.2023). Die Thematik war 2018 aufgekommen, als der südkoreanische Verfassungsgerichtshof zwei japanische Firmen zu Zahlungen an ehemalige Zwangsarbeiter verurteilt hatte. Japans Außenminister Hayashi begrüßte die Ankündigung der südkoreanischen Regierung, diese Forderungen der 15 Familien nun durch einen staatlichen Fond kompensieren zu wollen. An diesem Fond werden sich nach Aussagen der Keidanren auch japanische Firmen beteiligen – trotz einer 65 %-igen Ablehnung in der südkoreanischen Bevölkerung (Kuhn 16.03.2023).

Nachdem die bilateralen Beziehungen unter der Präsidentschaft Jae-in Moons über die Frage der (euphemistisch bezeichneten) »Trostfrauen« zum Erliegen gekommen waren, brachte Premierminister Kishida bei seinem Besuch in Seoul, dem

ersten eines japanischen Regierungschefs seit zwölf Jahren, durch die Anerkennung
des Leids koreanischer Frauen (»My heart aches«) die Verbesserung der bilateralen
Beziehungen der beiden nordostasiatischen Staaten weiter voran (*Nikkei Asia*
10.05.2023).

Beim ersten bilateralen Gipfel nach zwölf Jahren vereinbarten Präsident Yoon
und Kishida die Wiederaufnahme gegenseitiger Staatsbesuche, die Einsetzung eines
Sicherheitsdialogs, nachrichtendienstliche Kooperation sowie die Schlichtung von
Handelsfriktionen, die seit 2019 vermehrt aufgekommen waren. Auch die Ankündigung, dass strategische Konsultationen zu sicherheitspolitischen Themen auf
Vize-Außenminister-Ebene wieder aufgenommen werden sollen, deutet darauf hin,
dass die Kishida-Regierung Südkorea stärker in seine strategische Neuausrichtung
im Indopazifik einbezieht (Yamaguchi 17.03.2023). Südkoreas Entscheidung, das
nachrichtendienstliche Abkommen GSOMIA (General Security of Military Information Agreement) wieder einzusetzen, was den Austausch sensibler militärischer
und geheimdienstlicher Informationen mit Japan vorsieht, sowie die Ankündigung
des Handelsministeriums, Japan wieder als »vertrauenswürdigen Handelspartner«
zu klassifizieren und somit Zoll- und Handelsbeschränkungen zu limitieren, ver-
besserten die Beziehungen entscheidend (*AS* 24.04.2023; *JT* 21.03.2023).

In enger Koordination mit den USA beschlossen Japans Verteidigungsminister
Hamada und sein südkoreanischer Amtskollege Jong-Sup Lee beim Ministertreffen
in Singapur am 3. Juni 2023, den ministeriellen Austausch sowie die Kooperation
technischer Beamter in den nächsten Monaten auszubauen und so zur freien Indo-
pazifiksphäre beizutragen. Hierzu sollen im Sommer und Herbst 2023 gemeinsame
trilaterale Marineübungen und Verteidigungssimulationen gegen nordkoreanische
Nuklearangriffe, Anti-U-Boot-Übungen und Raketenabwehrübungen durchgeführt werden (US DOD 03.06.2023). Wenn auch insgesamt im Betrachtungszeitraum die diplomatischen Bemühungen im Vordergrund standen, die japanisch-
südkoreanischen Beziehungen zu verbessern, so wird sich erst in der zukünftigen
Zusammenarbeit – sowohl innerhalb des trilateralen Dialogs mit den USA als auch
in der bilateralen Diplomatie – zeigen, inwieweit die Annäherung der beiden nordostasiatischen Staaten tiefgreifendere Verbesserungen in ihren Beziehungen hervorgebracht hat. Zwar haben die politischen Initiativen des Jahres 2022/23 das allgemeine Klima verbessert und den Grundstein für eine integrierte außenpolitische
Kooperation gelegt – ob diese Veränderungen zu einem Durchbruch und genuinen
Neuerungen der südkoreanisch-japanischen Beziehung geführt haben, wird sich
erst in Zukunft erweisen.

Nordkorea

Die Beziehungen Japans zu Nordkorea verblieben im betrachteten Zeitraum zwischen September 2022 und August 2023 weitestgehend ereignislos und auf dem Niveau der Vorjahre. In seiner Rede im japanischen Parlament kritisierte Außenminister Hayashi die nochmals gestiegene Anzahl an nordkoreanischen Raketen-Tests und Pjöngjangs Bestrebungen, Nukleartest durchzuführen (MOFA 23.01.2023). Auch in den Beziehungen zu Japans regionalen Partnern wie Südkorea und den USA ist Nordkorea ein wichtiges Thema. Bei seinem Treffen mit dem südkoreanischen Außenminister Jin Park verurteilten beide Minister Nordkoreas Test einer ballistischen ICBM-Rakete ca. 200 km vor der japanischen Küste am 18.02.2023 und betonten, dass die komplette Denuklearisierung der gesamten koreanischen Halbinsel wichtigstes Ziel sei (MOFA 18.02.2023).

Beim U. S.-Japan-Südkorea-Gipfel im Mai 2023 kamen Premierminister Kishida, U. S.-Präsident Biden und Präsident Yoon darin überein, sich zukünftig noch enger strategisch zu koordinieren, um nicht bloß auf nordkoreanische Aggressionen zu reagieren, sondern aktiv eine freie internationale, regelbasierte Ordnung in Ostasien voranzutreiben. Hierzu sollen Informationen zu nordkoreanischen Raketenstarts mit regionalen Partnern in Echtzeit ausgetauscht werden (MOFA 21.05.2023).

Am Rande des ASEAN-Außenministertreffens in Jakarta verabschiedeten die Außenminister Japans, Südkoreas und der USA eine gemeinsame Erklärung, in der sie den Start einer interkontinentalen ballistischen Rakete Nordkoreas am 12. Juli 2023 verurteilten und die Einhaltung der UN-Resolutionen forderten. Japans Bemühungen, nordkoreanische Aktionen durch die UN verurteilen zu lassen, fallen auch mit Tōkyōs momentanen Sitz (2023–2024) als nicht-ständiges Mitglied im UN-Sicherheitsrat zusammen (MOFA 14.07.2023).

4.3 Japans FOIP-Strategie

Beim U. S.-japanischen Gipfeltreffen zur ökonomischen Kooperation im Juli 2022 konnte Premierminister Kishida Japans »Free and Open Indo-Pacific« (FOIP) Initiative mit einem individuellen Fokus versehen. Die Initiative, die vom ehemaligen Premierminister Abe entwickelt wurde und seither als grundlegende außenpolitische Strategie Japans in Asien angesehen wird, wurde so um wichtige Merkmale, die im Folgenden erläutert werden, erweitert (Arha 13.08.2022). Nachdem die Außenminister Japans, der USA und Indien vom 5.–6. September 2022 in Neu Delhi zusammentrafen und in ihren Beschlüssen relativ vage eine Intensivierung der FOIP-Kooperation beschlossen hatten, trafen sich der indische Außenminister Jaishankar und Verteidigungsminister Singh mit Premierminister Kishida, Außenminister Hayashi und Verteidigungsminister Hamada beim 2+2 Minister Dialog in Tōkyō am 8. September 2022 (MOFA 06.09.2022). Als Ergebnis der Treffen beschlossen die beiden asiatischen Demokratien, die Zusammenarbeit bei der Etablierung einer Regel-basierten regionalen Ordnung, der Durchsetzung internationaler Gesetze und Normen sowie konkret die Kooperation im Bereich Cyber-Sicherheit und bei der Förderung strategisch wichtiger Mineralien zu intensivieren. Auch wurde entschieden, zum ersten Mal gemeinsame Luftwaffenübungen abzuhalten (Rajagopalan 12.09.2022).

Kishida war seit der zweiten Jahreshälfte 2022 verstärkt bemüht, den strategischen Fokus des FOIP-Konzepts der Abe-Regierung weiterzuentwickeln. Kisida hat hierbei versucht, engere Sicherheitskooperationen mit Pazifikstaaten zu etablieren. Beispielsweise waren zukünftige maritime Sicherheitskooperationen zwischen Japan und den Salomon Inseln Ziel der Gespräche zwischen Außenminister Hayashi und dem salomonischen Außenminister Jeremiah Manele am 18. August 2022 (MOFA 18.08.2022). Zum einen beabsichtigt Japan durch Infrastrukturhilfen und Entwicklungsunterstützung im Bildungssektor, die Bindung an den pazifischen Inselstaat auszubauen. Zum anderen ist die Hinwendung zu Pazifikstaaten auch ein Versuch, dem steigenden Einfluss Chinas im Pazifik zu begegnen. Premierminister Manasseh Sogavare hatte im April 2022 für die Salomon Inseln ein Sicherheitsabkommen mit China abgeschlossen, was auf starke Kritik seitens Australiens und anderer Pazifikstaaten gestoßen war (Brennan 31.07.2023). Der Koordinator des U. S. National Security Council für den Indo-Pazifik, Kurt Campbell, hatte daraufhin die Salomon Inseln besucht und für eine Kooperation mit demokratischen Pazifiknationen wie den USA und seinen Verbündeten geworben (Miller und Vinall 20.04.2022). Auch andere U. S.-Verbündete, wie Neuseeland, äußerten Bedenken über den steigenden chinesischen Einfluss im Pazifik. Neuseelands Außenministerin Nanaia Mahuta warnte vor dem großen Potenzial dieser neuen Allianz, die Stabilität im Pazifik zu gefährden (Government of New Zealand 29.03.2022).

Im Januar 2023 kündigte Kishida schließlich offiziell eine Weiterentwicklung der FOIP-Strategie an und verwies auf den bevorstehenden ASEAN-Japan Commemorative Summit in Tōkyō im Dezember 2023. Diese Schritte sind Ausdruck eines intensiveren Fokus auf die Pazifikregion, indem Tōkyō seine Pazifikstrategie über die bestehenden Partnerschaften mit Indien und Australien weiter ausdehnt und nun vermehrt Südostasien und Inselstaaten im Pazifik Grundpfeiler für Sicherheit und Stabilität betrachtet. Erste Ergebnisse dieser Bestrebungen, den strategischen Fokus zu erweitern, waren die Eröffnung neuer diplomatischer Vertretungen auf den Pazifikinseln Kiribati und Neukaledonien sowie der Besuch von Außenminister Hayashi auf den Cookinseln am 6. Februar 2023. Bei diesem Treffen unterstrich

Hayashi Japans Unterstützung für die »2050 Strategy for the Blue Pacific Continent«-Initiative des *Pacific Island Forums* (PIF), ein Konsultativforum für wirtschaftliche und politische Zusammenarbeit der Inselstaaten des Pazifiks (MOFA 06.02.2023). Für Japan stellt das PIF eine wichtige regionale Institution dar, da der Inselstaat hier für die Einhaltung der territorialen maritimen Zonen um die Senkaku Inseln für Unterstützung werben kann. Japan versucht hierbei Verbündete zu finden, welche die, durch die United Nations Convention on the Law of the Sea (UNCLOS) anerkannten, Territorialbestimmungen der umstrittenen Senkaku Inseln befürworten. Japan und das PIF haben verkündet, zukünftig in der Frage der Aufrechterhaltung der territorialen Integrität von Pazifiknationen enger zusammenzuarbeiten. Dass Japan diesem Forum im Rahmen seiner Pazifikstrategie besondere Bedeutung beimisst, wurde auch beim Besuch des neuen PIF-Vorsitzenden, Mark Brown, Premierminister der Cookinseln, deutlich. Nur einige Tage bevor Brown offiziell sein Amt als Vorsitzender antrat, wurde er in Japan von Premierminiser Kishida am 7. Februar 2023 empfangen. Neben der Absicht, im Rahmen der FOIP-Strategie mit den Cookinseln enger zu kooperieren, äußerte Brown auch die Bedenken vieler Pazifiknationen hinsichtlich Japans Absicht, radioaktiv kontaminiertes Wasser in den Pazifik zu leiten (MOFA 07.02.2023). Einen Tag später empfing Außenminister Hayashi seine Amtskollegin von den Marshall Inseln, Kitlang Kabua, in Tōkyō. Bei dem Treffen kamen beide Staaten überein, weiter bei der Realisierung einer stabilen regionalen Ordnung zu kooperieren und die Zusammenarbeit im Rahmen des von Japan vorangetriebenen Free and Open Indo-Pacific Dialogs fortzuführen (MOFA 08.02.2023).

Bei seiner China-Reise hatte Außenminister Hayashi am 23. März 2023 Japans Entscheidung verteidigt, radioaktives Kühlwasser in den Pazifik zu leiten und darauf verwiesen, dass die Bedenken Chinas nicht auf wissenschaftlich belastbaren Daten basieren würden (MOFA 02.04.2023). Japan hatte schließlich am 24. August 2023 damit begonnen, radioaktive Wasserabfälle, die seit der Dreifach-Katastrophe nach dem Erdbeben im März 2011 in großen Mengen gelagert wurden, in den Pazifik zu leiten (*WSJ* 24.08.2023).

Bei seinem Treffen mit Jean-François Carenco, dem französischen Minister für Überseeterritorien, betonte Außenminister Hayashi die Bedeutung der neuen diplomatischen Vertretung Japans in Nouméa und verwies auf die geostrategische Signifikanz der französischen Überseegebiete für Japans Indopazifikstrategie. Zu diesem Zweck betonte der parlamentarische Vizeaußenminister Kenji Yamada die Bedeutung von gemeinsam abgehaltenen Manövern japanischer SDF-Einheiten mit der französischen Marine in Neukaledonien (FANC) in der Vergangenheit und kündigte an, die sicherheitspolitische Zusammenarbeit beider Nationen in der Region zu vertiefen

(MOFA 06.03.2023). Auf ähnliche Weise verdeutlichte auch Hayashis Besuch auf den Salomon Inseln am 19. März 2023, bei dem er als erster japanischer Außenminister ein persönliches Vieraugengespräch mit Premierminister Sogavare führte, den neuen regionalen Schwerpunkt in Japans Pazifikstrategie und die Rolle, die den Salomon Inseln innerhalb dieser Strategie zugedacht ist (MOFA 19.03.2023).

Kishida bekräftigte diese Neuausrichtung bei seinem Besuch in Neu Delhi im März 2023, als er vier »neue Grundpfeiler« seiner FOIP-Strategie (1. »Frieden und wirtschaftliches Wachstum«, 2. »Herausforderungen im Indopazifik«, 3. »mehrschichtige Vernetzung« und 4. »Ausbau der Sicherheitsanstrengungen zur See und in der Luft«) vorstellte (Kantei 13.01.2023). Auch die Äußerung des japanischen Premierministers beim Treffen mit dem indischen Premierminister Modi, die »Konnektivität« der Indopazifikregion auszubauen, deutet darauf hin, dass Kishida die Pazifikstrategie zunehmend nicht mehr nur auf den Indopazifik und Indien als wichtigen Partner betrachtet, sondern verstärkt versucht, die FOIP-Strategie mit einer neuen Vision für die Pazifikinseln zu verbinden (Mohan 20.03.2023). Motivation für die Überarbeitung der FOIP-Strategie waren einerseits die veränderte Weltlage nach dem russischen Angriffskrieg auf die Ukraine und das Ende der, von Ikenberry definierten, liberalen internationalen Nachkriegsordnung (Rachman 20.04.2023).

Die neue Strategie sieht vor, dass Japan ca. 75–100 Mrd. U. S.-Dollar Wirtschaftshilfen im Globalen Süden durch den Japan-ASEAN-Fond bis 2030 investiert. Damit dehnt Kishida den Fokus der FOIP-Initiative noch weiter aus, entkoppelt ihn womöglich von seiner geografischen Bedeutung und verbindet ihn mit einer politischen Definition, die auf einer »regelbasierten« internationalen Gemeinschaft beruht (*JT* 21.03.2023). Hierauf deuten auch Aussagen von Außenminister Hayashi hin, dass sich Situationen, wie sie die Ukraine heute erfährt, »morgen in Ostasien« manifestieren können (MOFA 19.06.2023).

Weitere Schritte, Japans Initiativen im Globalen Süden auszudehnen, waren u. a. der Besuch von Premierminister Sheikh Hasina in Tōkyō im Mai 2023, bei dem Japan seine Finanzierung für das bereits im März angekündigte Projekt eines Industriehafenkomplexes in Bangladesh verbindlich zusagte (Kumar 12.04.2023). Das Hafenprojekt eröffnet Japan wichtige Möglichkeiten, seine Indopazifikstrategie auszubauen, nachdem ähnliche Projekte Chinas und Indiens zuvor gescheitert waren. Im Zusammenhang mit der geografischen und politischen Erweiterung des FOIP-Konzepts verwies Verteidigungsminister Hamada am 3. Juni 2023 beim 20. Shangri-La Dialogue in Singapur auf Japans neue Official Security Assistance (OSA), in deren Rahmen die Kishida-Regierung regionale »like-minded« Indopazifikpartner mit 2 Mrd. Yen für den Ausbau von Sicherheitskapazitäten unterstützt (*AS* 09.06.2023; *JT* 03.06.2023; MOD 03.06.2022).

Insgesamt hat die Kishida-Regierung im Betrachtungszeitraum die maßgeblich von Premierminister Abe geprägte Indopazifikstrategie nicht nur stärker akzentuiert, sondern durch die Integration von neueren strategischen Ansätzen, wie der Fokussierung auf die pazifischen Inselstaaten oder der thematischen – und damit langfristig regionalen – Ausdehnung des Konzepts, erfolgreich revitalisiert. Gleichzeitig konkurriert Japan nun offensiver mit China um Einfluss in der Südpazifikregion. Dies wird nicht nur durch Kishidas verstärkte Pazifikstrategie deutlich, sondern äußert sich auch in Bedenken von regionalen Staaten hinsichtlich Pekings steigendem Einfluss. So hat beispielsweise Fiji eine Abkehr von seiner China-Orientierung eingeleitet, nachdem der Inselstaat noch 2021 chinesische Übersee-Polizeistationen und wirtschaftliche Investitionen aus China gebilligt hatte. Nachdem die Dreiparteienkoalition von Premierminister Rabukas im Dezember 2022 ihr Amt antrat, wurden im Januar 2023 die chinesischen Übersee-Polizeistationen geschlossen, offiziell eine Kooperation im Rahmen des trilateralen Verteidigungsbündnisses AUKUS der USA, Großbritanniens und Australiens favorisiert sowie Bedenken hinsichtlich der chinesischen Ambitionen einer tiefergehenden, strukturellen Partnerschaft mit dem Pazifikstaat geäußert (Sousa-Santos 27.04.2023).

Die Versuche der Kishida-Administration, Japans sicherheitspolitische Verbindungen zu Pazifikstaaten zu intensivieren, verdeutlichen die neue Ernsthaftigkeit, die der Pazifikregion in Japans sicherheitspolitischem Gesamtkonzept zuteil wird. Zunächst wurde die Vision einer ausgeprägten Rolle Japans in den geopolitischen Beziehungen im Pazifik, anfangs mit Australien und Indien, später auch mit südostasiatischen Staaten wie den Philippinen und Vietnam, unter Premierminister Abe eingeleitet. Der sich unter Premierminister Kishida abzeichnende Trend, Japans strategischen Fokus auf die gesamte Pazifikregion auszudehnen und hierbei nicht nur die Beziehungen zu größeren und aufstrebenden Industrienationen oder Mittelmächten auszubauen, sondern gezielt auch die Inselketten des Westpazifiks miteinzubeziehen, ist hierbei Ausdruck von außenpolitischen Bestrebungen, die von Exekutivbeamten des MOFA und MOD bereits seit Mitte der 2000er Jahre vorangetrieben wurden.

4.4 QUAD

Japans außenpolitisches Profil hat im Beobachtungszeitraum auch im Rahmen der Japan-Australien-Indian-U. S.-Konsultationen (auch Quadrilateral Security Dialogue, kurz QSD oder QUAD) weiter an Profil gewonnen. Beim Treffen der QUAD-Partner in Neu Delhi vom 5.–6. September 2022 wurde die Intensivierung der regionalen Zusammenarbeit und der verstärkten sicherheitspolitischen Koordination im Rahmen der FOIP-Strategie beschlossen (MOFA, 06.09.2022). Beim Treffen der QUAD-Außenminister am Rande der 77. UN-Vollversammlung am 23. September 2022 verabschiedeten die vier Partner neue Richtlinien für humanitäre Hilfe und Katastrophenhilfe (Humanitarian Assistance and Disaster Relief, HADR) im Indopazifik. Hierbei betonten die QUAD-Staaten ihre Vision für eine regelbasierte, auf Freiheit und Demokratie fußende, die friedliche Lösung von Konflikten priorisierende und die Wahrung der territorialen Integrität schätzende Außenpolitik. Außenminister Hayashi warb erfolgreich für die Unterstützung der japanischen Position im Territorialstreit mit China um die Senkaku Inseln sowie Tōkyōs Haltung zur Taiwan-Frage und Japans Risikobewertung der koreanischen Halbinsel. Alle QUAD-Mitglieder folgten in ihrem Abschlusskommuniqué Außenminister Hayashis Vorschlag, die Bedeutung der ASEAN zu stärken und Wege zu erörtern, wie die *ASEAN Outlook on the Indo-Pacific*-Initiative als Grundlage für eine intensivere Zusammenarbeit der QUAD-Staaten mit den ASEAN Mitgliedern realisiert werden könne (MOFA 23.09.2022).

Nur vier Tage später, beim Treffen Premierminister Kishidas mit QUAD-Staatschefs am Rande des Staatsbegräbnisses für Premierminister Abe am 27. September 2022, kamen Kishida und der australische Premierminister Anthony Albanese darin überein, die Sicherheitskooperation beider Länder auf bilateraler Ebene auszubauen. Kishida betonte seine Absicht, tiefgreifendere Beziehungen innerhalb dieses regionalen Netzwerks etablieren zu wollen, um die regionale Stabilität zu stärken und Abes Vermächtnis fortzuführen (*AS* 28.09.2022). Die Zusammenarbeit mit ASEAN-Staaten im Rahmen humanitärer Hilfeleistungen und Katastrophenschutz-Maßnahmen wird zukünftig ein wichtiges Instrument sein, um die Formen nicht-traditioneller Sicherheitsaspekte der Koalition zu schärfen. Dies wurde besonders mit den im September 2022 verabschiedeten »Guidelines for Quad Partnership on Humanitarian Assistance and Disaster Relief in the Indo-Pacific« deutlich (US DOS 23.09.2022). Durch die Betonung sicherheitsrelevanter Aspekte in der HA-DR-Strategie könnte die QUAD zukünftig erfolgreich Japans umfassenderen Südostasien- und Pazifikfokus einbeziehen und so die Kooperation mit regionalen Partnern und ASEAN-Staaten weiter vorantreiben. Ein solcher Ansatz würde dann nicht parallel verlaufen, sondern sich in Japans Pazifikstrategie integrieren (Myers und Berger 21.08.2023).

4.5 Japans Afrikapolitik im Rahmen des TICAD

Nachdem Premierminister Kishida im August 2022 positiv auf das Covid-19-Virus getestet worden war, hatte er kurzfristig seine persönliche Anwesenheit an der 8. Tokyo International Conference on African Development (TICAD 8) abgesagt und stattdessen virtuell teilgenommen. 2022 nahmen 21 afrikanische Staats- und Regierungschefs aus 48 Nationen sowie Vertreter der UNO und der Weltbank an der Konferenz teil. In seiner Rede betonte Kishida Japans fortbestehendes Engagement auf dem afrikanischen Kontinent und seine Absicht, die kooperativen Beziehungen Japans als »Partner, der zusammen mit Afrika wächst«, fortführen zu wollen. Insgesamt war die Konferenz geprägt von Japans Schirmherrschaft in vielen thematischen Bereichen, von der Initiierung globaler gesundheitspolitischer Programme für den Kontinent sowie Kishidas Ankündigung, bis Ende 2025 staatliche und privatwirtschaftliche Investitionen in Höhe von 30 Mrd. U. S.-Dollar zu tätigen (MOFA 28.08.2022a). Ein Großteil dieser Investitionen ist für den Gesundheitssektor afrikanischer Staaten vorgesehen, die noch immer stark mit den Folgen der Covid-19-Pandemie zu kämpfen haben. Beispielsweise sollen in den kommenden drei Jahren 300.000 Menschen im medizinischen Sektor ausgebildet werden (Morreale und Jain 30.08.2022). Eine wesentliche Neuerung war die Ankündigung von Japans Green Growth-Initiative in Afrika (GGA), die durch Mikrokredite in Kooperation mit der Multilateral Development Bank und der African Development Bank strukturelle Investitionen in den Ausbau eindämmender Maßnahmen gegen Treibhausemissionen fördern soll (MOFA 28.08.2022b).

Daneben stand die Konferenz maßgeblich unter dem Eindruck des russischen Angriffskrieg auf die Ukraine, den Japan und die afrikanischen Staaten in der TICAD-8-Deklaration stark verurteilten. Beide Partner äußerten ernste Besorgnis hinsichtlich der zu erwartenden, negativen Folgen für Afrika und die Weltwirtschaft. Kishida betonte in seiner Rede, dass Russlands Versuche, den Status quo einer auf der Rule-of-Law basierenden internationalen Ordnung gewaltsam zu ändern, nicht nur in Europa, sondern auch in Afrika zu spüren sein werden und schließlich die Entwicklung auf dem Kontinent stark beeinträchtigen werde. Um den, durch den russischen Angriffskrieg ausgefallenen, für Afrika wichtigen, ukrainischen Getreideexport zu kompensieren, kündigte Kishida Soforthilfen in Food Assistance in Höhe von 130 Mio. U. S.-Dollar an. Zusätzlich versprach er Investitionen in Höhe von 300 Mio. U. S.-Dollar, die – co-finanziert durch die African Development Bank – die Ernährungsproduktion sichern sollen. Zudem sollen 200.000 Arbeitnehmer im Agrarsektor durch Capacity Building-Maßnahmen unterstützt werden (Kantei 27.08.2022). Während Japan

im Rahmen des TICAD-8 seine Anstrengungen fortsetzte, nachhaltige Partnerschaft mit afrikanischen Staaten auszubauen, steht der Inselstaat in Konkurrenz
zu Chinas Belt-and-Road-Strategie auf dem Kontinent. Im November 2021 hatte
die Ankündigung von Präsident Xi auf dem Forum on China-Africa Cooperation
(FOCAC), Milliarden-Dollar-Investitionen in Zusammenhang mit der Belieferung von COVID-19-Impfungen durch Chinas »Health Silk Road«-Initiative als
Kredite zu vergeben, für Kritik gesorgt. Die Senkung des Investitionsvolumen
von 60 Mrd. U. S.-Dollar auf 40 Mrd. U. S.-Dollar sowie Befürchtungen, afrikanische Staaten würden sich in eine Schuldenfalle begeben, hatten das Vertrauen
unter afrikanischen Staaten in chinesische Investitionsvorhaben auf dem Kontinent nachhaltig gestört (*BN* 30.11.2021).

Trotz Chinas intensiverem außenpolitischen Afrika-Fokus unterhielt Japan auch
im beobachteten Zeitraum nachhaltigere Partnerschaften mit afrikanischen Staaten
im Rahmen seines TICAD-Dialoges. Dieser starke Kontrast zu diplomatischen Initiativen Chinas in der Region ist nicht bloß Ausdruck einer umfassenden Afrika-
Strategie, die Japan durch seine UN-zentrierte Außenpolitik seit den 1990er Jahren
kontinuierlich festigen und erweitern konnte. Sie verdeutlicht auch Japans strategischen Ansatz, da afrikanische Staaten in der UNO und anderen regionalen Organisationen über entscheidende Stimmanteile verfügen. Außerdem ist Japans Afrika-
Politik eng verbunden mit Tōkyōs FOIP-Initiative. Während Indien zwischen 2018
und 2021 auf dem Kontinent 18 neue diplomatische Vertretungen eröffnen konnte
und die Treffen von Vertretern der indischen Regierung mit afrikanischen Regie-
rungsvertretern einen großen Anstieg verzeichneten, hat die Bedeutung der Afrikanischen Union für die indische Außenpolitik aktuell abgenommen (MEA
09.11.2011; Singh 05.01.2021). Somit kommt Japan eine wichtige Mittlerrolle zu,
indem es über seine Indopazifikstrategie, die Grundzüge seiner Afrika-Diplomatie
mit der intensivierten Sicherheitskooperation mit Indien verknüpfen könnte. Diese
Idee war bereits 2016 durch das japanische Economic Research Institute for ASEAN
and East Asia (ERIA) und die Institute of Developing Economies-Japan External
Trade Organisation (IDE-JETRO) angedacht worden (ERIA 2017). Der Plan sah
vor, durch Japans globale Partnerschaft mit Afrika, in Verbindung mit dem Wachs-
tumskorridor, Chinas Einfluss auf dem Kontinent zurückzudrängen und neues
Wirtschafts- und Handelspotenzial zu erschließen. Tatsächlich wird es jedoch
schwierig werden, über Japans Indopazifikvision seine Afrika-Diplomatie zu realisieren – hat sich doch im Ukraine-Krieg gezeigt, das Indien durch sein Neutralitäts-
gebot und die damit verbundene Weigerung, die russische Aggression zu verurteilen, dezidiert nicht einhellig mit »westlichen« Demokratien Seite an Seite steht (Tellis 25.04.2022).

4.6 Japans außenpolitische Beziehungen zur NATO

Japan hat sich im Beobachtungszeitraum verstärkt bemüht, seine Kooperation mit der NATO auszubauen. Dabei ist diese Annäherung in vielerlei Hinsicht auch den Entwicklungen des Ukraine-Kriegs geschuldet und steht unter dem Eindruck wachsender Spannungen mit Japans chinesischen und nordkoreanischen Nachbarn. Beim Besuch von NATO-Generalsekretär Jens Stoltenberg auf dem Luftwaffenstützpunkt der JASDF in Sayama am 31. Januar 2023 betonte dieser die »enge Verbindung der Sicherheit Japans und der NATO-Mitglieder« (*AS* 31.01.2023). Mit Premierminister Kishidas Besuch beim NATO-Gipfel in Litauen vom 11.–12. Juli 2023 wurde diese Verbindung weiter vertieft. Den Gipfel nutze Kishida, um seine Warnung, dass die heutige Situation in der Ukraine »morgen so auch in Ostasien eintreten könne«, zu wiederholen. Im Rahmen des Gipfels verkündeten Japan und die NATO ein Individually Tailored Partnership Program (ITPP), das Kooperation in den Bereichen Cyber-Abwehr, strategische Kommunikation, Schadtechnologie, Weltraumsicherheit und Herausforderungen des Klimawandels umfasst (Siripala 17.07.2023). Im Frühsommer gab Japans Botschafter in den USA, Koji Tomita, bekannt, Japan würde an der Einrichtung eines Liaison Offices der NATO in Tōkyō arbeiten – diese Pläne wurden allerdings inzwischen dementiert (*AS* 10.05.2023). Zudem zeugte die erstmalige Beteiligung Japans an der großangelegten NATO-Übung »Air Defender« in Deutschland am 12. Juni 2023 von Bemühungen, die Zusammenarbeit zu intensivieren. Diese zweiwöchige Übung, die rund 10.000 Mitarbeiter und 250 Flugzeuge aus 23 NATO-Mitgliedsstaaten umfasst, gilt als die größte in der Geschichte der NATO und erlaubte erstmals Japan und Schweden als Nicht-Mitglieder die Teilnahme. Beobachter haben auch spekuliert, dass die NATO, mit dem Wegfall des sowjetischen Ostblocks, eine neue Rolle angesichts aufkommender Spannungen in Ostasien sucht (Johnson 13.06.2023). Allerdings hat NATO-Generalsekretär Stoltenberg seit 2022 mehrfach betont, dass es gerade unter dem Eindruck des russischen Angriffskrieges auf die Ukraine die Aufgabe der Allianz bliebe, jeden Zentimeter *NATO-Territorium* (in Abgrenzung zu Nicht-Mitgliedern) zu verteidigen. Erst im Juni 2023 hatte sich Stoltenberg positiv über eine Einladung an die Ukraine als zukünftiges NATO-Mitglied geäußert – legte sich jedoch nicht auf einen genauen Zeitraum fest (*NYT* 11.07.2023). Es ist zwar unwahrscheinlich, dass Japan in absehbarer Zeit eine NATO-Mitgliedschaft anstreben wird – einen wichtigen Schritt, seine sicherheitspolitischen Kooperationen für eine stabilere Pazifikregion auszubauen, hat Tōkyō unterdessen mit seiner Hinwendung zur NATO unternommen.

5   Ausblick

Japan hat im vergangenen Jahr wichtige Schritte unternommen, um seine regionale Strategie im asiatischen Pazifikraum auszubauen und als internationaler Sicherheitsakteur stärker an Profil zu gewinnen. Trotz der globalen Bedeutung des Ukraine-Kriegs liegt Japans Fokus 2023 auf der Pazifikregion als Kernstrategie. Japan wird nicht nur seine bilateralen Beziehungen zu Hauptverbündeten wie den USA, Australien und Indien ausbauen, sondern auch die FOIP-Strategie durch Pazifikstaaten weiter ausdifferenzieren. Der Schwerpunkt *Pazifikraum* wird auch im Hinblick auf die kritische Bedeutung der Sicherheit Taiwans eine wesentliche Rolle spielen. Dies liegt auch an den weiter bestehenden diplomatischen Spannungen zwischen Japan und China, deren Verhältnis sich zum 50. Jubiläum der Normalisierung ihrer diplomatischen Beziehungen nicht verbessert hat. Der Krieg in der Ukraine sowie die Situation in Taiwan werden Japans strategische Überlegungen in der näheren Zukunft maßgeblich mitbestimmen und Tōkyōs Beitrag innerhalb und außerhalb der bilateralen Allianz mit den USA beeinflussen.

Literatur

Arha, Kaush (13.08.2022), »Pursuing Freedom and Openness in the Indo-Pacific«, https://www.eastasiaforum.org/2022/08/13/pursuing-freedom-and-openness-in-the-indo-pacific/ (25.08.2023).

AS (*Asahi Shimbun*) (28.09.2022), »Kishida Wraps Up Meetings with Visiting Foreign Leaders«, https://www.asahi.com/ajw/articles/14729653 (25.08.2023).

AS (*Asahi Shimbun*) (17.12.2022), »Editorial: Kishida's Radical Shift in Security Policy Represents a Dangerous Turn«, https://www.asahi.com/ajw/articles/14795157 (25.08.2023).

AS (*Asahi Shimbun*) (13.01.2023), »Biden, Kishida to Discuss Japan ›Stepping Up‹ Security«, https://www.asahi.com/ajw/articles/14813756 (25.08.2023).

AS (*Asahi Shimbun*) (31.01.2023), »NATO Chief Wants Firmer Ties with Japan to Defend Democracy«, https://www.asahi.com/ajw/articles/14828240 (25.08.2023).

AS (*Asahi Shimbun*) (28.03.2023), »U. S., Japan Strike Deal on EV Battery Minerals«, https://www.asahi.com/ajw/articles/14871806 (25.08.2023).

AS (*Asahi Shimbun*) (17.04.2023), »Diplomats Gather in Japan at Historic ›Turning Point‹«, https://www.asahi.com/ajw/articles/14887135 (25.08.2023).

AS (*Asahi Shimbun*) (24.04.2023), »S. Korea Returns Japan to Its Preferential Trade Partner List«, https://www.asahi.com/ajw/articles/14892690 (25.08.2023).

AS (*Asahi Shimbun*) (10.05.2023), »Japan Working toward Opening of NATO Liaison Office in Tokyo«, https://www.asahi.com/ajw/articles/14904169 (25.08.2023).

AS (*Asahi Shimbun*) (09.06.2023), »Japan Aims to Refocus Its Foreign Aid on Maritime, Economic Security«, https://www.asahi.com/ajw/articles/14928893 (25.08.2023).

Ball, Desmond und Richard Tanter (2015), *Japan's Signals Intelligence (SIGINT) Ground Stations: A Visual Guide*, The Nautilus Institute for Security and Sustainability: Special Report, Berkeley: The Nautilus Institute for Security and Sustainability, http://nautilus.org/wp-content/uploads/2015/08/Japan-SIGINT-Ground-Stations-online.pdf (25.08.2023).

BBC (*British Broadcasting Corporation*) (16.12.2022), »Japan Defence: China Threat Prompts Plan to Double Military Spending«, https://www.bbc.com/news/world-asia-64001554, (25.08.2023).

BN (*Bloomberg News*) (30.11.2021), »China's Financial Pledge to Africa Falls after Criticism of Debt Traps«, https://www.bloomberg.com/news/articles/2021-11-30/china-s-financial-pledge-to-africa-falls-amid-debt-criticism#xj4y7vzkg (25.08.2023).

Brennan, Dechlan (31.07.2023), »Can China Deliver What Solomon Islands Wants?«, in: *The Diplomat*, https://thediplomat.com/2023/08/can-china-deliver-what-solomon-islands-wants/ (25.08.2023).

CAO (Cabinet Office) (13.06.2023), *Uchuu Kaihatsu Senryaku Honbu: Dai 28-kai Kaigou Kiji Shidai* [Hauptquartier der Weltraumentwicklungsstrategie: Tagesordnung der 28. Sitzung], https://www8.cao.go.jp/space/hq/dai28/gijisidai.html (25.08.2023).

CAS (Cabinet Secretariat) (16.12.2023), *Kokka Anzen Hoshō Senryaku ni tsuite* [Japans Nationale Sicherheitsstrategie], https://www.cas.go.jp/jp/siryou/221216anzenhoshou/nss-j.pdf (31.07.2023).

CAS (Cabinet Secretariat) (16.12.2023), *Bōeiryoku seibi Keikaku nitsuite* [Plan zum Aufbau militärischer Fähigkeiten], https://www.cas.go.jp/jp/siryou/221216anzenhoshou/boueiryokuseibi.pdf (31.07.2023).

Chanlett-Avery, Emma, Mark E. Manyin, Cathleen D. Cimino-Isaacs, Caitlin Campbell und Kyla H. Kitamura (15.05.2023), *U. S.-Japan Relations*, Congressional Research Service: In Focus, No. 10199, Washington: Congressional Research Service, https://crsreports.congress.gov/product/pdf/download/IF/IF10199/IF10199.pdf (25.08.2023).

CNN (*Cable News Network*) (01.12.2021), »Former Japan PM Tells China, a Taiwan Emergency is a Japanese Emergency«, https://edition.cnn.com/2021/12/01/asia/abe-japan-china-taiwan-intl-hnk/index.html (25.08.2023).

DeGuzman, Chad (24.07.2023), »North Korean Resumes Launching Missile Tests: How Worried Should We Be?«, in: *Time*, https://time.com/6266737/north-korea-ballistic-missile-tests-2023 (25.08.2023).

Die Zeit (23.12.2022), »Japan plant Rekordhaushalt mit hohen Verteidigungsausgaben«, https://www.zeit.de/politik/ausland/2022–12/staatshaushalt-japan-rekord-verteidigung-sozialausgaben (31.07.2023).

ERIA (Economic Research Institute for ASEAN and East Asia) (2017), *Asia Africa Growth Corridor. Partnership for Sustainable and Innovative Development: A Vision Document*, https://www.eria.org/Asia-Africa-Growth-Corridor-Document.pdf (25.08.2023).

FAZ (*Frankfurter Allgemeine Zeitung*) (06.03.2023), »Südkorea will für Kriegsverbrechen Japans selbst aufkommen«, https://www.faz.net/aktuell/politik/ausland/suedkorea-will-fuer-kriegsverbrechen-japans-selbst-aufkommen-18726681.html (25.08.2023).

Fujiwara, Kensaku (15.01.2023), »Kishida Makes Overture to U. S. about Return to TPP«, in: *Japan News,* https://japannews.yomiuri.co.jp/politics/politics-government/20230115–84099 (25.08.2023).

Fulco, Matthew (04.08.2023), »A Year after Nancy Pelosi's Historic Visit, Is Taiwan more Secure?«, in: *Japan Times*, https://www.japantimes.co.jp/commentary/2023/08/04/world/taiwan-china-defense (25.08.2023).

Garamone, Jim (14.09.2022), *U. S.-Japan Defense Leaders Look to Strengthen Rules-Based Order*, US Department of Defense, https://www.defense.gov/News/News-Stories/Article/Article/3158446/us-japan-defense-leaders-look-to-strengthen-rules-based-order/ (25.08.2023).

Government of New Zealand (29.03.2022), »New Zealand Committed to Partnership with Solomon Islands«, https://www.beehive.govt.nz/release/new-zealand-committed-to-partnership-solomon-islands (16.11.2023).

Higa, Kiyota (23.05.2023), »Japan Ambassador Rebuts Chinese Minister's Criticism of G-7 Communique«, in: *The Japan News,* https://japannews.yomiuri.co.jp/politics/G-7-summit/20230523–111517/ (25.08.2023).

Ikeda, Takahiro (21.10.2022), *Beichū Tairitsu no Yukue* [Die Zukunft des U. S.-China-Konflikts], https://www.jiia.or.jp/research-report/indo-pacific-fy2022–01.html (25.08.2023).

Interview (21.11.2020), Interview des Autors mit Yamada Shigeo, MOFA Generaldirektor Foreign Policy Bureau, in Tōkyō.

Johnson, Jesse (13.6.2023), »Japan Joins NATO Members for Massive Air Exercise as Russian and Chinese Challenges Loom«, in: *The Japan Times*, https://www.japantimes.co.jp/news/2023/06/13/national/nato-exercises-japan-attendance/ (16.11.2023).

Johnstone, Christopher B. und Nicholas Szechenyi (21.03.2023), *Japan's Prime Minister Visits Ukraine*, CSIS Center for Strategic & International Studies, https://www.csis.org/analysis/japans-prime-minister-visits-ukraine (25.08.2023).

JT (*Japan Times*) (27.03.2023), »Businessman's Detention in China an Unwelcome Shock for Japanese Firms«, https://www.japantimes.co.jp/news/2023/03/27/business/beijing-japanese-national-arrest-shock/ (25.08.2023).

JT (*Japan Times*) (21.03.2023), »South Korea Restores Intelligence-sharing Pact with Japan«, https://www.japantimes.co.jp/news/2023/03/21/national/gsomia-south-korea-japan-restored/, (25.08.2023).

JT (*Japan Times*) (21.03.2023), »With Renewed Push, Kishida Looks to Put His Own Stamp on Japan's Indo-Pacific Strategy«, https://www.japantimes.co.jp/news/2023/03/21/national/politics-diplomacy/fumio-kishida-investment-foip-china (25.08.2023).

JT (*Japan Times*) (03.06.2023), »Japan Defense Chief Calls for Mix of Deterrence and Dialogue to Head Off Conflict in Asia«, https://www.japantimes.co.jp/news/2023/06/03/national/japan-defense-minister-hamada-speech-china (25.08.2023).

JT (*Japan Times*) (14.07.2023), »The Preferred Trajectory for NATO-Asia Cooperation«, https://www.japantimes.co.jp/opinion/2023/07/14/editorials/asia-nato-relationship (25.08.2023).

Kantei (25.02.2022), *Press Conference by the Prime Minister regarding the G-7 Leaders' Video Conference*, https://japan.kantei.go.jp/101_kishida/statement/202202/_00012.html (31.07.2023).

Kantei (27.08.2022), *Opening Speech by Prime Minister KISHIDA Fumio at the Opening Session of the Eighth Tokyo International Conference on African Development (TICAD8)*, https://japan.kantei.go.jp/101_kishida/statement/202208/_00017.html (25.08.2023).

Kantei (17.12.2022), *Kokka Anzen Hoshō Senryaku Ni Tsuite* [Japans Nationale Sicherheitsstrategie], https://www.cas.go.jp/jp/siryou/221216anzenhoshou/nss-j.pdf (25.08.2023).

Kantei (13.01.2023), *Policy Speech by Prime Minister Kishida Fumio at the Johns Hopkins University School of Advanced International Studies (SAIS)*, https://japan.kantei.go.jp/101_kishida/statement/202301/_00005.html (25.08.2023).

Kantei (30.03.2023), *Additional Assistance for Recovery and Reconstruction in Ukraine*, https://www.mofa.go.jp/press/release/press1e_000403.html (25.08.2023).

Kantei (23.06.2023), *Japan Stands with Ukraine*, https://japan.kantei.go.jp/ongoingtopics/pdf/jp_stands_with_ukraine_eng.pdf (25.08.2023).

Kawashima, Shin (15.12.2022), »Japan-China relations back on track«, in: *East Asia Forum*, https://www.eastasiaforum.org/2022/12/15/japan-china-relations-back-on-track/ (25.08.2023).

Kawashima, Shin (25.4.2023), »Ups and Downs in China-Japan Diplomacy It's no longer as simple as trying to ›improve‹ relations«, in: *The Diplomat*, https://thediplomat.com/2023/04/ups-and-downs-in-china-japan-diplomacy/ (16.10.2023).

Kishida, Fumio (13.01.2023), *Japan's Decisions at History's Turning Point*, Ministry of Foreign Affairs, https://www.mofa.go.jp/files/100446121.pdf (25.08.2023).

KN (*Kyodo News*) (13.06.2023), »Japan Adopts Space Security Policy, Vows to Expand Defense Use«, https://english.kyodonews.net/news/2023/06/caac42b9ada8-japan-adopts-space-security-policy-vows-to-expand-defense-use.html (31.07.2023).

Kuhn, Anthony (16.03.2023), »Japan and South Korea Renew Ties in First Summit in 12 Years«, in: *National Public Radio*, https://www.npr.org/2023/03/15/1163633429/japan-south-korea-summit (25.08.2023).

Kumar, Manoj (12.04.2023), »Japan Proposes Industrial Hub in Bangladesh with Supply Chains to India«, in: *Reuters*, https://www.reuters.com/markets/emerging/japan-propo-ses-industrial-hub-bangladesh-with-supply-chains-india-2023–04–11 (25.08.2023).

Liff, Adam P. (22.05.2023), *No, Japan Is not Planning to »Double Its Defense Budget«*, The Brookings Institution, https://www.brookings.edu/articles/no-japan-is-not-planning-to-double-its-defense-budget/ (31.07.2023).

Mahadzir, Dzirhan (15.09.2022), *U. S., Japanese Defense Chiefs Reaffirm Alliance in Pentagon Meeting*, U. S. Naval Institute News, https://news.usni.org/2022/09/15/u-s-japanese-de-fense-chiefs-reaffirm-alliance-in-pentagon-meeting (01.08.2023).

McBride, James, Chatzky, Andrew und Anshu Siripurapu (20.09.2021), *What's Next for the Trans-Pacific Partnership (TPP)*, Council on Foreign Relations, https://www.cfr.org/back-grounder/what-trans-pacific-partnership-tpp (31.07.2023).

MEA (Ministry of External Affairs) (09.11.2011), *Second India-RECs Meeting*, https://mea.gov.in/press-releases.htm?dtl/7316/Second+IndiaRECs+Meeting (20.08.2023).

Miller, Michael E. und Frances Vinall (20.04.2022), »China Signs Security Deal with Solomon Islands, Alarming Neighbors«, in: *The Washington Post*, https://www.washing-tonpost.com/world/2022/04/20/solomon-islands-china-security-agreement/, (20.08.2023).

MOD (Ministry of Defense) (2022a), *Reiwa 4 Nendo Indo-Taiheiyō Hōmen Haken* [Entsen-dung von Marineeinheiten in den Indo-Pazifik im Jahr 2022], https://www.mod.go.jp/msdf/operation/cooperate/IPD22/ (31.07.2023).

MOD (Ministry of Defense) (2022b), *Defense Programs and Budget of Japan. Overview of FY2022 Budget (Including FY2021 Supplementary Budget)*, https://www.mod.go.jp/en/d_act/d_budget/pdf/230330a.pdf (16.11.2023).

MOD (Ministry of Defense) (03.06.2022), *Defense Minister Hamada's Participation in the 20th IISS Asia Security Summit and Meetings with Defense Ministers*, https://www.mod.go.jp/en/d_act/exc/iiss/20th_iiss_shangrila.html (31.07.2023).

MOFA (Ministry of Foreign Affairs) (18.08.2022), *Japan-Solomon Islands Foreign Minis-ters' Telephon Talk*, https://www.mofa.go.jp/press/release/press6e_000393.html (20.08.2023).

MOFA (Ministry of Foreign Affairs) (28.08.2022a), *Closing Speech by Mr. Kishida Fumio, Prime Minister of Japan, Closing Session, Eighth Tokyo International Conference on African Development (TICAD 8)*, https://www.mofa.go.jp/af/af1/page3e_001233.html (20.08.2023).

MOFA (Ministry of Foreign Affairs) (28.08.2022b), *TICAD 8 Tunis Declaration*, https:// www.mofa.go.jp/files/100387033.pdf (20.08.2023).

MOFA (Ministry of Foreign Affairs) (06.09.2022), *Japan-Australia-India-U. S. Consultations*, https://www.mofa.go.jp/press/release/press3e_000446.html (20.08.2023).

MOFA (Ministry of Foreign Affairs) (20.09.2022), *Address by Prime Minister Kishida at the 77th Session of the United Nations General Assembly*, https://www.mofa.go.jp/fp/unp_a/page3e_001242.html (20.08.2023).

MOFA (Ministry of Foreign Affairs) (23.09.2022), *Japan-Australia-India-U. S. (Quad) Foreign Ministers' Meeting*, https://www.mofa.go.jp/fp/nsp/shin4e_000047.html (20.08.2023).

MOFA (Ministry of Foreign Affairs) (26.09.2022), *Courtesy Call on Prime Minister Kishida by U. S. Vice President Harris and Dinner hosted by Prime Minister Kishida for the U. S. delegation for the State Funeral of former Prime Minister Abe*, https://www.mofa.go.jp/press/release/press3e_000457.html (31.07.2023).

MOFA (Ministry of Foreign Affairs) (25.10.2022), *Japan-U. S. Vice-Ministers' Meeting*, https:// www.mofa.go.jp/press/release/press4e_003170.html (31.07.2023).

MOFA (Ministry of Foreign Affairs) (13.11.2022), *Japan-ROK Summit Meeting*, https:// www.mofa.go.jp/a_o/na/kr/page1e_000531.html (31.07.2023).

MOFA (Ministry of Foreign Affairs) (16.11.2022), *Japan-U. S. Extended Deterrence Dialogue*, https://www.mofa.go.jp/press/release/press4e_003182.html (31.07.2023).

MOFA (Ministry of Foreign Affairs) (17.11.2022), *Japan China Summit Meeting*, https:// www.mofa.go.jp/a_o/c_m1/cn/page1e_000550.html (31.07.2023).

MOFA (Ministry of Foreign Affairs) (23.01.2023), *Foreign Policy Speech by Foreign Minister Hayashi to the 211th Session of the Diet*, https://www.mofa.go.jp/fp/pp/page3e_001305.html (31.07.2023).

MOFA (Ministry of Foreign Affairs) (03.02.2023), *Japan-China Foreign Ministers' Telephone Talk*, https://www.mofa.go.jp/press/release/press1e_000367.html (31.07.2023).

MOFA (Ministry of Foreign Affairs) (06.02.2023), *Foreign Minister Hayashi's Meeting with the Delegation of the Pacific Islands Forum (PIF)*, https://www.mofa.go.jp/press/release/press1e_000369.html (25.08.2023).

MOFA (Ministry of Foreign Affairs) (07.02.2023), *Japan-Cook Islands Summit Meeting*, https://www.mofa.go.jp/a_o/ocn/ck/page6e_000326.html (25.08.2023).

MOFA (Ministry of Foreign Affairs) (08.02.2023), *Japan-Marshall Islands Foreign Ministers' Meeting*, https://www.mofa.go.jp/press/release/press3e_000545.html (25.08.2023).

MOFA (Ministry of Foreign Affairs) (18.02.2023), *Japan-ROK Foreign Ministers' Meeting*, https://www.mofa.go.jp/a_o/na/kr/page4e_001335.html (31.07.2023).

MOFA (Ministry of Foreign Affairs) (22.02.2023), *The 17th Japan-China Security Dialogue (Overview)*, https://www.mofa.go.jp/press/release/press1e_000381.html (31.07.2023).

MOFA (Ministry of Foreign Affairs) (06.03.2023), *Visit to French New Caledonia by Mr. YAMADA Kenji, State Minister for Foreign Affairs*, https://www.mofa.go.jp/erp/we/fr/page4e_001354.html (25.08.2023).

MOFA (Ministry of Foreign Affairs) (19.03.2023), *Courtesy Call on Prime Minister Sogavare of Solomon Islands by Foreign Minister Hayashi*, https://www.mofa.go.jp/a_o/ocn/sb/page4e_001359.html (25.08.2023).

MOFA (Ministry of Foreign Affairs) (23.03.2023), *Prime Minister Kishida's visit to Ukraine*, https://www.mofa.go.jp/erp/c_see/ua/page4e_001360.html (31.07.2023).

MOFA (Ministry of Foreign Affairs) (02.04.2023), *Hayashi Gaimudaijin Rinji Kaiken Kiroku* [Aufzeichnung der Sonderpressekonferenz von Außenminister Hayashi], https://www.mofa.go.jp/mofaj/press/kaiken/kaiken3_000091.html (25.08.2023).

MOFA (Ministry of Foreign Affairs) (05.04.2023), *Foreign Minister Hayashi Attends the Meeting of NATO Ministers of Foreign Affairs*, https://www.mofa.go.jp/erp/ep/page4e_001369.html (16.11.2023).

MOFA (Ministry of Foreign Affairs) (20.05.2023), *G-7 Hiroshima Leaders' Communiqué*, https://www.mofa.go.jp/files/100506907.pdf (31.07.2023).

MOFA (Ministry of Foreign Affairs) (21.05.2023), *Exchange of Views among Japan-U. S.-ROK Leaders*, https://www.mofa.go.jp/a_o/na2/page1e_000702.html (31.07.2023).

MOFA (Ministry of Foreign Affairs) (19.06.2023), *FM Hayashi's Opening Remarks in the Press Conference at the Foreign Correspondents‹ Club of Japan (FCCJ)*, https://www.mofa.go.jp/p_pd/ip/page1e_000715.html (31.07.2023).

MOFA (Ministry of Foreign Affairs) (14.07.2023), *Japan-U. S.-ROK Foreign Ministers' Meeting*, https://www.mofa.go.jp/a_o/na2/page4e_001449.html (31.07.2023).

Mohan, Rohini (20.03.2023), »Indian, Japan PMs Agree on Respecting Rule of Law«, in: *The Strait Times*, https://www.straitstimes.com/asia/south-asia/india-and-japan-s-pms-agree-on-respecting-rule-of-law (31.07.2023).

Morreale, Brittany und Purnendra Jain (30.08.2022), »TICAD 2022: Japan's Deepening Partnerships in Africa«, in: *The Diplomat*, https://thediplomat.com/2022/08/ticad-2022-japans-deepening-partnerships-in-africa/ (20.08.2023).

Myers, Lucas und Blake Berger (21.08.2023), »Humanitarian Assistance and Disaster Relief: The Quad's Path Forward in Southeast Asia«, in: *The Diplomat*, https://thediplomat.com/2023/08/humanitarian-assistance-and-disaster-relief-the-quads-path-forward-in-southeast-asia/ (21.08.2023).

NYT (New York Times) (11.07.2023), »NATO Says It Will Invite Ukraine Some Day, Resisting Calls to Act Soon«, https://www.nytimes.com/2023/07/11/world/europe/ukraine-nato-summit-biden.html (25.08.2023).

NKS (Nihon Keizai Shimbun) (23.12.2022), *Bōeihi 26 % zou no 6.8 chō en, kōkyō jigyōhi wo hajimete kosu* [Der Verteidigungshaushalt steigt um 26 % auf 6,8 Billionen Yen und übersteigt erstmals die Ausgaben für öffentliche Einrichtungen], https://www.nikkei.com/article/DGXZQOUA22DPK0S2A221C2000000/ (31.07.2023).

Nikkei Asia (25.01.2023), »Japan's Opposition Parties Struggle to Dispute Defense Buildup«, https://asia.nikkei.com/Politics/Defense/Japan-s-opposition-parties-struggle-to-dispute-defense-buildup (25.08.2023).

Nikkei Asia (10.05.2023), »Japan, South Korea Should Boost Ties through Shuttle Diplomacy«, https://asia.nikkei.com/Opinion/The-Nikkei-View/Japan-South-Korea-should-boost-ties-through-shuttle-diplomacy (25.08.2023).

Nikkei Asia (08.08.2023), »Japan Names Masataka Okano Top Foreign Ministry Bureaucrat«, https://asia.nikkei.com/Politics/Japan-names-Masataka-Okano-top-Foreign-Ministry-bureaucrat (25.08.2023).

Nikkei Asia (24.10.2023), »Japan names Yamada envoy to U.S., Kanasugi to China«, https://asia.nikkei.com/Politics/International-relations/Japan-names-Yamada-envoy-to-U.S.-Kanasugi-to-China (16.11.2023).

Nishino, Junya (16.09.2022), *Seize the Opportunity to Improve Japan-South Korean Relations*, Japan Institute of International Affairs, https://www.jiia.or.jp/en/ajiss_commentary/seize-the-opportunity-to-improve-japan-south-korea-relations.html (25.08.2023).

Nyaungwa, Nyasha (08.08.2023), »Japan Signs Deal with Namibia to Explore for Rare Earth Minerals«, in: *Reuters*, https://www.reuters.com/markets/commodities/japan-signs-deal-with-namibia-explore-rare-earth-minerals-2023–08–08/ (09.08.2023).

Ogata, Ryota (14.06.2023), »Japan Focuses on Missle Defense in Its First Space Security Policy«, in: *Nikkei Asia*, https://asia.nikkei.com/Politics/Defense/Japan-focuses-on-missile-defense-in-its-first-space-security-policy (31.07.2023).

Ogirenko, Valentyn und Yoshifumi Takemoto (21.03.2023), »In Ukraine to Show Solidarity, Japan's Kishida Meets Zelenskiy, Tours Massacre Site«, in: *Reuters*, https://jp.reuters.com/article/japan-ukraine-kishida-idAFKBN2VN03V (31.07.2023).

Rachman, Gideon (20.04.2023): »Is There Such a Thing as a Rules-based International Order?«, in: *Financial Times*, https://www.ft.com/content/d3ac4c6b-e676–49f7–979f-e5d0ee42f49d (31.07.2023).

Rajagopalan, Rajeswari Pillai (12.09.2022), »India and Japan Hold 2+2 Ministerial Dialogue«, in: *The Diplomat*, https://thediplomat.com/2022/09/india-and-japan-hold-22-ministerial-dialogue/ (9.08.2023).

Rozen, Joseph (10.05.2023), »Ahead of G-7 Summit, Japan Reaches out to Global South«, in: *The Diplomat*, https://thediplomat.com/2023/05/ahead-of-G-7-summit-japan-reaches-out-to-global-south/, (8.08.2023).

Singh, Gurjit (05.01.2021), *Rethinking India's engagement with the African Union*, Observer Research Foundation, https://www.orfonline.org/expert-speak/rethinking-india-engagement-african-union/ (20.08.2023).

Siripala, Thisanka (17.07.2023), »Japan Forges Closer Ties to NATO«, in: *The Diplomat*, https://thediplomat.com/2023/07/japan-forges-closer-ties-to-nato/ (25.08.2023).

Sousa-Santos, Jose (27.04.2023), »Fiji's Geopolitical Tilt«, in: *East Asia Forum*, https://www.eastasiaforum.org/2023/04/27/fijis-geopolitical-tilt/ (25.08.2023).

Suzuki, Kazuto (21.06.2023), *Space Security in Japan's New Strategy Documents*, Center for Strategic and International Studies, https://www.csis.org/analysis/space-security-japans-new-strategy-documents (25.08.2023).

Swanson, Ana (27.05.2023), »Biden Administration Announces Indo-Pacific Deal, Clashing with Industry Groups«, in: *New York Times*, https://www.nytimes.com/2023/05/27/business/economy/biden-indo-pacific-trade-deal.html (31.07.2023).

Takahata, Akio (01.03.2023), »Modernizing the US-Japan Alliance: Counterattack Capabilities and Layered Security Cooperation«, in: *Nippon.com*, https://www.nippon.com/en/in-depth/d00881/ (31.07.2023).

Tellis, Ashley J. (25.04.2022), *What Is in Our Interest: India and the Ukraine War*, Carnegie Endowment for International Peace, https://carnegieendowment.org/files/202204-Tellis_The_Ukraine_War_and_India1.pdf (25.08.2023).

TWH (The White House) (28.02.2023), *Readout of the Trilateral United States – Japan – Republic of Korea Economic Security Dialogue*, https://www.whitehouse.gov/briefing-room/statements-releases/2023/02/28/readout-of-the-trilateral-united-states-japan-republic-of-korea-economic-security-dialogue/ (31.07.2023).

US DOD (US Department of Defense) (12.01.2023), *Secretary of Defense Lloyd J. Austin III Remarks Welcoming Japanese Minister of Defense Yasukazu Hamada to the Pentagon*, https://www.defense.gov/News/Transcripts/Transcript/Article/3267576/secretary-of-defense-lloyd-j-austin-iii-remarks-welcoming-japanese-minister-of/ (01.08.2023).

US DOD (US Department of Defense) (03.06.2023), *United States-Japan-Republic of Korea Trilateral Ministerial Meeting (TMM) Joint Press Statement*, https://www.defense.gov/News/Releases/Release/Article/3415860/united-states-japan-republic-of-korea-trilateral-ministerial-meeting-tmm-joint/ (31.07.2023).

US DOS (US Department of State) (23.09.2022), *Guidelines for Quad Partnership on Humanitarian Assistance and Disaster Relief (HADR) in the Indo-Pacific*, https://www.state.gov/guidelines-for-quad-partnership-on-humanitarian-assistance-and-disaster-relief-hadr-in-the-indo-pacific/ (20.08.2023).

US DOS (US Department of State) (13.02.2023), *Joint Statement on the U. S.-Japan-Republic of Korea Trilateral Ministerial Meeting*, https://www.state.gov/joint-statement-on-the-u-s-japan-republic-of-korea-trilateral-foreign-ministerial-meeting/ (09.08.2023).

WSJ (*Wall Street Journal*) (24.08.2023), »Japan Starts Releasing Water From Fukushima Nuclear Plant Into Pacific«, https://www.wsj.com/world/asia/japan-starts-releasing-water-from-fukushima-nuclear-plant-into-pacific-7f53bc54 (25.08.2023)

Xinhua (27.04.2023), »China to Launch Up to 3 BeiDou Backup Satellites in 2023«, https://english.news.cn/20230427/88ceecf26b754c1dbda02ac8fe0feb8f/c.html (31.07.2023).

Yamaguchi, Mari (17.03.2023), »Japan, South Korea Renew Ties at Tokyo Summit«, in: *Associated Press News*, https://apnews.com/article/japan-south-korea-summit-yoon-kishida-b325f9fcfa4261e97953d05b963fd62c (31.07.2023).

Japan im Angesicht zunehmender geopolitischer Spannungen: Stärkung des Multilateralismus?

Kerstin Lukner

Japan in the Face of Rising Geopolitical Tensions: Strengthening Multilateralism?

Russia's invasion of Ukraine marks a distressing escalation in global security tensions. The Russian aggression seeks to alter the territorial status quo in its immediate neighborhood, disregarding international law and weakening the global order. From Japan's perspective, Moscow's actions are unacceptable as they seek to challenge the universal values of the international community upon which both Japan's peace and prosperity depend.

Additionally, Russia's illegal war in Europe puts global attention on geopolitical tensions in other world regions, including Asia. China is actively expanding its regional influence and is embroiled in territorial disputes with Japan and other neighbors. It vigorously asserts its claim over Taiwan. Japan's Prime Minister Kishida has warned that the move to break international rules and law could find imitators in Asia, stating, ›The Ukraine today may be East Asia tomorrow.‹

This article examines how Japan deals with these geopolitical challenges on the international stage, particularly within multilateral forums like the United Nations, G7, and in the context of its cooperation with NATO. It becomes evident that the current geopolitical tensions limit the options available to the UN and its members. Therefore, Japan is alternatively utilizing smaller, value-based international alliances.

1 Einleitung

Im Jahr 2022 war Russlands Überfall auf die Ukraine der traurige Höhepunkt zunehmender sicherheitspolitischer Spannungen mit globalen Implikationen. Mit seinem Angriffskrieg will Russland den territorialen Status quo in seiner direkten Nachbarschaft ändern, das Völkerrecht ignorieren und die internationale Ordnung schwächen. Aus japanischer Sicht ist Moskaus Vorgehen inakzeptabel, greift es doch die universellen Werte der internationalen Staatengemeinschaft an, auf der ihr – und damit Japans – Frieden und Wohlstand basieren. Gleichzeitig trägt Russlands illegaler Krieg in Europa dazu bei, die Aufmerksamkeit auch auf geopolitische Spannungen in anderen Weltregionen zu lenken. In Asien bemüht sich die Volksrepublik China (nachfolgend China) mit Nachdruck darum, ihren regionalen Einfluss auszuweiten und ist mit Japan und weiteren Nachbarn in Territorialstreitigkeiten verstrickt. Seinen Besitzanspruch auf Taiwan vertritt Peking besonders aggressiv. Angesichts dieser Gemengelage warnt Japans Premier Kishida seit dem Frühjahr 2022 davor, dass die Politik des Regelbruchs und der Gesetzlosigkeit Nachahmer in Asien finden könnte (Kishida 10.06.2022): »The Ukraine today may be East Asia tomorrow«. Zudem versäumt es China bislang, die russische Invasion klar zu verurteilen und führt mit Moskau weiterhin gemeinsame Militärübungen durch; Russland und Nordkorea nähern sich wieder an, da Moskau für seinen Krieg Waffenlieferanten sucht. Die sicherheitspolitischen Schauplätze und Spannungslagen in Europa und Asien scheinen damit stark miteinander verflochten. Der folgende Beitrag stellt die Frage, wie Japan auf internationalem Parkett mit diesen geopolitischen Herausforderungen umgeht. Am Beispiel des Ukraine-Krieges beleuchtet er, wie sich Japan in ausgewählten multilateralen Foren (d. h. den Vereinten Nationen, der G7 und im Rahmen seiner Kooperation mit der NATO) positioniert, dort agiert und welche Zielsetzungen Tōkyō verfolgt. Der Beitrag macht deutlich, dass die derzeitigen geopolitischen Spannungen die Handlungsoptionen der VN und ihrer Mitglieder deutlich einschränken, sodass für Japan andere internationale Zusammenschlüsse – mit weniger Mitgliedern, aber mit »Wertepartnern« – an Bedeutung gewinnen.

2 Vereinte Nationen

Die Wahrung des Weltfriedens und der internationalen Sicherheit liegt in der Verantwortung der Vereinten Nationen (VN) bzw. des Weltsicherheitsrates (VNSR). So hatten es die Siegermächte des Zweiten Weltkriegs (China, Frankreich, Großbritannien, Sowjetunion, USA) gemeinsam mit universellen Grundsätzen wie der Ach-

tung der souveränen Gleichheit der Mitglieder und ihrer territorialen Unversehrt-
heit sowie des Primats der friedlichen Lösung internationaler Streitigkeiten in der
VN-Charta festgehalten. Im Falle des absichtlichen Bruchs des Friedens bzw. einer
Angriffshandlung kann der VNSR völkerrechtsverbindlich unterschiedliche
Schritte autorisieren – inklusive militärischer Zwangsmaßnahmen gegen den Aggressor. Problematisch hierbei ist, dass sich die fünf Siegermächte in der VN-Charta
bedeutende Privilegien eingeräumt haben. Sie sind ständige Mitglieder im VNSR
(sog. *Permanent Five* oder P5) und als einzige Akteure mit einem Veto ausgestattet,
d. h. dass ihre positiven Stimmen bei Beschlüssen zu substanziellen Entscheidungen
nicht fehlen dürfen (vgl. VN-Charta, Artikel 27 Absatz 3).

Mit Russlands Überfall auf die Ukraine, also dem Führen eines Angriffskriegs
und der Missachtung der territorialen Integrität seines Nachbarn, hat ein ständiges
Mitglied des Sicherheitsrats willentlich gegen die VN-Charta sowie das darin kodifizierte internationale Recht verstoßen und eine geopolitische Zäsur her-
beigeführt. Dieser offene Bruch mit der regelbasierten internationalen Ordnung,
die Russland (bzw. sein Vorgänger, die Sowjetunion) nach dem Zweiten Weltkrieg
maßgeblich mitgeschaffen hatte, und Moskaus Androhungen der nuklearen
Konflikteskalation hat Japans Premierminister Fumio Kishida in seiner Ansprache
vor der 77. Generalversammlung (GV) scharf verurteilt (Kishida 20.09.2022): »It is
crucial for all countries to be under the rule of law – not the rule by force, which we
absolutely cannot allow (….). Threatening the use of nuclear weapons (…) is absolutely unacceptable«. Dieser von vielen VN-Mitgliedern geteilten Empörung zum
Trotz verhindert Russland im VNSR durch sein Veto die Verabschiedung möglicher
Resolutionen und Gegenmaßnahmen.

Tatsächlich wird der Sicherheitsrat bereits seit mehreren Dekaden in Hinblick auf
seine Zusammensetzung und das Veto kritisiert: Der VNSR zementiere Machtverhältnisse aus längst vergangenen Zeiten, indem er den Siegermächten von damals
bis heute besondere Rechte einräume; er sei in seiner seit 1956 unveränderten Kom-
position nicht mehr repräsentativ für die internationale Staatengemeinschaft von
heute; der VNSR zeige sich viel zu häufig handlungsunfähig und dysfunktional und
zwar insbesondere dann, wenn es um die Bewältigung von Krisen und Konflikten
gehe, welche die Kerninteressen bestimmter P5-Staaten tangierten.

Ähnliche Einwände äußert auch die japanische Regierung spätestens seit dem
Ende des Ost-West-Konflikts und fordert seither ebenso nachdrücklich wie erfolg-
los eine Neugestaltung der VNSR und damit verbunden einen ständigen Sitz für das
eigene Land. Doch als in den Jahren 2004/2005 die Reformdebatte ernsthaft an Dynamik gewann und eine Neugestaltung des VNSR in den Bereich des Möglichen zu
rücken schien, wurden auch die Gegner solcher Pläne bzw. die vermeintlichen

»Verlierer« einer Reform aktiv. In China organisierten sich mit Verweis auf Japans Kriegsvergangenheit etwa anti-japanische Proteste gegen dessen Aufnahme in das höchste VN-Gremium. Als P5-Staat hätte China die ständige Mitgliedschaft für Japan leicht blockieren können, doch waren die damaligen Reformbemühungen aus vielfältigen Gründen zum Scheitern verurteilt. Die angemahnten Schwachpunkte des VNSR bestanden so fort (Lukner 2006).

Während der VNSR als Instanz zur ernsthaften Erarbeitung und Umsetzung von Vorschlägen zur Lösung des Ukraine-Konfliktes aufgrund des russischen Vetos handlungsunfähig bleibt, hat die GV Anfang März 2022 auf einer Notstandssondertagung mit großer Mehrheit in Resolution ES11–1 den Rückzug der russischen Truppen aus der Ukraine und die Rückgabe der sog. Teilrepubliken Donetsk und Luhansk gefordert. Japan war unter den 141 Staaten, die als Befürworter dieser Resolution auftraten, Russland befand sich unter den fünf Gegnern und China enthielt sich wie 13 weitere Staaten seiner Stimme. Anders als im Falle einer Resolution des VNSR ergeben sich aus GV-Entscheidungen keine völkerrechtlich bindenden Konsequenzen, sodass Moskau das beeindruckende Abstimmungsergebnis schlichtweg ignorierte. Darüber hinaus spielt die VN für Japan im Hinblick auf die Finanzierung und Bereitstellung von Versorgungsleistungen für die Ukraine eine Rolle. Tōkyō unterstützt u. a. die Entwicklungsorganisation der VN mit Geldern sowie das Flüchtlingshilfswerk mit Hilfsgütern, Transportflügen und Personal im Bereich Gesundheitsversorgung und trägt auf diesem Wege in kleinem Umfang zur Krisenbewältigung bei (PMO 23.06.2023).

Seit Beginn des Jahres 2023 ist Japan zum zwölften Mal für eine zweijährige Amtszeit im VNSR vertreten – einem Rekordwert unter den zehn nichtständigen Mitgliedern, die durch Wahlen bestimmt werden. Die Position korrespondiert mit Tōkyōs Anspruch, global Verantwortung für Frieden und Sicherheit übernehmen zu wollen. Allerdings beteiligt sich Japan nur in geringem Umfang an VN-mandatieren Entsendungsmissionen. Selbst im Rahmen seiner verteidigungspolitischen Beschränkungen nimmt Japan im VN-Kontext nur in sehr geringem Maße an *Peacekeeping* Operationen teil bzw. derzeit überhaupt nicht. Dieses Missverhältnis veranlasste einen kritischen Beobachter, den vom damaligen Premierminister Shinzō Abe im Rahmen der von ihm forcierten Neuausrichtung der japanischen Sicherheitspolitik geprägten Slogan des »proaktiven Pazifismus« (*sekkyokuteki heiwa shugi*) angesichts des tatsächlichen globalen Engagements Japans in den Begriff des passiven Pazifismus umzumünzen (Midford 2022: 716). Gleichzeitig liegt die Vermutung nahe, dass Tōkyōs sicherheitspolitischer Fokus vor allem wegen der zunehmenden Spannungen in Ostasien auf die direkte Nachbarschaft gerichtet ist.

Als Mitglied des VNSR profitiert Japan im Krisen- und Konfliktfall im Hinblick auf den Zugang zu wichtigen Informationen und kann konstruktiv zu den Debatten im VNSR beitragen. Im Ukraine-Krieg und der damit einhergehenden Infragestellung der regelbasierten internationalen Ordnung kann der VNSR aufgrund seines eigenen antiquierten Regelwerks (u. a. Veto-Recht für die P5) indes nicht als bedeutender internationaler Akteur in Erscheinung treten. Eine ähnliche Selbstblockade des Gremiums wäre aufgrund des P5-Status Chinas auch in denkbaren Kriseneskalationen um Taiwan zu befürchten. Zwecks einer mit vielen Partnern abgestimmten Reaktion auf reale oder denkbare globale Krisen um P5-Mitglieder wie Russland und China hat Japan im multilateralen Kontext somit nur in anderen Foren Spielräume zur aktiven Mitgestaltung internationaler Politik.

3   G7

Zu diesen Foren zählen die jährlichen G7-Gipfeltreffen der wichtigsten Industrieländer, d. h. von Deutschland, Frankreich, Großbritannien, Italien, Japan, Kanada und den USA – sowie seit 2014 der EU als weiterer Partner mit Beobachterstatus. Die kleine Gruppe der G7-Staaten teilt einen Wertekanon, der auf demokratischen Prinzipien, dem Schutz der Menschenrechte und der Achtung des Völkerrechts bzw. der Rechtsstaatlichkeit beruht. Aus diesem Grund wurde die seit 1998 bestehende Zusammenarbeit mit Russland als G8 nach dessen Annexion der Krim im Jahr 2014 beendet. Im Jahr 2022 hat Moskaus Angriffskrieg auf die Ukraine die G7-Kooperation weiter befeuert. Zwar sind die G7 ursprünglich mit einem Fokus auf Wirtschaftsfragen gegründet worden, doch adressieren sie längst auch (sicherheits-)politische Problemlagen von globaler Reichweite wie die o. g. durch Russland verursachten Krisen oder etwa Chinas gewaltsame Niederschlagung der pro-Demokratie-Bewegung in Hongkong. Anders als die VN bzw. der VNSR ist der G7-Zusammenschluss ein informelles Forum, das keine völkerrechtlich bindenden Beschlüsse fassen kann.[1] Aufgrund des beträchtlichen wirtschaftlichen Einflusses seiner Mitglieder können dort getroffene Entscheidungen dennoch global Wirkung entfalten. Dies gilt besonders für gemeinsam verabredete Sanktionen im Wirtschafts- und Finanzsektor, deren Umsetzung gleichwohl freiwillig bleibt und nationalen Interessen nachgeordnet werden kann.

---

[1] Dies gilt nur für Einzelstaaten oder völkerrechtlich kodifizierte Staatengemeinschaften wie die VN oder die Europäische Union.

Für Japan zählen Sanktionen nicht zu den präferierten Instrumenten der Außen-
politikgestaltung. Nach der russischen Annexion der Krim im Jahr 2014 hatte
Tōkyō die Strafmaßnahmen der G7 beispielsweise erst auf Druck der USA und äußerst unvollständig umgesetzt. Mit Blick auf die bilateralen Beziehungen zu Russland hoffte der damalige Premierminister Abe, durch die japanische Zurückhaltung
eine Lösung des Territorialkonfliktes mit Russland um die sog.»Nördlichen Gebiete« (Südliche Kurilen) sowie die Aushandlung eines Friedensvertrags realisieren
zu können. In sicherheitspolitischer Hinsicht wollte Abe eine Isolation Russlands
zudem verhindern, um keine Anreize für Moskaus engere Annährung an bzw. Vertiefung der strategischen Kooperation mit Peking zu setzen. 2022 galten beide Zielsetzungen als gescheitert und auch das Ausmaß der russischen Aggression zeigte
eine deutlich andere Dimension, sodass Tōkyō das über die G7 koordinierte, umfangreiche und immer wieder erweiterte Sanktionsregime mit wenigen Ausnahmen
im Energiebereich aktiv umsetzte und weitere Verschärfungen unterstützte. Die
Sanktionsliste umfasste zunächst im Handelsbereich Importverbote für zahlreiche
russische Waren oder Exportbeschränkungen für bestimmte Produkte wie Halbleiter sowie im Finanzsektor u. a. das Einfrieren russischer Vermögen, den Ausschluss
Russlands vom SWIFT-System und vom Ankauf von Staatsanleihen, aber auch Rei-
sebeschränkungen für gewisse Personen. Seit April 2023 ist der Export aller Güter
und Technologien nach Russland verboten, die im Krieg gegen die Ukraine zum
Einsatz kommen könnten. Damit hat das Sanktionsregime der G7, das großteils von
den EU-Staaten mitgetragen wird, einen beispiellosen Umfang. Auch reisen Staats-
und Regierungschefs der G7 seit Kriegsbeginn als Geste ihrer Solidarität und Unterstützung nach Kiew, um dort hochrangige ukrainische Politiker, häufig Präsident
Wolodymyr Selenskyj selbst, zu treffen. Japans amtierender Premierminister
Kishida bildete mit seiner Reise im März 2023 zwar innerhalb der G7-Gruppe das
Schlusslicht, ist jedoch der erste japanische Regierungschef der Nachkriegszeit, der
als Zeichen seiner politischen Entschlossenheit und Unterstützung ein Kriegsgebiet
während eines noch andauernden Konfliktes besuchte.

2023 fiel die jährlich rotierende Präsidentschaft der G7 Japan zu, sodass Tōkyō
für die Austragung des dreitägigen Gipfeltreffens der Staats- und Regierungschefs
zuständig war und es in Hiroshima abhielt. Angesichts der wiederholten russischen
Androhungen, auch vor dem Einsatz von Atomwaffen nicht zurückzuschrecken,
war der Ort sicherlich mit Bedacht gewählt worden. Ferner bereitete Japan als Gastgeber die Agenda des Gipfels vor, die zahlreiche Themen wie etwa Abrüstung, Entwicklung, Klimawandel und Gesundheit abdeckte, aber den Fokus auf regionale
und globale Spannungen lenkte. Zum einen setzte Kishida den Ukraine-Krieg sowie
die Diskussion um eine Verschärfung der Sanktionen bzw. die Lieferung weiterer

militärischer Güter als einen wichtigen Schwerpunkt. Zum anderen lenkte er die Aufmerksamkeit auf die angespannte sicherheitspolitische Lage in Ostasien mit Japans schwierigen Nachbarn Nordkorea und China. Während Pjöngjang sein Raketen- und Atomprogramm kontinuierlich ausbaut und immer wieder Raketentests durchführt, treibt China seine Aufrüstung ebenso energisch wie intransparent voran und tritt im Kontext der zahlreichen Territorialstreitigkeiten in der Region zunehmend aggressiv auf – vor allem gegenüber Taiwan, in dessen Gewässern es immer wieder Militärübungen abhält. So wie Russland die Ukraine nicht als eigenständigen Staat anerkennen will, spricht China in einem ähnlichen Narrativ Taiwan die Souveränität ab und sieht die Insel als Teil des chinesischen Staatsgebietes. Vor diesem Hintergrund hob Premierminister Kishida das Eintreten der G7 für die Wahrung der Grundsätze des Völkerrechts als bedeutendste Botschaft des Gipfels hervor: »(…) the G7 is determined to respond in a united manner to any challenge to the existing international order based on the rule of law that we depend on, wherever it occurs. This unwavering determination is the most important message of this G7 Hiroshima Summit.« (Kishida 19.05.2023).

Neben den Regierungschefs der G7-Staaten sowie hochrangigen EU-Vertretern hatte Japan zusätzliche Gäste geladen – wie schon beim G7-Gipfel 2016 auf Ise Shima. Hierzu zählten Ukraines Präsident Selenskyj sowie Staats- und Regierungschefs, die qua Amt den Vorsitz bedeutender internationaler Gruppierungen innehatten oder bald haben werden (G20, Afrikanische Union, ASEAN, Pacific Island Forum), aber auch die politische Führung regionaler Nachbarn (Australiens, Südkoreas und Vietnams). Dadurch waren auch Mitglieder der QUAD (*Quadrilateral Security Dialogue*, d. h. Australien, Indien, Japan und USA) komplett vertreten. Durch diesen inklusiven Ansatz, d. h. der Miteinbeziehung unterschiedlicher Nicht-G7-Staaten, wollte Kishida einerseits Brücken zu Ländern des sog. Globalen Südens schlagen, die Russlands Aggression nicht gleichermaßen kritisch verurteilten bzw. sanktionierten wie die G7-Mitglieder. Zum anderen ging es ihm vermutlich darum, breiten Rückhalt für das auf Abe zurückgehende Konzept des »Free and Open Indo-Pacific« zu generieren und so vor allem mit spezifischem Blick auf den eigenen regionalen Kontext ein gemeinsames Bekenntnis zu Frieden, Wohlstand und der regelbasierten internationalen Ordnung (inklusive Freiheit der Schifffahrt, Achtung des Seerechts) abzulegen. Angesicht der angespannten geopolitischen Lage bemühte sich Kishida, der unter Abe bereits fünf Jahre als Außenminister (2012 bis 2017) fungierte, den G7-Vorsitz dafür zu nutzen, einen breiten multilateralen Austausch und die Bildung entsprechender (informeller) Koalitionen und Netzwerke mit Ähnlich- und Gleichgesinnten zu fördern.

4 NATO

Daneben hat der russische Angriffskrieg zu einer erneuten Intensivierung der Beziehungen Japans zur NATO (*North Atlantic Treaty Organisation*) geführt. Ebenso wie die G7-Mitglieder, die abgesehen von Japan alle zum NATO-Verbund zählen, teilen die Staaten auch hier einen grundlegenden liberalen Wertekanon, den sie durch Russland und China bedroht bzw. herausgefordert sehen. Beide Partner thematisieren seit einigen Jahren die Verflechtungen in der Sicherheit und Stabilität ihrer beiden Regionen und haben ein zunehmendes strategisches Interesse daran, sich etwaigen Herausforderungen gemeinsam zu stellen.[2]

Japan unterhält seit den 1990er Jahren formale Beziehungen mit der NATO, die sich anfangs auf ein Dialog-Format über sicherheitspolitische Fragestellungen beschränkten. Im Nachgang der Terroranschläge vom 11. September 2001 kam es zu einer ersten Zusammenarbeit im NATO-geführten Einsatz in Afghanistan, den Japan mit dem Verweis auf die entsprechenden VN-Resolutionen mit Tankflugzeugen sowie Hilfe in den Bereichen Humanitäres und Wiederaufbau unterstütze. Seit 2009 kooperieren beide Seiten bei der Bekämpfung der Piraterie zur Gewährleitung der maritimen Sicherheit am Horn von Afrika, wobei Japans Operationen entsprechend der Verfassungsvorgaben keine Kampfeinsätze umfassen. Japans Selbstverteidigungsstreitkräfte (SDF) konnten dennoch wichtige Erfahrungen in der multilateralen Zusammenarbeit mit NATO-Kräften sammeln. Während sich die Kooperation im Bereich der nichttraditionellen Sicherheit damit zu verfestigen schien und weiter formalisiert wurde, besannen sich beide Partner in den 2010er Jahren wieder deutlicher auf die sicherheitspolitischen Belange in ihrem jeweiligen regionalen Umfeld. Anlass hierfür waren für die NATO Russlands Annexion der Krim im Jahr 2014 bzw. für Japan Chinas zunehmend als aggressiv wahrgenommenes außenpolitisches Auftreten nach Xi Jinpings Amtsübernahme im Jahr 2012 (aber auch Nordkoreas anhaltenden Provokationen durch Raketen- und Atomtests).

Gegen Ende der 2010er Jahre kam es zu einer erneuten Annäherung in den Bedrohungsperzeptionen Japans und der NATO, da beide Partner die Entwicklungen in den Regionen Euro-Atlantik und Indo-Pazifik als risikoreich, miteinander verwoben und mit potentiell globaler Reichweite einstuften; beispielsweise benannte die NATO 2019 China erstmals explizit als gemeinsame Herausforderung der Allianz und spätestens seit 2022 schätzt auch Japan Russland als gefährlichen Aggressor ein, der durch das Bemühen um bilaterale Annäherung (wie zunächst unter Abe anvisiert) in seinem Vorgehen nicht beeinflusst werden kann. Im Juni 2022 nahm Kishida als erster japa-

---

[2] Dies gilt auch für den Bereich der ökonomischen Sicherheit (Lieferketten etc.).

nischer Regierungschef an einem NATO-Gipfel teil; zwei Monate zuvor hatte Außenminister Hayashi Yoshimasa erstmalig dem Treffen seiner NATO-Amtskollegen bei-
gewohnt (MOFA 2022). Diese Praxis der regelmäßigen Konsultationen soll beibehalten werden. 2023 hob NATO-Generalsekretär Jens Stoltenberg bei seinem Japan-Be-
such im Januar sowie beim Gipfel im Juli in Vilnius die Bedeutung Japans auch unter
den AP4-Partnern (*Asia-Pacific Four*, d. h. Australien, Japan, Neuseeland, Südkorea)
für die NATO (31.01.2023) hervor: »No partner is closer and more capable than Japan«. In Vilnius schloss Japan mit der NATO als Nachfolge des *Individual Partnership
Programme* von 2014 ein sog. *Individually Tailored Partnership Programme* für den
Zeitraum 2023–2026 ab, das u. a. auf die Stärkung politischer Konsultationen und der
praktischen Kooperation im militärischen Bereich abzielt. Tatsächlich hatte sich Japan schon 2022 mit Einheiten der japanischen Marine an einer NATO-Übung im
Mittelmeer beteiligt. 2023 nahm Tōkyō mit einem SDF-Transportflugzeug an einer
NATO-Entsendungsübung in Deutschland teil, die mit ca. 10.000 Personen und 250
Flugzeugen in ihrer Größe bis dahin beispiellos war (*JT* 13.06.2023). Tōkyō gehört
auch der NATO-geführten Kontaktgruppe zur Verteidigung der Ukraine an, die ihre
Treffen in Ramstein abhält, und hat bislang zur Anschaffung nichtletaler Verteidi-
gungsausrüstung für das ukrainische Militär USD 30 Millionen in den NATO Trust
Fund eingezahlt (PMO 23.06.2023).

Die Auffassung, dass die NATO für Japan ein bedeutender sicherheitspolitischer
Partner ist, hat sich laut Expertenmeinung mittlerweile im außenpolitischen Diskurs Japans etabliert (Sakaki 13.07.2022; Tsuruoka 28.06.2023). Aus japanischer
Perspektive ist die NATO ein Gleichgesinnter, der das Fortbestehen der regelbasierten internationalen Ordnung durch Akteure wie Russland und China ebenso in Gefahr sieht wie Tōkyō selbst. Dass die Zusammenarbeit zwischen Japan und NATO
heute vertieft werden kann, liegt nicht zuletzt an der Neuausrichtung der japanischen Sicherheitspolitik, die Premierminister Abe angesichts zunehmender regionaler Spannungen in den 2010er Jahren energisch vorangetrieben hat, und die nun
neue Handlungsspielräume eröffnet.

5   Fazit

Japans Premierminister Kishida (20.09.2023) argumentierte Ende September 2023
in einer Debatte des VNSR: »There has never been a time when effective multilateralism (…) is more needed than now«. Diese Sichtweise spiegelt sich auch in
Japans Herangehensweise zur Bewältigung jüngster geopolitischer Spannungen
wider. Zwar bleibt die Allianz mit den USA zentraler Referenzpunkt der japani-

schen Sicherheitspolitik, doch nimmt die Bedeutung der multilateralen Zusammenarbeit mit Wertepartnern angesichts der Intensivierung der durch Krisen und neue Machtansprüche verursachten strategischen Herausforderungen für Tōkyō zu. Die Vertiefung der Kooperation mit Gleichgesinnten, mit denen Japan grundlegende Sichtweisen teilt, bzw. die Nutzung der entsprechenden multilateralen Zusammenschlüsse erweist sich hier als müheloser und effektiver als im Rahmen der VN mit ihrer globalen Mitgliedschaft. Letztere bieten auch revisionistischen Kräften wie Russland und China eine Bühne sowie über den VNSR bedeutende Einflussmöglichkeiten (Veto), obwohl sie die internationale Ordnung und ihr Regelwerk missachten oder zumindest in Frage stellen. Für Japan ist klar, dass die Nachkriegsordnung, das Völkerrecht und die regelbasierte Ordnung beschützt und beibehalten werden müssen. Die G7 bietet den Rahmen, um im Verbund mit anderen Wirtschaftsmächten den eigenen ökonomischen Einfluss zu diesem Zweck zu nutzen; Japans intensivierte Partnerschaft mit der NATO dient als Hinweis darauf, dass die Verteidigung dieser Ordnung mit militärischen Mitteln nicht völlig im Bereich des Undenkbaren liegt.

Der Blick in die Vergangenheit zeigt, dass geopolitische Spannungen das strategische Denken und sicherheitspolitische Handeln Japans auch im multilateralen Kontext nachhaltig beeinflussen können. Der Angriffskrieg des Irak gegen Kuwait zu Beginn der 1990er Jahre stieß eine Debatte um die Teilnahme Japans an VN-geführten Einsätzen an und leitete Japans Beteiligung an *Peacekeeping* Operationen ein. Der US-geführte Schlag gegen die Taliban in Afghanistan im Nachgang des 11. September 2001 führte im Kontext des Kampfes gegen den internationalen Terrorismus zur Verabschiedung eines Sondergesetzes zur Entsendung der SDF in den Indischen Ozean zur Hintergrundunterstützung. Die Ukraine-Krise und die Sorgen um die Sicherheit Japans und der Indo-Pazifik-Region fanden bei der Neuformulierung der Nationalen Verteidigungsstrategie von Dezember 2022 ihren Nachhall. Multilaterale Zusammenarbeit wird dort als wichtiger Aspekt betont.

Literatur

JT (*Japan Times*) (13.06.2023), »Japan Joins NATO Members for Massive Air Exercise as Russian and Chinese Challenges Loom«, https://www.japantimes.co.jp/news/2023/06/13/national/nato-exercises-japan-attendance/ (23.09.2023).

Kishida, Fumio (10.06.2022), *Keynote Address by Prime Minister Kishida Fumio at the IISS Shangri-La Dialogue*, https://japan.kantei.go.jp/101_kishida/statement/202206/_00002.html (23.09.2023).

Kishida, Fumio (20.09.2022), *Address by Prime Minister Kishida at the Seventy-Seventh Session of the United Nations General Assembly*, https://www.mofa.go.jp/fp/unp_a/page3e_001242.html (23.09.2023).

Kishida, Fumio (19.05.2023), »Under Japan's Presidency, Japan will Defend the Rule of Law«, In: *Financial Times*, https://www.ft.com/content/746e4f66-3963-4991-860e-8cecb4673694 (23.09.2023).

Kishida, Fumio (20.09.2023), *Statement by Prime Minister Kishida Fumio at the Security Council High Level Open Debate on »Upholding the Purposes and Principles of the UN Charter through Effective Multilateralism: Maintenance of peace and Security of Ukraine«*, https://japan.kantei.go.jp/content/000135573.pdf (23.09.2023).

Lukner, Kerstin (2006), *Japans Rolle in der UNO: Grundlage für einen ständigen Sitz im Weltsicherheitsrat?*, Baden-Baden: Nomos.

Midford, Paul (2022), »Global and Regional Security Multilateralism«, in: Robert J. Pekkanen und Saadia M. Pekkanen (Hg.), *The Oxford Handbook of Japanese Politics*, Oxford: Oxford University Press, S. 701–721.

MOFA (Ministry of Foreign Affairs Japan) (2022), *Japan-NATO Relations (as of December 2022)*, https://www.mofa.go.jp/files/000049189.pdf (23.09.2023).

NATO (North Atlantic Treaty Organization) (31.01.2023), *Secretary General in Tokyo: No NATO Partner is Closer or More Capable than Japan*, https://www.nato.int/cps/en/natohq/news_211272.htm (23.09.2023).

G7 (20.05.2023), *Hiroshima Leaders' Communique?*, https://www.mofa.go.jp/files/100506907.pdf (23.09.2023).

PMO (Prime Minister's Office) (23.06.2023), *Japan Stands with Ukraine (June 23, 2023)*, https://japan.kantei.go.jp/ongoingtopics/pdf/jp_stands_with_ukraine_eng.pdf (23.09.2023).

Sakaki, Alexandra (13.07.2022), »NATO and the ›Asia-Pacific Four‹: Renewed Purpose for Cooperation«, in: *9Dashline*, https://www.9dashline.com/article/nato-and-the-asia-pacific-four-renewed-purpose-for-cooperation (23.09.2023).

Tsuruoka, Michito (28.06.2023), »The ›Russian Factor‹ in NATO-Japan Relations«, in: *United States Institute for Peace*, https://www.usip.org/publications/2023/06/russia-factor-nato-japan-relations (23.09.2023).

Japans geostrategische Herausforderungen

Wilhelm Vosse

Japan's Geostrategic Challenges

Globalization in the 1990s and 2000s made the world grow closer together, increased international trade, and led to a large number of international agreements on a wide range of issues. Japan was one of the main benefactors of this liberal international order. However, recent events like the Russian invasion of Ukraine or the US-China chip war made apparent what had been looming for some time, namely that the geopolitical system is splitting apart. This article highlights Japan's response to these geostrategic changes and asks if recent shifts in its national security- and technology policies are sufficient and can be implemented quickly enough, given its continued reliance on the United States and China.

1 Erste geostrategische Verschiebungen

Die Jahre nach dem Ende des Kalten Krieges begannen mit der Hoffnung, dass die Rivalität, die über Jahrhunderte zu den Konflikten und regelmäßig entweder zu mit Militär geführten Kriegen oder Jahrzehnte andauernden Auseinandersetzungen etwa um den politischen oder wirtschaftlichen Einfluss in gewissen Regionen geführt hatten, nun durch engere Zusammenarbeit und eine in weiten Teilen globalisierte Welt ersetzt wird. Seit den frühen 1990er Jahren hat sich die geostrategische Machtverteilung zunächst nur sukzessive gewandelt. Während man trotz einiger Rückschritte in den 1990er und frühen 2000er Jahren weitestgehend eine engere wirtschaftliche, aber zunehmend auch politische Zusammenarbeit zwischen den westlichen Industrienationen und Ländern wie Russland und China beobachten konnte, Russland wurde 1997 Mitglied der damaligen G8-Gruppe der führenden Industrienationen, und China 2001 in die Welthandelsorganisation (WTO) aufgenommen, hat sich in den letzten zwei Jahrzehnten das Verhältnis grundlegend gewandelt.

Ähnlich wie die meisten europäischen Staaten, hat auch Japan die politische und wirtschaftliche Zusammenarbeit mit Russland und China ausgebaut und über die Jahre hinweg nach und nach vertieft. Japan und China intensivierten ihre praktische Zusammenarbeit in einer ganzen Reihe von Themenfeldern von Tourismus, Katastrophenschutz, Kultur, internationalem Studentenaustausch oder der Erleichterung gegenseitiger Investitionen. Es kam zu regelmäßigen Staatsbesuchen und sogar zum Austausch zwischen den Militärs der beiden Länder und regelmäßigen Dialogen über Abrüstung (bis 2011). Über das letzte Jahrzehnt hat sich das Verhältnis zwischen Japan und China jedoch durch mehrere Phasen hindurch fundamental verschlechtert.

Verschiedene Auslöser wie der Zusammenstoß eines chinesischen Fischerboots mit einem Schiff der japanischen Küstenwache in der Nähe der Senkaku-Inseln (2010) oder die einseitige Errichtung einer Identifikationszone der Luftverteidigung im Ostchinesischen Meer durch die VR China (2013) waren nach Jahren der Annäherung nur erste Anzeichen, dass China seine Zeit als gekommen ansah, zu einer Weltmacht zu werden. Das zunehmend aggressivere Pochen der VR China auf Territorialansprüche im Südchinesischen Meer, das »Abstrafen« von Staaten, die Chinas Handlungen öffentlich kritisieren, die Einschränkung demokratischer Rechte in Hongkong oder die steigende Zahl von Cyber-Angriffen auch gegen japanische Firmen und staatliche Institutionen sind nur einige der Gründe, warum Japan China inzwischen als Bedrohung ansieht. Ähnlich wie für fast alle europäischen Staaten kommt im Falle China jedoch erschwerend hinzu, dass China mit einem Anteil von 20 Prozent (2022) Japans größter Handelspartner ist. Gleichzeitig belegt China mit 9,2 Billionen US Dollar (2022) Japans Platz drei in ausländischen Direktinvestitionen nach den USA und Australien, und unter den japanischen Firmen ist China das Land mit der größten Zahl von Firmen. All dieses führt dazu, dass Japans Industrie und seine Wirtschaftskraft entscheidend von China abhängig ist. Spätestens als das BSP der VR China im Jahr 2010 das von Japan übertraf, war klar, dass China nun eindeutig ein geo-ökonomischer Akteur geworden war, dessen Einfluss nicht nur in den Ländern der Region, sondern auch durch Projekte wie die Neue Seidenstraße (Belt-and-Roads-Initiative), sondern jetzt auch global ein Machtfaktor geworden war (Koshino und Ward 2022). Aus sicherheitspolitischer Perspektive bedeutet dies einerseits, dass diese wirtschaftliche Abhängigkeit Japan zu Kompromissen auch in Krisensituationen zwingt und seine potenziell militärischen Optionen sehr begrenzt sind, andererseits steigert dies aber auch die Abhängigkeit von den USA.

2 Japans Zeitenwende

Die russische Invasion der Ukraine am 24. Februar 2022 hat nicht nur in Europa, sondern auch in Japan zu einem grundsätzlichen Überdenken der eigenen Militärdoktrin geführt. In Deutschland hat Bundeskanzler Scholz dieses als »Zeitenwende« bezeichnet. Obwohl Japan geographisch wesentlich weiter von der Ukraine entfernt ist und zunächst nicht die Gefahr bestand, dass der Krieg direkte Folgen für Japan hat, erhöhte dieses in Japan jedoch sehr schnell die Möglichkeit, dass, wenn Russland mit dieser Invasion erfolgreich sein sollte, China dieses als Model nehmen könnte und die Wahrscheinlichkeit einer chinesischen Invasion Taiwans potenziell zunimmt. Japan hat sich daher sehr schnell den westlichen Sanktionen angeschlossen, eindeutig Stellung gegen Russland und die Regierung Putin bezogen und eine kleine Zahl von Flüchtlingen aus der Ukraine aufgenommen.

Über die nächsten Monate hinweg setzte in Japan eine sicherheitspolitische Debatte ein, die ähnlich wie in Deutschland viele der bis dahin wie in Stein gemeißelte Grenzen der Sicherheitsdoktrin fast wie über Nacht über den Haufen warfen. Im Dezember 2022 veröffentliche die japanische Regierung drei revidierte sicherheitspolitische Dokumente, welche die offiziell erst im Jahr 2015 gegen viel Kritik und Proteste vorgestellte »kollektive Selbstverteidigung« (*shōdanteki jieiken*) weit in den Schatten stellen.

In Kombination stellen Japans neue Nationale Sicherheitsstrategie (*anzen hoshō senryaku*) (MOD), die Nationale Verteidigungsstrategie (*kokka bōei senryaku*) (MOD 16.12.2022b) und das Verteidigungsaufbauprogramm (*boeiryoku seibi keikaku*) (MOD 16.12.2022a) eine Abkehr von alten Werten und eine Neudefinition Japans geostrategischer Position dar. Japan sieht sich seit langem als einer der wichtigsten Verfechter einer freien und liberalen Weltordnung, die auf Werten und Normen und internationalem Recht beruht. Nun sieht es diese Weltordnung als zunehmend bedroht an. Daher betont die neue Nationale Verteidigungsstrategie gleich am Anfang (MOD 2022: 1; Übersetzung des Autors):

> [D]ie internationale Gemeinschaft steht vor Veränderungen, die eine neue Ära definieren. Wir werden einmal mehr daran erinnert, dass Globalisierung und Interdependenz allein nicht als Garant für Frieden und Entwicklung in der ganzen Welt dienen können. Die freie, offene und stabile internationale Ordnung (…) steht nun vor dem Hintergrund historisch veränderter Machtverhältnisse und sich verschärfender geopolitischer Konkurrenzen vor ernsthaften Herausforderungen.

Um wen es sich bei diesen Herausforderungen der geostrategischen Verhältnisse handelt, machte Premierminister Kishida im Januar 2023 in einer gemeinsamen Erklärung mit US-Präsident Biden deutlich. Er betonte, dass China und Nordkorea die internationale Ordnung in der indo-pazifischen Region bedrohe und Russland mit seinem »ungerechten und brutalen Angriffskrieg gegen die Ukraine« versucht, den Status quo mit Gewalt oder Zwang zu verändern (*TWH* 13.01.2023a). Japan werde daher seine Fähigkeit zu einem möglichen Gegenschlag stärken, die Abschreckungs- und Reaktionsfähigkeiten der Allianz verstärken und seinen Verteidigungshaushalt um das 1,6-fache erhöhen (*TWH* 13.01.2023b).

Im Laufe des letzten Jahrzehnts wurden die Bedrohungen, die insbesondere von China und Nordkorea ausgehen, in den außen- und verteidigungspolitischen Dokumenten immer deutlicher hervorgehoben (z. B. MOFA 2023). Die neue Verteidigungsstrategie (2022) listet nun in drei Abschnitten zu China, Nordkorea and Russland die militärische und ökonomische Bedrohung der regionalen und globalen Stabilität auf, sowie die zunehmende militärische und politische Zusammenarbeit dieser drei Länder insbesondere nach dem Beginn von Russlands illegaler Invasion in der Ukraine. Als Reaktion muss Japan daher mit seiner umfassenden nationalen Macht und in Zusammenarbeit mit seinen Verbündeten, gleichgesinnten Ländern und anderen reagieren (MOD 2022: 7–10). Japans Verteidigungsstrategie (2022) begründet die Notwendigkeit der grundlegenden Verstärkung der japanischen Verteidigungsfähigkeiten mit diesen geostrategischen Verschiebungen, die China in der Region zwar schon über ein Jahrzehnt verfolgt, die aber nach der Invasion in der Ukraine und der Zunahme von hybriden Strategien dieser Staaten nunmehr zu einer globalen Bedrohung führen können (MOD 16.12.2022b).

Während Japan seine Verteidigungsbereitschaft und seine Zusammenarbeit mit den USA, Australien, Europa und der NATO schon seit einigen Jahren ausgebaut und intensiviert hat, sieht es sich nunmehr gezwungen, seine bisher hauptsächlich auf Landesverteidigung und in sehr begrenztem Rahmen auf regional begrenzte kollektive Verteidigung konzentrierte und vom Artikel 9 der Verfassung begrenzte defensive Verteidigungspolitik hin zu einer umfassenden oder »integrierten Verteidigung« umzustellen. Beispiele sind der Einsatz unbemannter Unterwasserfahrzeuge (UUV), um eine Unterwasserüberlegenheit zu erlangen und zu erhalten und die Durchführung bereichsübergreifender Operationen (*ryōiki ōdan sakusen*), bei denen Fähigkeiten in allen Bereichen, einschließlich Weltraum, Cyberspace, elektromagnetisches Spektrum, Land, See und Luftraum, organisch zusammengeführt werden. Notwendig dazu ist ein neues ständiges gemeinsames Hauptquartier, um die Boden-, Luft- und Marineeinheiten besser für bereichsübergreifende Operationen zu koordinieren.

Ähnlich wie in Deutschland sieht sich nun auch Japan gezwungen, die Produktion von Waffensystemen und anderer militärisch relevanter Technologien wesentlich auszubauen. Eine besondere Herausforderung ist in diesem Zusammenhang aber die Sicherstellung der Lieferketten für Bauteile und Material zur Herstellung der Militärtechnologie, da zum Beispiel Computerchips bisher zum überwiegenden Teil aus Taiwan importiert werden und andere Materialen zum Teil aus weniger verlässlichen Quellen kommen.

Um diese erweiterten militärischen Kapazitäten aufzubauen, muss Japan seine Verteidigungsausgaben allerdings weit über das seit den 1960er Jahren akzeptierte Maß von einem Prozent des BSP erhöhen. Im August 2023 verlangte das Verteidigungsministerium, die Ausgaben um 12 Prozent auf 7,7 Billionen Yen zu erhöhen, was in etwa 1,4 Prozent des BSP entsprechen würde. Bis 2027 soll dieses bis auf 2 Prozent gesteigert werden. Die japanische Regierung hat jedoch mindestens drei schwerwiegende Probleme, diese Ziele auch zu erreichen. Zum einen ist Japan schon jetzt mit 260 Prozent des BSP das höchstverschuldete Land der Welt, zweitens erklärten in Umfragen 80 Prozent der Japaner, dass sie gegen eine Steuererhöhung zur Finanzierung der Aufrüstung sind (*JT* 07.05.2023), und drittens haben die japanischen Selbstverteidigungskräfte (SDF) schon jetzt wegen des demographischen Wandels große Probleme bei der Rekrutierung neuer Soldaten. Eine mögliche Lösung dieses Dilemmas liegt in der schnellstmöglichen Entwicklung und dem Aufbau von Hochtechnologien. Japans geostrategische Herausforderung insbesondere in der Region hat daher eine wichtige technologische Dimension.

3   Die geostrategische Dimension von Technologie

Als Land mit relativ wenigen Bodenschätzen ist Japan seit langem auf den Import wichtiger Ressourcen eingestellt, und sein wirtschaftlicher Aufstieg in der Nachkriegszeit ist vor allem mit der Innovationskraft und der effektiven Nutzung technischer Ressourcen begründet. Nichts liegt daher näher, als Japans Verteidigung durch Informationstechnologie und Künstlicher Intelligenz (KI) zu stärken. Dieses ist eine Strategie, die sowohl die USA als auch China verfolgen.

Neben der Entwicklung und dem Aufbau von Gegenschlags-Kapazitäten (*hangeki nōryoku*) etwa durch eine bessere Raketenabwehr, aber auch durch Langstreckenraketen, um Ziele tief im gegnerischen Gebiet anzugreifen, muss Japan allerdings seine Abwehr- und Angriffskapazitäten nicht nur in den drei klassischen Bereichen Boden, See und Luft ausbauen, sondern muss dies sowohl im Weltraum als auch im Cyberraum und durch die Nutzung der neuesten Technologien tun. Ein Hochtechnologie-

Land wie Japan ist wegen der starken Abhängigkeit von Hochtechnologie wie Informations- und Kommunikationstechniken, aber auch in der Produktion ganz entscheidend auf den ungehinderten Zugang zu den internationalen Märkten angewiesen. Während Japan seine militärische und diplomatische Rolle durch Technologie ausbauen kann, macht es sich gleichzeitig verwundbarer durch Lieferengpässe und bietet große Angriffsflächen für zum Beispiel Cyberangriffe.

In den Cyber-Sicherheitsstrategien der letzten Jahre tauchte daher bereits die Möglichkeit auf, dass Japan nicht nur die Sicherheit seiner eigenen Daten- und Computerinfrastruktur besser gegen Angriffe von außen schützt, sondern auch die Fähigkeit entwickelt muss, durch Gegenmaßnahmen die Netze anderer Länder anzugreifen. Die neue Nationale Sicherheitsstrategie von Dezember 2022 sieht daher zum einen vor, das Personal für die Absicherung vor allem der staatlichen IT-Infrastruktur wesentlich zu erhöhen und deren technische Mittel durch die Einführung modernster Technologie zu verbessern. Bemerkenswert ist dabei, dass Japan, das immer sehr großen Wert daraufliegt, seine Verteidigungspolitik rein auf die Landesverteidigung zu beschränken, nun doch technische Maßnahmen vorsieht, die man als vorsichtig offensiv bezeichnen kann. Beispiele sind die Entscheidung, dass man Schritte unternehmen wird, um »Fähigkeiten zur Informationserfassung und -analyse im Bereich der Cybersicherheit zu entwickeln und Systeme zur Umsetzung einer aktiven Cyberabwehr einzurichten« (MOD 2022: 23–24, Übersetzung des Autors). Konkret bedeutet dies, dass Japan auch präventiv versuchen wird, die IT-Infrastruktur seiner Gegner auszukundschaften, Schwachstellen für mögliche zukünftige Cyberangriffe auf diese Netze auszumachen, um diese dann zu »neutralisieren«.

Um diese Gegenattacken zu planen und dann durchzuführen, bedarf es allerdings einer ausreichenden Anzahl von Spezialkräften mit entsprechendem IT- und Hacker-Wissen. Seit etwa 2013 hat Japan hierzu innerhalb des Verteidigungsministeriums sukzessive ein sogenanntes Cyber-Verteidigungskommando (*saibā bōeitai*) aufgebaut, das gegenwärtig aber nur etwa 500 Mitarbeiter hat. Seit Jahren versucht Japan, die Zahl auf mindestens 1000 zu erhöhen, was aber bisher unter anderem daran scheiterte, dass man nicht genügend Personal mit entsprechenden Fähigkeiten und Fachwissen aus den Reihen der Verteidigungskräfte rekrutieren konnte. Ein geostrategisches Manko Japans ist nicht nur die sinkende Zahl von 18-Jährigen, aber auch, dass heute wesentlich weniger technische oder Ingenieur-wissenschaftliche Fächer studieren oder sonst entsprechendes Hacker-Wissen mitbringen. In China, Nordkorea und Russland sind tausende damit betreut, die Netze anderer Länderer zu unterwandern und fast täglich Cyberangriffe durchzuführen.

Ein weiteres Problem beim Ausbau von Hochtechnologien zur Stärkung des geostrategischen Einflusses ist die starke Abhängigkeit von internationalen Lieferketten. Während der COVID-19-Pandemie, als Lieferketten lange entweder unterbrochen waren, weil Zulieferer die Produktion wichtiger Teile eingestellt oder heruntergefahren hatten, und gleichzeitig der Preis für Verschiffung wegen fehlender Containerkapazität dramatisch angestiegen war, wurde vielen zum ersten Mal bewusst, wie sehr alle Industrienationen von reibungslosen Lieferketten abhängen. Eine besondere Rolle spielt hier der Zugang zur neuesten Computerchip-Generation. Der weltweit größte Produzent von Halbleitern ist die taiwanesische Firma TSMC, die mit 90 Prozent den Markt für die modernsten Computerchips (z. B. 3–5 Nanometer Chips) dominiert. Unter den Top 10 der sogenannten Pure-Play Foundries, die die Halbleiter für andere Firmen herstellen, befindet sich weder ein japanisches noch ein europäisches Unternehmen. Japan und Europa haben sich daher in den letzten Jahren darum bemüht, TSMC in das eigene Land zu holen. Das japanische Unternehmen Japan Advanced Semiconductor Manufacturing (JASM) arbeitet schon seit 1997 mit TSMC zusammen. 2021 beschlossen TSMC gemeinsam mit SONY, eine Fabrik zur Halbleiterproduktion in Kumamoto zu errichten, die 2024 in Betrieb gehen soll. Im Juni 2023 wurde bekannt, das TSMC gegenwärtig mit der japanischen Regierung über eine zweite Fabrik in Kyūshū verhandelt.

Obwohl SONY nur einen Anteil von 20 Prozent an der Fabrik hält und diese auch nicht die neueste Chip-Generation herstellen wird, ist dieses für Japan ein erster Schritt, etwas unabhängiger von auswärtigen Zulieferern zu werden, zumindest was die Chips für Autos und andere Produkte betrifft, die nicht die neuesten Chip-Generationen benötigen. Da die neueste Generation weiterhin nur in Taiwan selber hergestellt wird, haben eine Reihe japanischer Politiker im letzten Jahr immer wieder deutlich gemacht, wie wichtig Taiwan für Japan ist, und dass Japan Taiwan im Fall eines Angriffs mit verteidigen wird.[1] Die USA haben bereits mehrfach darauf hingewiesen, dass Japan ihr wichtigster Partner bei der möglichen Verteidigung Taiwan sei. Weil aber die große Gefahr besteht, dass durch einen möglichen chinesischen Angriff auf Taiwan der Export der neuesten Chip-Generation sehr plötzlich unterbrochen werden könnte und dieses für die japanische Industrieproduktion existenzbedrohend sein könnte, konnte Japan sich mit dem niederländischen Chiphersteller ASML einigen, bis zum vierten Quartal 2024 seine Kapazitäten in Hokkaidō um 40 Prozent auszubauen. Trotz dieser ersten Erfolge ist Japan jedoch weiterhin gerade bei den neuesten Produkten fast ausschließlich auf ausländische Hersteller angewiesen. Sollte sich die Lage um Taiwan in nächster Zukunft zuspitzen, wäre nicht nur Japans nationale Sicherheit, sondern auch seine wirtschaftliche Zukunft davon massiv bedroht.

---

[1] So etwa Japans ehemaliger Premierminister und LDP Vizepräsident Tarō Asō bei seinem Besuch in Taipei im August 2023.

4   Fazit

Ähnlich wie alle europäischen Länder ist Japan in besonderem Maße von den geopolitischen Verschiebungen betroffen. Nach Jahrzehnten der steigenden Globalisierung und dem Zusammenwachsen der Märkte, von Rohstoff-Exporteuren und -Im-
porteuren, einer Zeit in der China zum Hersteller eines Großteils der Produkte geworden ist, die in westlichen Industrieländern entweder verkauft oder weiterentwickelt werden, eine Entwicklung, von der insbesondere auch Japan profitiert hat,
sieht es nunmehr so aus, als ob diese Entwicklung zu einem vorläufigen Ende
kommt. Der Konflikt zwischen den USA und der VR China spaltet die Welt zunehmend nicht nur wirtschaftlich, sondern auch politisch in zwei Lager. Bis zum Beginn des russischen Angriffskrieges gegen die Ukraine sah es lange so aus, dass die
wirtschaftliche Interdependenz gerade auch von Ländern mit unterschiedlichen
politischen Systemen ein genügender Grund zum Ausbau der Zusammenarbeit ist,
da dieses für alle Teilnehmer dieses globalen Systems von Vorteil ist. Für Japan war
China bereits im letzten Jahrzehnt ein schwieriger Partner, aber gemeinsame Wirt-
schaftsinteressen schienen am Ende das Verhältnis zu dominieren. Dieses war
wahrscheinlich schon seit Jahren auch Wunschdenken, aber trotz Provokationen
wie etwa um die Senkaku-Inseln oder im Südchinesischen Meer ging man doch
bisher immer davon aus, dass die wirtschaftlichen und politischen Kosten eines Angriffs auf Taiwan zu hoch sein würden. Seit dem Ukraine-Krieg ist man dessen nicht
mehr so sicher. Sollte Russland langfristig mit den westlichen Sanktionen leben
können und am Ende vielleicht sogar den Krieg gewinnen können, würde dies die
Wahrscheinlichkeit steigern, dass die Hemmschwellen in China sinken und China
Taiwan angreifen könnte.

Als Reaktion auf diese geopolitischen Verschiebungen hat Premierminister
Kishida die japanische Verteidigungspolitik in einem Maße geändert, das weit über
die unter Premierminister Abe 2015 verabschiedete Sicherheitslegislatur hinaus-
geht. Trotzdem sind Zweifel an der tatsächlichen Umsetzung angebracht. Neben der
großen Frage, ob die japanische Regierung die enormen Kosten für diese militärische Modernisierung gegen Widerstände aus der eigenen Bevölkerung tragen kann,
bestehen weiterhin beachtliche strukturelle Herausforderungen, angeheizt durch
den demographischen Wandel. Darüber hinaus stellt sich die Frage, ob eine Mehrheit der japanischen Bevölkerung bereit ist, die Risiken mitzutragen, die mit dieser
Politik und vor allem einem militärischen Einsatz um Taiwan oder um Korea ein-
hergehen würden. Während die EU in diesem geopolitischen Kräftespiel eine kleine
Rolle spielen kann, ist die zukünftige Rolle und der Einfluss Japans weiterhin sehr
eng mit der U. S.-amerikanischen Regierung und hier vor allem mit der Frage ver-

bunden, wer im November 2024 zum U. S.-Präsidenten gewählt wird. Die sicher-heits- und wirtschaftspolitischen Entscheidungen des letzten Jahres erhöhen die Chancen, dass Japan weiterhin eine wichtige Rolle spielen kann, eine Garantie ist das aber nicht.

Literatur

JT (*Japan Times*) (07.05.2023), »80 % in Japan Oppose Tax Hike Plan to Cover Defense Spen-ding, Poll Finds«, https://www.japantimes.co.jp/news/2023/05/07/national/survey-de-fense-tax/ (23.10.2023).

Koshino, Yuka und Robert Ward (2022), *Japan's Effectiveness as a Geo-Economic Actor: Navi-gating Great-Power Competition*, London: The International Institute for Strategic Studies.

MOD (Ministry of Defense) (2022), *National Security Strategy of Japan*, https://www.mod.go.jp/j/approach/agenda/guideline/pdf/security_strategy_en.pdf (23.10.2023).

MOD (Ministry of Defense) (16.12.2022a), *Defense Buildup Program*, https://www.mod.go.jp/j/approach/agenda/guideline/plan/pdf/program_en.pdf (23.10.2023).

MOD (Ministry of Defense) (16.12.2022b). *National Defense Strategy*, https://www.mod.go.jp/j/policy/agenda/guideline/strategy/pdf/strategy_en.pdf (23.10.2023).

MOFA (Ministry of Foreign Affairs) (2023), *Diplomatic Bluebook 2023*, https://www.mofa.go.jp/policy/other/bluebook/2023/pdf/pdfs/2023_all.pdf (01.12.2023).

TWH (*The White House*) (13.01.2023a), »Joint Statement of the United States and Japan«, https://www.whitehouse.gov/briefing-room/statements-releases/2023/01/13/joint-state-ment-of-the-united-states-and-japan/.

TWH (*The White House*) (13.01.2023b), »Remarks by President Biden and Prime Minister Kishida of Japan Before Bilateral Meeting«, https://www.whitehouse.gov/briefing-room/speeches-remarks/2023/01/13/remarks-by-president-biden-and-prime-minister-kishida-of-japan-before-bilateral-meeting/.

Japans Gemeinden im demographischen Wandel: Eine quantitative Betrachtung

Franz Waldenberger und Kostiantyn Ovsiannikov

Japan's Municipalities in Demographic Transition: A Quantitative Review

Demographic change in Japan is having very different effects at the municipal level. This is due on the one hand to the steadily increasing concentration of the population in the Tōkyō metropolitan area, and on the other hand to the nationwide advance of urbanization. Both trends are accelerating population decline and aging in Japan's rural regions. The following paper illustrates the dynamics using a quantitative analysis for the period from 2000 to 2020. The period thus also captures the changes brought about by the wave of municipal mergers between 2000 and 2009. The basis is the Population Census and local income tax and financial statistics. The data show that most of Japan's 1741 municipalities today are small and sparsely populated. There are significant differences at the municipal level in population growth, aging, fertility, income levels, and financial strength. Small and sparsely populated municipalities are affected by a significantly greater decline and faster aging of the population, incomes are lower here and the financial strength of municipal budgets is weaker.

1 Gemeinden als Gegenstand der Japanforschung

Jede der heute 1.741 Gemeinden Japans stellt einen eigenen Mikrokosmos gesellschaftlichen, politischen und wirtschaftlichen Lebens dar, der auf vielfältige Weise durch geographische Bedingungen geprägt und mit dem regionalen, nationalen und globalen Umfeld verflochten ist. Japans Gemeinden nehmen nicht nur Aufgaben der kommunalen Selbstverwaltung in den Bereichen öffentliche Versorgung, öffentliche Sicherheit und soziale Absicherung wahr. Sie sind auch wichtige Orte bürgerlichen Engagements und bürgerlicher Selbstbeteiligung. Auf Gemeindeebene entscheidet sich, wie gut und auf welche Weise gesellschaftliche Integration und der Zusammenhalt in Krisenfällen gelingt. Schließlich sind Gemeinden auch bei der Bewältigung der großen gesellschaftlichen Herausforderungen – der demographischen Entwicklung, der digitalen Transformation und des Klimawandels – in besonderem Maße betroffen und zugleich gefordert.

Angesichts ihrer Bedeutung sind Japans lokale Gebietskörperschaften[1] seit langem Gegenstand sozialwissenschaftlicher Forschung. Die dabei untersuchten Fragestellungen decken die ganze Breite der Aufgaben- und Problemfelder von Kommunen ab (Foljanty-Jost et al. 2013; Ganseforth und Jentsch 2022; Manzenreiter et al. 2020; Pekkanen et al. 2014; Waldenberger et al. 2022). Auch aus forschungsstrategischer und methodischer Sicht können Gemeinden als Untersuchungsgegenstand für die Japanforschung ergiebig sein. Zum einen findet man hier eine Gemengelage an Problemen, Interessen und Bewältigungsstrategien, die nicht weniger komplex ist als auf nationaler Ebene, allerdings deutlicher zutage tritt, weil der Kreis der Akteure überschaubarer ist. Zum andern sind Japans Gemeinden sehr verschieden. Diese Vielfalt auf der lokalen Ebene war immer schon ein wichtiger Faktor in der Entwicklung des Landes, dem allerdings selten die ihm gebührende Beachtung geschenkt wurde, da er bei national aggregierten Untersuchungen zwangsläufig unberücksichtigt bleibt.

Der folgende Beitrag will im Rahmen einer quantitativen Analyse die Vielfalt der Gegebenheiten und Entwicklungen auf kommunaler Ebene veranschaulichen und zu einem Gesamtbild zusammenfassen, das differenziertere Einblicke in die regionale Entwicklung Japans, insbesondere vor dem Hintergrund des demographischen Wandels, vermitteln kann. Der nächste Abschnitt wird dazu zunächst drei für die Einordnung der Entwicklung auf Gemeindeebene wichtige nationale Trends skizzieren. Es sind dies die demographische Entwicklung, die extreme Konzentration von Bevölkerung und Wirtschaftsleistung auf den Großraum Tōkyō und die darüber hinaus landesweit zu beobachtende Urbanisierung. Die darauffolgenden Abschnitte gehen dann genauer auf die statistische Verteilung wesentlicher Gemeindekennzahlen ein: Einwohnerzahl und Bevölkerungsdichte, Bevölkerungswachstum und Alterung sowie Einkommensniveau und Finanzkraft. Der sechste Abschnitt analysiert das Zusammenspiel der zuvor einzeln behandelten Variablen. Die Schlussbemerkung fasst die Ergebnisse zusammen und weist auf weiterführende Fragen hin.

Die Analyse beruht auf öffentlichen Kommunalstatistiken für die Jahre 2000, 2010 und 2020. Damit ist nicht nur eine Querschnittsbetrachtung, sondern auch ein

---

[1] Im Folgenden werden die Begriffe Gemeinde, Kommune und lokale Gebietskörperschaft synonym verwendet. In Abgrenzung zu den Gemeinden werden Präfekturen als regionale Gebietskörperschaften bezeichnet.

Vergleich entlang der Zeitachse möglich, insbesondere werden damit auch die Auswirkungen der Gemeindefusionswelle zwischen 2000 und 2009 erfasst, in deren
Verlauf die Zahl der Kommunen um fast 50 % sank. Die Datenquellen werden nach
dem Verzeichnis der statistischen Quellen ausführlicher dargestellt.

2   Nationaler Kontext: Demographie und Siedlungsstruktur

2.1 Demographischer Wandel

Japan unterliegt seit Beginn der Meiji-Zeit einem rasanten demographischen Wandel (Abb. 1 und Abb. 2). Bis Anfang der 1980er Jahre war dieser durch ein sehr
rasches Wachstum der Bevölkerung geprägt. Lebten 1872 ca. 35 Millionen Menschen in Japan, so waren es 1970, also knapp 100 Jahre später, genau dreimal so
viele, nämlich 105 Millionen. Mit 24 % war der Anteil junger Menschen 1980 noch
sehr hoch. Im Zuge des deutlichen Rückgangs der Fertilitätsrate verlangsamte sich
das Wachstum ab 1980 und ist seit 2010 sogar negativ. Eine anhaltend niedrige Fertilität und eine stetig steigende Lebenserwartung haben zu einem raschen Anstieg
des Anteils älterer Menschen geführt und Japan zum »ältesten Land« der Welt gemacht.

2.2 Überregionale Konzentration

Japan ist mit einer Gesamtfläche von ca. 378.000 qkm kaum viel größer als Deutschland. Die Topologie unterscheidet sich jedoch erheblich. Japan ist ein Inselstaat.
Seine Fläche besteht zu zwei Dritteln aus Wald, der größtenteils unzugängliche, ge-
birgige Lagen bedeckt. Nur 12 % der Fläche werden landwirtschaftlich genutzt. In
Deutschland sind es ungefähr 50 %. Trotzdem stieg Japans Bevölkerung bis 2010 auf
128 Millionen an, was mehr als dem 1,5-fachen Wert der Einwohnerzahl Deutsch-
lands entsprach. Infolgedessen lag die Bevölkerungsdichte im Jahr 2020, als die Gesamtbevölkerung bereits auf 126 Millionen gesunken war, mit 338 Personen pro
qkm immer noch um knapp 100 Personen über dem deutschen Wert (MIC Data 1:
Tab. 1–6; Statistisches Bundesamtes Data 2: Statistik 33111).
    Angesichts der topologischen Bedingungen verteilt sich Japans Bevölkerung sehr
ungleichmäßig im Raum. Dabei ist die Siedlungsstruktur keineswegs statisch. Ihr
Wandel ist durch zwei Trends gekennzeichnet. Einer davon ist die Konzentration
von Menschen und wirtschaftlicher Aktivität auf die südliche Kantō-Region. Ge-

ABB. 1: *Demographische Entwicklung: Bevölkerungswachstum und Altersstruktur*

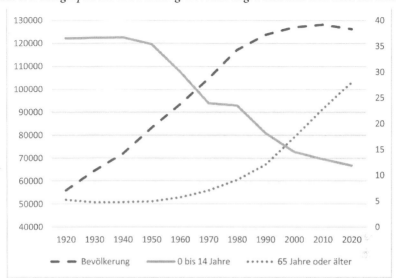

Anm.:   Bevölkerung in 1.000 Personen (linke Achse), Anteile der Altersgruppen in Prozent (linke Achse.

Quellen: IPSS (Data 1: Tab 1–1, 2–5, 4–3); MHWL (Data 1); MIC (Data 1: Tab 2–21).

ABB. 2: *Demographische Entwicklung: Fertilität und Lebenserwartung*

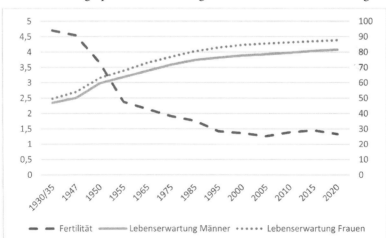

Anm.:   Fertilität (Kinderzahl, linke Achse), Lebenserwartungen zu Geburt in Jahren (rechte Achse).

Quellen: IPSS (Data 1: Tab 1–1, 2–5, 4–3); MHWL (Data 1); MIC (Data 1: Tab 2–21).

meint sind Tōkyō und die drei benachbarten Präfekturen Chiba, Saitama und Kanagawa. Sie nehmen nur vier Prozent der Landfläche Japans ein, bieten heute aber
Wohnraum für knapp 30 Prozent der japanischen Bevölkerung und erwirtschaften
dabei gut ein Drittel des japanischen Bruttoinlandsprodukts (BIP) (Abb. 3).
Der Konzentrationstrend veränderte sich im Zuge des raschen demographischen
Wandels kaum. Die regionale Konzentration dürfte sogar mit dazu beigetragen ha-
ben, insbesondere zum Rückgang der dafür maßgeblichen Geburtenrate (Kato
2018). Abbildung 3 zeigt, dass der Bevölkerungsanteil der vier Präfekturen in der
Altersgruppe 65+ deutlich niedriger ist als der Bevölkerungsanteil insgesamt. Dies
spiegelt die Zuwanderung jüngerer Menschen wider, die zum Studium bzw. zum
Arbeiten zuziehen. Sie verzichten häufiger als ihre Altersgenossen in anderen Teilen
Japans auf Familiengründung. Die hohe Bevölkerungsdichte treibt die Mieten und
Lebenshaltungskosten in die Höhe und zwingt zu beengten Wohnverhältnissen
oder verlängerten Pendelzeiten zum Arbeitsplatz. In Verbindung mit einem Mangel
an öffentlichen Kinderbetreuungseinrichtungen schafft dies ein Umfeld, das Heirat
und Elternschaft nicht begünstigt. Tatsächlich haben die vier Präfekturen mit die
niedrigsten Fertilitätsraten im regionalen Vergleich (siehe Abschnitt 4.3).

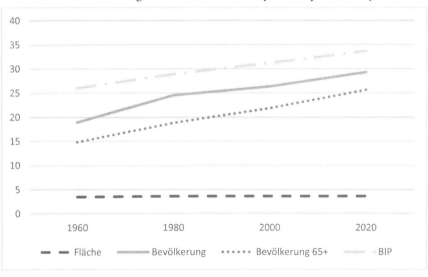

ABB. 3: *Extreme regionale Konzentration auf den Großraum Tōkyō*

Anm.:   Summe der Anteile der Präfekturen Tōkyō, Saitama, Chiba und Kanagawa in Prozent. Da die
        BIP-Anteile für 2020 noch nicht vorlagen, wurde der Wert von 2019 verwendet.
Quellen: MIC (Data 1: Tab. 1–2); MIC (Data 2: Tab 1–11); ESRI (Data 1: 1960, 1980, 2000, 2019); IPSS
        (Data 1: Tab 12–2, 12–14).

2.3 Urbanisierung

Der zweite, für die Veränderung der Siedlungsstruktur maßgebliche Trend ist die Urbanisierung. Damit ist nicht einfach die relative Zunahme der in Städten lebenden Bevölkerung gemeint, denn durch Fusionen von Gemeinden im ländlichen Raum entstanden gemessen an der Einwohnerzahl Städte, die keine urbane Siedlungsstruktur aufweisen. In Deutschland würde man sie eher als Landkreise bezeichnen. Aus diesem Grund erfasst der alle fünf Jahre von der Regierung durchgeführte Population Census seit 1960 auch die Kategorie »Dichtbesiedelte Gebiete« (*jinkō shūchū chiku*). Sie werden auf Grundlage der dem Zensus zugrundeliegenden räumlichen Zellen erfasst. Sie erstrecken sich über aneinander angrenzende Zellen innerhalb einer Gemeinde, wobei jede Zelle mindestens 5.000 Einwohner zählen und eine Bevölkerungsdichte von mindestens 4.000 Personen pro qkm aufweisen muss. Per Definition kann sich ein dichtbesiedeltes Gebiet nicht über Gemeindegrenzen hinweg erstrecken.

Die Zahl der dichtbesiedelten Gebiete stieg bis 1990 kontinuierlich an, ist seitdem allerdings rückläufig, ebenso wie die Zahl der Gemeinden, in denen sich solche Gebiete befinden (Tab. 1). Das Verhältnis zwischen der Anzahl der Gebiete und der Anzahl der Gemeinden erhöhte sich dagegen auch nach 1990 von 1,17 im Jahr 1960 auf 1,61 im Jahr 2020. Mit Ausnahme von 2010, ging die durchschnittlich Bevölkerungsdichte stetig zurück, während der Anteil der in dichtbesiedelten Gebieten wohnenden Bevölkerung kontinuierlich von 44 % im Jahr 1960 auf 70 % im Jahr 2020 anstieg. Der starke Trend hin zu dichteren Besiedlungsstrukturen kann als Urbanisierung interpretiert werden.

TAB. 1: *Entwicklung dichtbesiedelter Flächen 1960 bis 2020*

Jahr	Anzahl der Gemeinden mit dichtbesiedelten Gebieten	Anzahl der dicht-besiedelten Gebieten	Durchschnittliche Bevölkerungsdichte der Gebiete	Anteil an der Gesamt-bevölkerung
1960	763	891	10563	43,7
1970	911	1156	8690	53,5
1980	973	1320	6983	59,7
1990	1002	1373	6661	63,2
2000	976	1359	6647	65,2
2010	829	1319	6758	67,3
2020	793	1276	6663	70,0

Quelle: MIC (Data 3: Tab 1).

Der Rückgang der durchschnittlichen Bevölkerungsdichte beruhte bis 1990 auf der Entstehung neuer dichtbesiedelter Gebiete, die verständlicherweise eine unterdurchschnittliche Bevölkerungsdichte aufweisen. Nach 1990 ist der Rückgang der Bevölkerungsdichte auf eine Umschichtung innerhalb der dichtbesiedelten Gebiete zurückzuführen. Trotz des seit 2010 zu verzeichnenden Rückgangs in der Gesamtbevölkerung stieg die Bevölkerung in den dichtbesiedelten Gebieten weiter an. Der Trend der Urbanisierung toppt den demographischen Wandel.

Die dichtbesiedelten Gebiete nahmen 2020 insgesamt 3,5 % der Gesamtfläche Japans ein. Man findet sie in allen Präfekturen. Allerdings gibt es erhebliche Unterschiede hinsichtlich ihrer quantitativen Bedeutung (Abbildung 4). Bevölkerungsanteile variieren zwischen 98,6 % (Tōkyō) und 25,6 % (Shimane). Die Spannbreite bei den Flächenanteilen reicht von 49,8 % (Tōkyō) bis 0,6 % (Shimane). Flächen- und Bevölkerungsanteil sind stark positiv korreliert[2], wobei es Ausreißer gibt, wie z. B. Hokkaidō, wo 76 % der Bevölkerung in dichtbesiedelten Gebieten wohnen, diese aber nur ein Prozent der Landesfläche einnehmen. Auch die Präfektur Kyōto weist aufgrund des sich bis zur Westküste der Insel Honshū erstreckenden ländlich strukturierten Hinterlands einen sehr hohen Bevölkerungsanteil (84,4 %), verbunden mit einem vergleichsweise niedrigen Flächenanteil (5,8 %), auf.

Neun der elf Präfekturen mit den flächenmäßig höchsten Anteilen dichtbesiedelter Gebiete (Nummern 1 bis 11 in Abbildung 3) erstrecken sich von der südlichen Kanto-Region entlang der Küste der Hauptinsel Honshū über Shizuoka, Nagoya und Kyōto bis nach Ōsaka und Kōbe (Hyōgo). Sie sind durch die stark frequentierte Tōkaidō-Shinkansen-Linie verkehrstechnisch eng miteinander verbunden. In diesen neun Präfekturen sind 64 %, also knapp zwei Drittel der in dichtbesiedelten Gebieten lebenden Bevölkerung konzentriert.

So wie es in den ländlich strukturierten Präfekturen einen kleinen Anteil dichtbesiedelter Gebiete gibt, so finden sich in den überwiegend urbanen Präfekturen auch ländliche Gemeinden. Selbst in der Präfektur Tōkyō gibt es, abgesehen von den kleinen Kommunen auf den Izu-Inseln, noch ein Dorf (Hinohara) und drei Kleinstädte (Mizuho, Hinode und Okutama), wovon insbesondere Hinohara und Okutama mit 19 bzw. 21 Personen pro qkm im Jahr 2020 sehr dünn besiedelt waren. Sie bilden einen extremen Kontrast zu den Sonderbezirken im Zentrum der Präfektur, von denen nicht wenige eine 1000-mal höhere Bevölkerungsdichte aufweisen (siehe Abschnitt 3.3).

---

[2] Der Korrelationskoeffizient beträgt 0,76.

ABB. 4: *Bevölkerungs- und Flächenanteil dichtbesiedelter Gebiete nach Präfekturen*
2020

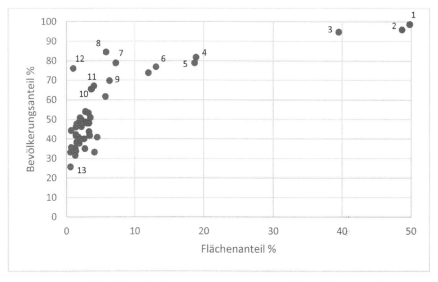

Anm.:   Im Text sind 1 Tōkyō, 2 Ōsaka, 3 Kanagawa, 4 Saitama, 5 Aichi, 6 Chiba, 7 Fukuoka, 8 Hyōgo,
9 Okinawa, 10 Kyōto, 11 Shizuoka, 12 Hokkaidō, 13 Shimane erwähnt.

Quelle: IPSS (Data 1: Tab 12–22).

3   Gemeindegrößen und Bevölkerungsdichte

3.1   Entwicklung der Gemeindezahlen

Mit Inkrafttreten der regionalen Verwaltungsreformen im Jahr 1888 wurde die
Zahl der Gemeinden von 71.314 auf 15.859 reduziert (MIC 2023c). Als 1947 die
durch die Nachkriegsverfassung verankerte lokale Selbstverwaltung gesetzlich
geregelt wurde, gab es noch 10.520 Gemeinden. Im Zuge der sogenannten
Shōwa-Fusionswelle (1953–1961) sank die Zahl auf 3.472. Auch in der Heisei-
Periode gab es zwischen 1999 und 2009 per Gesetz geförderte Fusionen, die einen
weiteren Rückgang auf 1.730 Kommunen bewirkten. In den Folgejahren kam es
vereinzelt zu weiteren Zusammenschlüssen. Seit 2014 zählt Japan 1.718
Gemeinden. Sie setzen sich aus 792 Städten (*shi*), 743 Kleinstädten (*chō*) und 183
Dörfern (*son*) zusammen. Rechnet man die ebenfalls selbstverwalteten 23 Bezirke

(*ku*) Tōkyōs dazu, kommt man auf insgesamt 1.741 lokale Gebietskörper-schaften.[3]

Der starke Rückgang in den Gemeindezahlen kontrastiert mit den seit 1888 unverändert 47 Präfekturen. Es gibt keine strengen Kriterien, die festlegen, wann eine Gemeinde als Dorf oder als Kleinstadt einzustufen ist (siehe MIC 2023d). Dörfer haben gewöhnlich kein städtisches Zentrum und weisen einen größeren Anteil an Arbeitsplätzen im primären Sektor auf. Sie haben meist weniger als 10.000 Einwohner, obwohl es im Jahr 2020 20 Dörfer gab, die deutlich größer waren. Die größten Dörfer, Tōkai (Ibaraki) und Yomitan (Oki-nawa), zählten 38.000 bzw. 41.000 Einwohner. Fast die Hälfte der Kleinstädte hatte weniger als 10.000 Einwohner. Städte haben meist mehr als 50.000 Ein-wohner.

Im Vergleich zu Deutschland weist Japan auch heute noch eine sehr hohe Zahl im Durchschnitt kleiner, regionaler und lokaler Gebietskörperschaften auf (Tab. 2). Es verfügt über mehr als viermal so viele lokale Gebietskörperschaften wie Deutsch-land. Ihre durchschnittliche Größe beläuft sich auf ein Drittel der durchschnittli-chen Einwohnerzahl deutscher kreisfreier Städte und Landkreise.

TAB. 2: *Regionale und lokale Gebietskörperschaften in Japan und Deutschland 2020*

	Japan	**Deutschland**	**J/D**
Bevölkerung (1.000)	126.146	83.155	1,5
Regionale Gebietskörperschaften	47	16	2,9
durchschnittliche Größe (1.000)	2.684	5.197	0,5
Lokale Gebietskörperschaften	1.741	401	4,3
durchschnittliche Größe (1.000)	72	207	0,3

Anm.:   Regionale Gebietskörperschaften sind Präfekturen bzw. Bundesländer, lokale Gebietskörper-schaften sind in Deutschland die kreisfreien Städte und Landkreise. Die Bezeichnungen sind zwischen den Bundesländern teils unterschiedlich.

Quellen: Statistisches Bundesamt (Data 1); Population Census (2020).

3.2 Verteilung der Gemeinden nach Einwohnergröße

Die durchschnittliche Einwohnerzahl allein sagt noch nichts über die Größenver-teilung japanischer Gemeinden aus. Abbildung 5 vermittelt in Verbindung mit Ta-belle 3 ein differenzierteres Bild. Die Heisei-Fusionswelle hat den Anteil an kleinen

---

[3] Gelegentlich werden auch die sechs Gemeinden in den von Russland besetzten nördlichen Inseln dazugerechnet.

ABB. 5: *Relative Häufigkeitsverteilung nach ausgewählten Einwohnergrößenklassen*

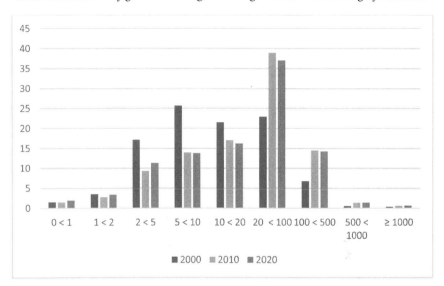

Anm.: Einwohnergrößenklassen in 1.000 Personen. Bzgl. nicht erfasster Gemeinden siehe unten die Anmerkung zu Tabelle 3.

Quelle: Population Census (2000, 2010, 2020).

Gemeinden stark reduziert und insbesondere den Anteil der zwischen 20.000 und 100.000 Einwohner zählenden Gemeinden erhöht. Er stieg 2010 auf 39 % und lag 2020 noch bei 37 %.

Die durchschnittliche Einwohnerzahl und der Median haben sich in Folge der Gemeindezusammenschlüsse fast bzw. mehr als verdoppelt (Tab. 3). Dennoch hatten auch 2010 mehr als die Hälfte der Gemeinden weniger als 26.000 Einwohner. Die Streuung gemessen anhand des Variationskoeffizienten wurde deutlich reduziert. Die Veränderungen in der Größenverteilung sind zwischen 2010 und 2020 weniger ausgeprägt. Sie spiegeln vor allem den Rückgang der Bevölkerung im Zuge des demographischen Wandels wider. Dadurch sind Mittelwert und Median leicht gesunken. In der Veränderung der Maximal- und Minimalwerte deutet sich an, dass der Bevölkerungsrückgang zwischen 2010 und 2020 vor allem die kleineren Gemeinden traf. Das Auseinanderdriften erklärt auch den leichten Anstieg der Streuung.

TAB. 3: *Statistische Kennzahlen zu den Gemeindegrößen*

	2000	2010	2020
Anzahl der Gemeinden	3.251	1.750	1.740
Mittelwert	39.042	73.176	72.498
Median	10.669	25.466	23.431
Maximum	3.426.651	3.688.773	3.777.491
Minimum	203	201	169
Variationskoeffizient	3,3	2,5	2,6

Anm.:   Wegen der Evakuierung wurden in 2000 das Dorf Miyake auf der Izu-Insel Ōnoharajima und 2020 die Kleinstadt Futaba in Fukushima nicht erfasst.

Quelle: Population Census (2000, 2010, 2020).

Japan verfügt seit 2011 unverändert über elf Millionenstädte. Yokohama war 2020 mit 3,8 Millionen Einwohnern die mit Abstand größte, gefolgt von der Stadt Ōsaka (2,8) und Nagoya (2,3). Die kleinsten Dörfer befinden sich auf den der Präfektur Tōkyō zugehörigen Izu-Inseln Aogashima, Mikurajima und Toshima.

Wie in anderen Ländern, so ähnelt auch in Japan die Häufigkeitsverteilung des Merkmals Einwohnerzahl der Dichtefunktion einer Lognormalverteilung.[4] Unterteilt man anders als in Abbildung 6 die Strecke zwischen der kleinsten und größten Gemeinde in gleichgroße Abstände, so erhält man eine Verteilung, deren Verlauf extrem rechtsschief ist (Abb. 6). Die Dichtefunktion einer lognormalverteilten Zufallsvariable mit gleichgroßer Varianz weist einen ähnlichen Verlauf auf. Wählt man als Einheit anstelle der Einwohnerzahl deren logarithmierten Wert, so erhält man eine Häufigkeitsverteilung, die der Dichtefunktion einer Normalverteilung ähnelt (Abb. 7). Hier wird deutlich, dass die Heisei-Fusionswelle eine Rechtsverschiebung und Abflachung der Häufigkeitsverteilung bewirkte.

3.3   Bevölkerungsdichte

Japans Gemeinden weisen nicht nur erhebliche Größenunterschiede auf, sie unterscheiden sich ebenso deutlich in Bezug auf die Bevölkerungsdichte. Definitionsgemäß wird diese durch die Einwohnerzahl im Zähler und die Fläche im Nenner bestimmt. Während der Zählerwert Veränderungen in der Siedlungsstruktur unterliegt, ist der Nennerwert durch administrativ verordnete Gemein-

---

[4] Diese Verteilungsform findet sich bei vielen anderen Phänomenen. Während sich die Normalverteilung aus dem additiven Zusammenwirken einer Vielzahl unabhängiger Zufallsvariablen ergibt, stellt sich die Lognormalverteilung ein, wenn die unabhängigen, zufälligen Einflüsse multiplikativ verknüpft sind (Limpert et al. 2001).

ABB. 6: *Relative Häufigkeitsverteilung über gleichmäßige Größenklassen –*
ursprüngliche Einwohnerzahlen

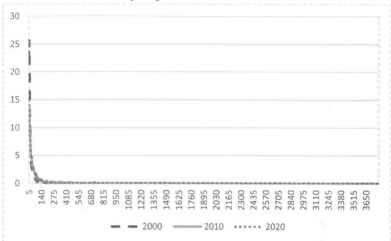

Anm.: Werte in Prozent; Einwohner in 1.000; Größenklassenbreite 5.000.
Quelle: Population Census (2000, 2010, 2020).

ABB. 7: *Relative Häufigkeitsverteilung über gleichmäßige Größenklassen –*
logarithmierte Einwohnerzahlen

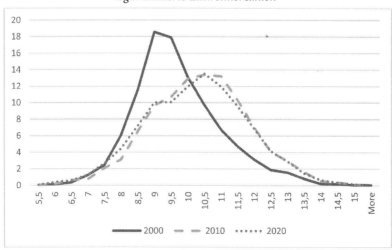

Anm.: Werte in Prozent; logarithmiert, Größenklassenbreite 0,5. Bzgl. nicht erfasster Gemeinden
siehe oben die Anmerkung zu Tabelle 3.
Quelle: Population Census (2000, 2010, 2020).

degrenzen festgelegt. Sie sind historisch bedingt und so gezogen, dass jedes Stück Land einer Gemeinde zugeordnet ist. Es gibt keine »gemeindefreien« Flächen (CLAIR 2020: 3).

Da sich Gemeindegrenzen nur im Zuge von Fusionen verändern, wird die Bevölkerungsdichte vor allem durch Veränderungen in der Siedlungsstruktur beeinflusst. Tatsächlich sind die Merkmale Fläche und Einwohnerzahl nur sehr schwach positiv korreliert.[5] Die flächenmäßig größten Gemeinden liegen außerhalb der Ballungszentren. Die mit deutlichem Abstand größte, die Stadt Takayama in Gifu, verfügt über 2.178 qkm Fläche. Danach folgt die Stadt Hamamatsu in Shizuoka mit 1.558 qkm. Die meisten Gemeinden auf Hokkaidō verfügen über mehr Fläche als die Gemeinden der Präfektur Tōkyō. Okutama und Hachiōji sind hier mit 226 qkm bzw. 186 qkm am größten. Im landesweiten Ranking erscheinen sie unter den 1.741 Gemeinden erst an Stelle 550 bzw. 677. Der flächenmäßig größte Sonderbezirk, Ōta-ku, erstreckt sich über 62 qkm und rangiert damit an Stelle 1.205. Die flächenmäßig kleinsten Sonderbezirke Chūō-ku und Arakawa-ku kommen gerade einmal auf 10 qkm. Damit sind sie nicht viel größer als die kleinsten Gemeinden. Am Ende der Liste rangieren die Kleinstadt Tadaoka in Ōsaka, das Dorf Tonaki auf Okinawa und das Dorf Funahashi in Toyama, die alle weniger als 4 qkm Fläche besitzen.

Auch die Häufigkeitsverteilung des Merkmals Bevölkerungsdichte ähnelt der Dichtefunktion einer Lognormalverteilung. Daher werden wieder die logarithmierten Werte zugrunde gelegt (Abb. 8). Der Gipfel der Verteilung in den Jahren 2000 und 2010 liegt in der Klasse 5,25 bis 5,50, was den Ursprungswerten von 191 bzw. 245 Personen pro qkm entspricht. Japans Gemeinden sind überwiegend nicht nur klein, sondern die meisten von ihnen weisen auch eine geringe Bevölkerungsdichte auf. Selbst 2010, als Japans Einwohnerzahl mit 128 Millionen den Höchstwert erreichte hatte, und nachdem die Heisei-Fusionswelle die Zahl der Gemeinden mit einer Einwohnerdichte von weniger als 200 Personen pro qkm halbiert hatte, wiesen immer noch die Hälfte der Gemeinden eine Dichte von 212 oder weniger Personen pro qkm auf (Tab. 4). Der zwischen 2010 und 2020 eintretende Rückgang in der Bevölkerung reduzierte zwar den landesweiten Durchschnitt, den Minimalwert und den Median, erhöhte aber den Maximalwert und den Mittelwert sowie den Variationskoeffizienten und das Maß für die Schiefe der Verteilung. All dies deutet darauf hin, dass der demographische Wandel insbesondere die dünn besiedelten Kommunen traf. Gleichzeitig bestätigen die Veränderungen den Trend der Urbanisierung.

---

[5] Im Jahr 2020 betrug der Korrelationskoeffizient zwischen Einwohnerzahl und Fläche 0,14.

ABB. 8: *Relative Häufigkeitsverteilung der Bevölkerungsdichte*

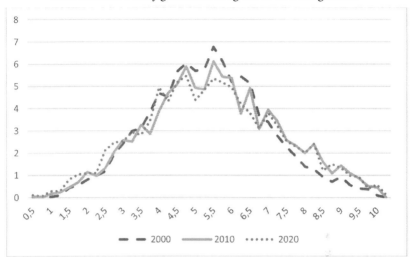

Anm.: Relative Häufigkeitswerte auf Basis des logarithmierten Wertes der Bevölkerungsdichte (Personen pro qkm) unterteilt in Klassen mit Breite 0,25. Bzgl. nicht erfasster Gemeinden siehe oben die Anmerkung zu Tabelle 3.

Quelle: Population Census (2000, 2010, 2020).

TAB. 4: *Statistische Kennzahlen zur Bevölkerungsdichte (Personen pro qkm)*

	2000	*2010*	*2020*
Anzahl der Gemeinden	3.251	1.750	1.740
Landesweiter Durchschnitt	340	343	338
Mittelwert	707	1051	1.070
Median	183	212	190
Maximalwert	19.854	21.882	23.182
Minimalwert	2	2	1
Variationskoeffizient	2,5	2,3	2,4
Schiefe	5,5	4,3	4,6

Anm.: Bzgl. nicht erfasster Gemeinden siehe oben die Anmerkung zu Tabelle 3.

Quelle: Population Census (2000, 2010, 2020).

Die am dichtesten besiedelten Gemeinden lagen 2020 alle in der Präfektur Tōkyō. Die Stadt Ōsaka folgte erst an 25. Stelle. Unter den 88 Gemeinden mit weniger als 10 Einwohnern pro qkm ist die Präfektur Hokkaidō 47mal vertreten, am nächsthäufigsten erscheinen die Präfekturen Fukushima mit sieben sowie Nara und Nagano mit je sechs Gemeinden.

4   Demographie

4.1 Bevölkerungsentwicklung

Die durch einen Rückgang der Bevölkerung und einen steigenden Anteil von
Personen in höheren Altersgruppen geprägte demographische Entwicklung betrifft zwar ganz Japan, schlägt sich aber aufgrund der oben beschriebenen
Veränderungen in der Siedlungsstruktur sehr unterschiedlich in den Gemeinden
nieder. Dies soll zunächst anhand der Bevölkerungsentwicklung dargestellt werden.

Der Population Census berechnet auch die Veränderungen in der Einwohnerzahl
gegenüber der vorangegangenen Erhebung. Aus ihnen kann für jede Gemeinde das
Bevölkerungswachstum über die letzten fünf Jahre ermittelt werden. Abbildung 9
veranschaulicht die Häufigkeitsverteilung der Wachstumsraten zwischen den Erhe-
bungszeitpunkten 1995–2000, 2005–2010 und 2015–2020. Die Fusionswelle führte
zu einer Abflachung der Verteilungskurve. Aus der Spitze wurde ein kleines Plateau.

ABB. 9: *Relative Häufigkeitsverteilung der relativen Veränderung der Einwohnerzahl*

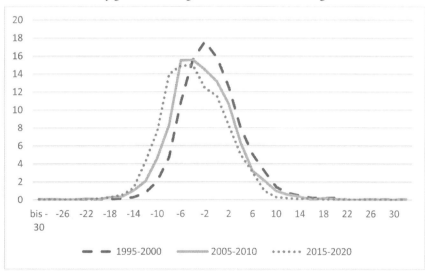

Anm.:   Relative Veränderung der Einwohnerzahl (= Wachstumsrate) berechnet aus der Differenz
          (Einwohnerzahl Jahr Z – Einwohnerzahl (Z-5)) dividiert durch die Einwohnerzahl im Jahr (Z-
          5). Bzgl. nicht erfasster Gemeinden siehe oben die Anmerkung zu Tabelle 5.
Quelle: Population Census (2000, 2010, 2020).

TAB. 5: *Statistische Kennzahlen zur relativen Veränderung der Einwohnerzahl*

	1995–2000	2005–2010	2015–2020
Landesweite Entwicklung	1,1%	0,2%	-0,7%
Mittelwert	-1,8%	-3,4%	-4,8%
Median	-2,2%	-3,8%	-5,1%
Maximum	85%	35%	25%
Minimum	-31%	-30%	-21%
Variationskoeffizient	-3,0	-1,6	-1,1
Schiefe	2,0	0,4	0,4
Anzahl der Gemeinden	3.251	1.750	1.733

Anm.: Wegen extremer Verzerrungen in Folge von Evakuierungen wurden im Jahr 2000 das Dorf Miyake auf der Izu-Insel Ōnoharajima und im Jahr 2020 die Gemeinden Tomioka, Okuma, Futaba, Namie, Naraha, Katsurao und Iitate in Fukushima sowie das Dorf Kuma in Kumamoto nicht erfasst.

Quelle: Population Census (2000, 2010, 2020).

Außerdem reduzierten sich der Variationskoeffizient und die Schiefe (Tab. 5), was auf eine nivellierende Wirkung schließen lässt. Sie beruht vor allem auf dem niedrigeren Maximalwert, ist aber auch noch zu beobachten, wenn dieser Ausreißer unberücksichtigt bleibt.

Die Linksverschiebung der Verteilungskurve zwischen 2010 und 2020 reflektiert den landesweiten Rückgang der Bevölkerung. Sie tritt auch zwischen 2000 und 2010 auf. Obwohl landesweit die Bevölkerung bis 2010 noch wuchs, zeigt sich bei den Durchschnitts- und Medianwerten auf Gemeindeebene bereits ein deutlicher Rückgang, der sich über die Zeiträume beschleunigt. Im Jahr 2020 hatten mehr als die Hälfte der Gemeinden einen Einwohnerschwund von über fünf Prozent zu verzeichnen.

Tabelle 6 gibt einen Eindruck davon, in welchen Präfekturen sich die meisten Gemeinden mit den höchsten bzw. niedrigsten Wachstumsraten befanden. Im Zeitablauf dominiert Tōkyō die Liste der Präfekturen mit den wachstumsstärksten Gemeinden, auch Saitama, Aichi, Fukuoka und Okinawa sind immer darunter zu finden. Die Liste der wachstumsschwächsten Gemeinden wird mit deutlichem Abstand von Hokkaidō angeführt. Nara und Kōchi tauchen hier auch immer auf, Nagano erst ab 2010. Im Zeitraum zwischen 1995 und 2000 gibt es Präfekturen, die sowohl unter den oberen als auch unter den unteren fünf Prozent vertreten sind. Dies reflektiert die Konzentrationsprozesse innerhalb der Präfekturen im Zuge der Urbanisierung. Im Zeitablauf werden die Listen in

TAB. 6: *Regionale Verteilung der Einwohnerwachstumsraten*

1995-2000		2005-2010		2015-2020	
Obere 5 % **163 Gemeinden**	**Untere 5 %** **163 Gemeinden**	**Obere 5 %** **88 Gemeinden**	**Untere 5 %** **88 Gemeinden**	**Obere 5 %** **87 Gemeinden**	**Untere 5 %** **87 Gemeinden**
85 % bis 7 %	**-9 % bis -31 %**	**35 % bis 5 %**	**-11 % bis -30 %**	**25 % bis 4 %**	**-13 % bis -21 %**
Präfektur	#	Präfektur	#	Präfektur	#	Präfektur	#	Präfektur	#	Präfektur	#
Saitama	10	Hokkaidō	22	Tōkyō	17	Hokkaidō	22	Tōkyō	26	Hokkaidō	26
Aichi	10	Ehime	13	Aichi	9	Nara	9	Okinawa	12	Nara	9
Fukuoka	10	Hiroshima	10	Chiba	8	Kōchi	7	Saitama	9	Aomori	6
Gumma	9	Nagasaki	10	Saitama	6	Yamanashi	5	Fukuoka	7	Fukushima	6
Yamanashi	9	Tokushima	9	Okinawa	6	Nagano	5	Aichi	6	Nagano	6
Chiba	8	Niigata	7	Ibaraki	5	Gumma	4			Kōchi	5
Nagano	8	Gumma	6	Fukuoka	4	Tokushima	3				
Okinawa	8	Kagoshima	5	Kumamoto	4	Akita	3				
Gifu	6	Kōchi	5								
Hokkaidō	6	Miyazaki	5								
Hyōgo	6	Nara	5								
Ibaraki	5	Ōita	5								
Tōkyō	5	Yamanashi	5								
Ōsaka	5										
Shiga	5										
Gesamt: 110		Gesamt: 107		Gesamt: 59		Gesamt: 58		Gesamt: 60		Gesamt: 58	
Anteil: 67 %		Anteil: 66 %		Anteil: 67 %		Anteil: 66 %		Anteil: 69 %		Anteil: 67 %	

Anm.:   Bzgl. nicht erfasster Gemeinden siehe oben die Anmerkung zu Tabelle 5.
Quelle: Population Census (2000, 2010, 2020).

Tabelle 6 immer kürzer. Das bedeutet, dass sich die extrem wachstumsstarken und wachstumsschwachen Gemeinden auf immer weniger Präfekturen konzentrieren.

Wenig überraschend sind es vor allem kleinere Gemeinden, die bei dem Wachstumsranking Höchst- und Niedrigstwerte erzielen. Hier können vergleichsweise geringe absolute Zu- oder Abwanderungen zu hohen relativen Veränderungen führen. Unter den wachstumsstarken Gemeinden finden sich im Zeitverlauf immer mehr Sonderbezirke Tōkyōs. Dies reflektiert die Ansiedlungspolitik dieser Kommunen, die als Wohnorte attraktiver werden wollten. Möglich war dies durch Landerschließungen in der Bucht von Tōkyō und den Bau zahlreicher Apartmenthochhäuser.

4.2 Altersstruktur

Die zweite Dimension des demographischen Wandels betrifft die Altersstruktur. Der hier geläufigste Indikator ist der Anteil der Bevölkerung in der Altersgruppe 65+. Der Altersaufbau wird ebenfalls nicht nur durch die Geburtenrate und die Lebenserwartung, sondern auch durch Migration beeinflusst, da sich Zu- und Abwanderung in der Regel ungleich über Altersgruppen verteilen, weil die Motive für einen Ortswechsel von Lebensphasen abhängen: junge Menschen gehen zum Studium oder zur Arbeit in eine andere Stadt oder ältere Menschen kehren im Ruhestand in ihre Heimatregion zurück.

Landesweit stieg der Anteil der »Alten« zwischen 2000 und 2020 rasant an (Tab. 7). Die Mittel- und Medianwerte auf Gemeindeebene sind deutlich höher, was daher rührt, dass viele kleinere Gemeinden einen über dem Landesdurchschnitt liegenden Wert aufweisen. Mittelwert und Median unterscheiden sich nur geringfügig.

TAB. 7: *Statistische Kennzahlen zum prozentualen Anteil der Altersgruppe 65+*

	2000	*2010*	*2020*
Landesweite Entwicklung	17,3	23,0	28,6
Mittelwert	24,1	27,9	35,0
Median	23,7	27,3	34,7
Maximum	50,6	57,2	65,2
Minimum	7,6	9,2	14,1
Variationskoeffizient	0,3	0,2	0,2
Schiefe	0,4	0,6	0,3
Anzahl der Gemeinden (2000)	3.251	1.750	1.733

Anm.:   Bzgl. nicht erfasster Gemeinden siehe oben die Anmerkung zu Tabelle 5.

Quelle: Population Census (2000, 2010, 2020).

Die Fusionswelle zwischen 2000 und 2010 führte wie beim Bevölkerungswachstum zu einer weniger spitz zulaufenden Häufigkeitsverteilung (Abb. 10). Die Rechtsverschiebung der Kurven reflektiert den Einfluss der Zeitspanne zwischen den Erhebungen.

Schaut man sich die regionale Verteilung der jüngsten und ältesten Gemeinden an (Tab. 8), so zeigt sich, dass sich auf Okinawa nicht nur viele der wachstumsstärksten, sondern auch der jüngsten Gemeinden befinden. Beides dürfte seinen Grund in der im Landesvergleich hohen Fertilitätsrate haben (siehe Abschnitt 4.3) Okinawa weist in den Statistiken regelmäßig den mit Abstand höchsten

ABB. 10: *Relative Häufigkeitsverteilung des Anteils der Altersgruppe 65+*

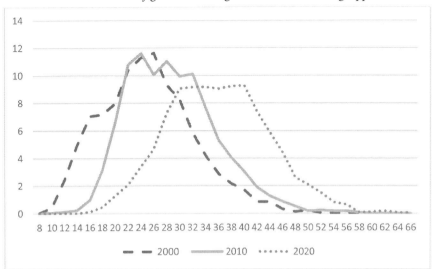

Anm.:   Bzgl. nicht erfasster Gemeinden siehe oben die Anmerkung zu Tabelle 5.
Quelle: Population Census (2000, 2010, 2020).

natürlichen Bevölkerungszuwachs aus.[6] Ansonsten finden sich unter den Präfekturen mit den jüngsten Gemeinden auch einige der anderen wachstumsstarken
Präfekturen wie Aichi, Tōkyō, Saitama und Fukuoka. Dies bestätigt die Vermutung, dass hier vor allem jüngere Leute zugezogen sind. Im Zeitablauf zeigt sich
eine zunehmende Dominanz Tōkyōs. Bei den Präfekturen mit den meisten
ältesten Gemeinden zählen Nara, Kōchi und Hokkaidō 2010 und 2020 zu den
Spitzenreitern. Hier ist ein großer Wandel gegenüber dem Jahr 2000 festzustellen,
in dem Hiroshima, Ehime und Nagano die Liste anführten. Dies dürfte wohl auf
die Heisei-Fusionswelle zurückzuführen sein, die in den Präfekturen vor allem
überalterte Gemeinden erfasste. Ehime taucht danach nicht mehr auf, Hiroshima
erscheint nur noch einmal am Ende der 2010er Liste, und Nagano, das 2010 noch
einmal Rang drei belegte, schafft es 2020 gerade noch auf die Liste. Wakayama ist
in allen drei Erhebungsjahren mehrfach in der Liste der ältesten Gemeinden
vertreten.

---

[6] Definiert als Differenz zwischen Geburten und Sterbefällen. Der Binnenwanderungssaldo war zuletzt
auch leicht positiv. Der Ausländeranteil lag in Okinawa mit 1,2 % im Jahr 2020 dagegen unter dem
Landesdurchschnitt von 1,9 %. Der Population Census erfasst nicht das US-Militär und deren Ange-
hörige.

TAB. 8: *Regionale Verteilung der jüngsten und ältesten Gemeinden*

2000				2010				2020			
Obere 5% 163 Gemeinden		Untere 5% 163 Gemeinden		Obere 5% 88 Gemeinden		Untere 5% 88 Gemeinden		Obere 5% 87 Gemeinden		Untere 5% 87 Gemeinden	
7,6% bis 13%		37,2% bis 50,6%		9,2% bis 18,3%		40,3% bis 57,2%		14,1% bis 22,8%		48,2% bis 65,2%	
Präfektur	#	Präfektur	#	Präfektur	#	Präfektur	#	Präfektur	#	Präfektur	#
Saitama	10	Hiroshima	24	Okinawa	24	Nara	8	Tōkyō	26	Nara	11
Aichi	10	Ehime	16	Aichi	16	Kōchi	7	Okinawa	12	Hokkaidō	8
Chiba	10	Nagano	13	Tōkyō	13	Nagano	7	Aichi	9	Kōchi	7
Kanagawa	9	Shimane	11	Fukuoka	11	Hokkaidō	6	Fukuoka	7	Shizuoka	5
Okinawa	9	Kōchi	10	Saitama	10	Shimane	5			Tokushima	5
Tōkyō	8	Yamaguchi	10	Chiba	10	Tokushima	5			Tottori	4
Ibaraki	8	Kagoshima	9	Shiga	9	Fukushima	5			Aomori	4
		Ōita	8			Yamanashi	3			Kyōto	3
		Wakayama	7			Miyazaki	3			Wakayama	3
						Wakayama	3			Ishikawa	3
						Gumma	3			Yamaguchi	3
						Hiroshima	3			Gumma	3
										Aichi	3
										Nagano	3
Gesamt: 110		Gesamt: 108		Gesamt: 60		Gesamt: 61		Gesamt: 62		Gesamt: 65	
Anteil: 67%		Anteil: 66%		Anteil: 68%		Anteil: 69%		Anteil: 71%		Anteil: 75%	

Anm.: Bzgl. nicht erfasster Gemeinden siehe oben die Anmerkung zu Tabelle 5.

Quelle: Population Census (2000, 2010, 2020).

Wie bei der regionalen Verteilung des Bevölkerungswachstums (Tab. 6) wird auch die Liste der Präfekturen mit den meisten jüngsten Gemeinden im Zeitverlauf immer kürzer. Anders als in Tabelle 6 gilt dies aber nicht für die regionale Verteilung der unteren fünf Prozent. Hier wird die Liste länger. Während sich die jungen Gemeinden im Zeitablauf regional zunehmend konzentrierten, verteilten sich die Gemeinden mit einem sehr hohen Anteil älterer Bewohner gleichmäßiger über die Regionen.

4.3 Fertilität

Bevölkerungswachstum und Altersaufbau werden wesentlich durch die Fertilität bestimmt. Das hierzu für die Bevölkerungsprognose üblicherweise verwendete Maß ist die Gesamtfertilitätsrate, total fertility rate (TFR). Sie schätzt auf Basis altersspezifischer Geburtenraten, wie viele Kinder Frauen im Verlauf ihres Lebens auf die Welt bringen werden. Bei geringer Kindersterblichkeit und einem

Geschlechterverhältnis bei Geburt, das leicht zugunsten von Jungen ausfällt, ist
für eine konstante Bevölkerungsentwicklung eine Gesamtfertilitätsrate von 2,1
erforderlich. Niedrigere Werte werden auf Dauer zu einem Bevölkerungsrückgang führen.

Das Ministry of Health Labour and Welfare (MHLW) berechnet jährlich die TFR
für Gesamtjapan und für alle Präfekturen. Auf Gemeindeebene ermittelt es TFR-
Schätzwerte auf Grundlage eines Fünfjahreszeitraums, der sich von zwei Jahren vor
bis zwei Jahren nach dem Jahr der Erhebung des Population Census erstreckt, dabei
werden nur Japanerinnen berücksichtigt (MHLW 2020). Da die Schätzungen für
den Zeitraum um den Population Census von 2020 (2018 bis 2022) noch nicht vor-
lagen, werden im Folgenden die Schätzwerte für den davorliegenden Zeitraum
(2013 bis 2017) verwendet.

Abbildung 11 zeigt eine relativ symmetrische Verteilung, die sich im Zeitverlauf leicht nach rechts verschiebt, was dem leichten Anstieg der Fertilitätsrate
auf nationaler Ebene von 1,36 (2000), über 1,39 (2010) auf 1,45 (2015) entspricht. Dass der Landesdurchschnitt jeweils unter den am häufigsten vertrete-
nen Verteilungsklassen 1,40–1,49 in 1998–2022 und 2008–2021 bzw. 1,50 bis
1,59 in 2013–2017 liegt, bedeutet, dass in mehr als der Hälfte der Gemeinden
die Fertilitätsrate über dem Landesdurchschnitt liegt. Die TFR-Schätzungen

ABB. 11: *Relative Häufigkeitsverteilung der Fertilitätsrate auf Gemeindeebene*

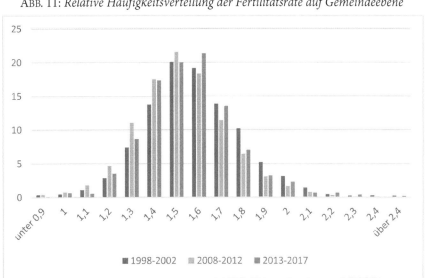

Quelle: Demographic Statistics Special Report.

streuen in allen Erhebungszeiträumen zwischen Werten von über 2,4 bis zu unter 0,9.

Die höchsten Werte werden regelmäßig in Gemeinden auf Okinawa bzw. der Präfektur Kagoshima erzielt. Die niedrigsten Werte in den Ballungszentren Tōkyō und Ōsaka, aber auch auf Hokkaidō. Zwischen Fertilität und Bevölkerungsdichte gibt es keinen einfachen linearen Zusammenhang. Abbildung 12 sortiert die Gemeinden nach TFR und berechnet für jedes TFR-Dezil die durchschnittliche TFR und die durchschnittliche Bevölkerungsdichte. Demnach weist das unterste Dezil (D1), das die zehn Prozent Gemeinden mit der niedrigsten TFR umfasst, die mit Abstand höchste durchschnittliche Dichte auf. Es gibt keinen durchgehend umgekehrt proportionalen Verlauf. Die unteren vier Dezile (D1 bis D4) haben jedoch eine deutlich höhere durchschnittliche Bevölkerungsdichte als die oberen sechs (D5 bis D10).

Ein zweiter Einflussfaktor auf die Fertilitätsrate japanischer Gemeinden ist die Lage der Präfektur. Sowohl im Jahr 2010 als auch im Jahr 2020 erzielten die Präfekturen im Süden bzw. Südwesten Japans die höchsten TFR-Werte (Tab. 9). Lediglich im Jahr 2010 taucht hier ausnahmsweise die auf Shikoku liegende Präfektur Kagawa auf. Zieht man noch das Jahr 2000 hinzu, dann war hier auch Fukushima unter den Top-Ten. Die niedrigsten TFR-Werte finden sich in Präfek-

ABB. 12: *Zusammenhang zwischen TFR und Bevölkerungsdichte*

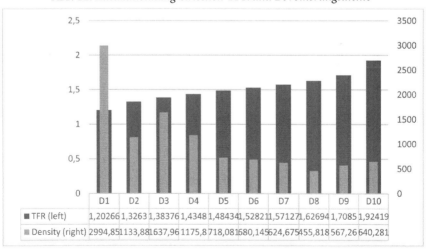

	D1	D2	D3	D4	D5	D6	D7	D8	D9	D10
■ TFR (left)	1,20266	1,3263	1,38376	1,4348	1,48434	1,52821	1,57127	1,62694	1,7085	1,92419
▧ Density (right)	2994,85	1133,88	1637,96	1175,8	718,08	680,145	624,675	455,818	567,26	640,281

Anm.:   Siehe Text.

Quelle: Population Census (2015); Demographic Statistics Special Report.

turen, die entweder eine sehr hohe Bevölkerungsdichte aufweisen und/oder im Norden bzw. Nordosten Japans liegen.

TAB. 9: *Präfekturen mit den zehn höchsten und niedrigsten TFR im Jahr 2010 und 2020*

2010				2020			
Höchste TFR		**Niedrigste TFR**		**Höchste TFR**		**Niedrigste TFR**	
1	Okinawa	47	Tōkyō	1	Okinawa	47	Tōkyō
2	Shimane	46	Hokkaidō	2	Miyazaki	46	Miyagi
3	Miyazaki	45	Kyōto	3	Kagoshima	45	Hokkaidō
4	Kumamoto	44	Nara	4	Nagasaki	44	Akita
5	Kagoshima	43	Miyagi	5	Kumamoto	43	Kyōto
6	Fukui	42	Kanagawa	6	Shimane	42	Kanagawa
7	Saga	41	Akita	7	Saga	41	Chiba
8	Nagasaki	40	Saitama	8	Fukui	40	Saitama
9	Kagawa	39	Ōsaka	9	Ōita	39	Nara
10	Yamaguchi	38	Chiba	10	Tottori	38	Ōsaka

Quelle: Demographic Statistics Special Report.

In den 1920er Jahren sah dies noch ganz anders. Damals wiesen die Präfekturen im Norden und Nordosten die höchsten TFR auf (Kumagai 2010). Iwasawa und Kaneko (2010) weisen darauf hin, dass es in diesen Präfekturen relativ mehr Drei-Generationen-Haushalte gibt, was sie als Hinweis auf eine »stärkere Familienkultur« deuten. Sie vermuten, dass ähnlich wie in Italien eine starke Familienkultur die Entwicklung der Fertilitätsrate negativ beeinflusst und können diese Hypothese statistisch bestätigen.

5   Einkommen und Finanzlage

5.1 Gesamtwirtschaftliche Entwicklung

Die demographische Entwicklung übt einen wesentlichen Einfluss auf die Einkommensentwicklung der Bevölkerung und auf die Finanzlage des Staates aus. Eine wachsende (schrumpfende) Bevölkerung bedeutet mehr (weniger) Beschäftigung, was wiederum zu mehr (weniger) Wertschöpfung führt. Entscheidend für die individuelle Einkommenssituation ist allerdings die Wirtschaftsleistung pro Kopf. Diese Größe wird per Definition zwar nicht durch die Bevölkerungsentwicklung beeinflusst, aber sie hängt von der Altersstruktur ab. Je höher der Anteil älterer, im Ruhestand befindlicher Menschen ist, um so geringer der Anteil der Erwerbstätigen[7] und umso geringer die Wertschöpfung pro Kopf der Bevölkerung. Japan verstand es bislang gut, trotz Alterung die Beschäftigung zu stabilisieren, ja sogar auszuweiten (Waldenberger 2022a). Die Beschäftigung von Frauen im erwerbsfähigen Alter (15 bis 64 Jahre) und von Personen in der Altersgruppe 65+ stieg deutlich. Auch die Zahl ausländischer Arbeitnehmer nahm deutlich zu. Allerdings entstanden die meisten der dabei geschaffenen Arbeitsplätze im Niedriglohnbereich, weshalb das Durchschnittseinkommen pro Beschäftigten stagnierte bzw. sank (Abb. 13).

Japan leistet sich unter den OECD-Staaten den am höchsten verschuldeten Staatssektor (Waldenberger 2022b), obwohl das Land gemessen am Nettoauslandsvermögen nach China am reichsten ist. Dies ist in zweierlei Weise eng mit

ABB. 13: *Durchschnittliche reale Einkommensentwicklung*

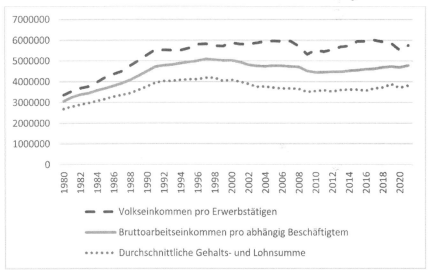

Anm.: Werte in Yen, preisbereinigt auf Basis des Konsumentenpreisindex.
Quellen: ESRI (Data 2); ESRI (Data 3); NTA (Data 1); e-Stat (Data 1).

---

[7] Es können beide Anteile auch gleichzeitig steigen, wenn nämlich der Rückgang der nicht-erwerbstätigen jungen Menschen höher ausfällt als der Anstieg der Ruheständler. Während der Hochwachstumsphase (1950 bis 1970) stieg in Japan der Anteil der Personen in der Altersgruppe 65+ um zwei Prozentpunkte an, während der Anteil der jungen Bevölkerung (0–14 Jahre) um mehr als 11 Prozentpunkte sank. Der Anteil der erwerbsfähigen Bevölkerung (15 bis 64 Jahre) erhöhte sich entsprechend um über 9 Prozentpunkte (IPSS (Data 1): Tab 2–5).

der demographischen Entwicklung verbunden. Erstens reduzierte der Bevölkerungsrückgang die Wachstumsaussichten auf dem heimischen Markt, weshalb
japanische Unternehmen weniger im Inland investierten. Den Ausfall fing der
Staat durch seine Schuldenaufnahme zum Teil auf. Der andere Teil wanderte in
Form von ausländischen Direktinvestitionen japanischer Unternehmen ins Ausland und trug dort zum Anstieg des japanischen Auslandsvermögens bei. Der
zweite Einfluss des demographischen Wandels spiegelt sich in der Ausgabenstruktur der öffentlichen Haushalte wider. Die Alterung der Bevölkerung führte
zu einem deutlichen Anstieg der Sozialausgaben. Im Jahr 2020 belief sich deren
Anteil an den gesamten Staatsausgaben auf über 40 % und lag damit deutlich über
dem OECD-Durchschnitt. Aufgrund der Schuldenaufnahme konnte die japanische Regierung den Anstieg der Sozialausgaben im Wesentlichen ohne Steuererhöhungen finanzieren.

Wichtig für die Analyse der Gemeinden ist, dass der massive Anstieg der Verschuldung ab Mitte der 1990er Jahre auf der Ebene des Zentralregierung erfolgte.
Das Schuldenniveau der Präfekturen und Gemeinden blieb über die letzten 15 Jahre
weitgehend konstant. Ihr Anteil an den gesamten Bruttoverbindlichkeiten des
Staatssektors sank von 20,5 % im Jahr 1995 auf 11,6 % im Jahr 2020 (Abb. 14). Da ein
erheblicher Anteil des Budgets der Kommunen durch Zuwendungen der Zentralregierung gedeckt wird, wären sie von einer Konsolidierung des Staatshaushalts dennoch betroffen.

5.2 Einkommensniveauunterschiede auf Gemeindeebene

Die Gemeindestatistiken erfassen nicht wie die nationalen Statistiken die in
Unternehmen erwirtschafteten Einkommensarten, sondern lediglich das Arbeitseinkommen, das Gegenstand der auf Gemeindeebene zu entrichtenden Bürgersteuer ist (MIC 2023e). Aus der Summe des steuerpflichtigen Einkommens und
der Zahl der Steuerzahler kann das durchschnittliche, zu versteuernde Einkommen berechnet werden. Es wird im Folgenden verkürzt als Durchschnittseinkommen bezeichnet. Dabei ist zu berücksichtigen, dass bei Pendlern die Gemeinde,
in der das Einkommen erzielt wurde, nicht identisch ist mit der Gemeinde, die
die Steuern einnimmt. Insofern bildet die Kennzahl genau genommen nicht die
Ertragskraft der Arbeitsplätze einer Gemeinde ab, sondern die Einkommenssituation der Bürger.

Die relative Häufigkeitsverteilung des Durchschnittseinkommens auf Gemeindeebene (Abb. 15) verschob sich zwischen 2000 und 2010 deutlich nach links, was

ABB. 14: *Staatsverschuldung nach Gebietskörperschaft*

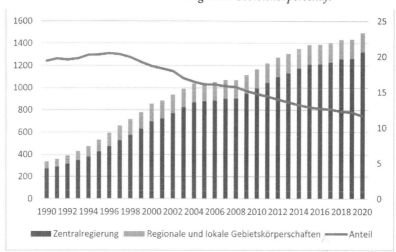

Anm.: Bruttoverbindlichkeiten (Kredite und Schuldverschreibungen), Angaben in Billionen Yen; Anteil der regionalen und lokalen Gebietskörperschaften in Prozent der Summe der Bruttoverbindlichkeiten.

Quelle: BOJ (Data 1).

ABB. 15: *Relative Häufigkeitsverteilung des Durchschnittseinkommens in Prozent*

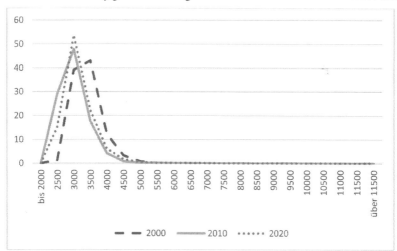

Anm.: Einkommensklassen in 1.000 yen.

Quelle: Regional Statistics Database.

dem in Abbildung 13 dokumentierten Rückgang des Durchschnittseinkommens auf nationaler Ebene entspricht. Zwischen 2010 und 2020 gab es eine leichte Erholung, die insbesondere auf eine Verbesserung bei den einkommensschwachen Gemeinden zurückzuführen ist. Dies zeigt sich auch anhand der Veränderung der Mittel- und Medianwerte sowie der Maximal- und Minimalwerte (Tab. 10).

Im Jahr 2000 lag das Durchschnittseinkommen in 94% aller Gemeinden zwischen 2,5 und 4,0 Millionen Yen. In 2010 reduzierte sich der Anteil auf 70%, weil 29% der Gemeinden in den nächstniedrigeren Bereich (2,0 bis 2,5 Millionen Yen) rutschten. Im Jahr 2020 lagen 91% der Gemeinden im Bereich zwischen 2,0 und 3,5 Millionen Yen, wobei sich die meisten (54%) in der Klasse 3,0 bis 3,5 Millionen Yen befanden.

Gäbe es nicht extreme Ausreißer nach oben, wäre die Verteilung bei geringer Streuung fast perfekt symmetrisch. Wie aus Tabelle 10 ersichtlich, haben sich die Maximalwerte gegen den Trend stark erhöht. Die beiden einkommensstärksten Gemeinden sind in allen drei Erhebungsjahren die Sonderbezirke Minato und Chiyoda. Sie bauen ihren Abstand über den Zeitraum deutlich aus. Tōkyōs Sonderbezirke dominieren die Top 10. Sie nehmen 2000 und 2020 jeweils acht und 2010 sogar neun der zehn Spitzenpositionen ein. Lediglich die zwischen Kōbe und Ōsaka gelegene Stadt Ashiya kann sich hier auf Rang 4 bzw. 5 noch regelmäßig einreihen. Aber es gibt in der Spitzengruppe auch Überraschungen.

- Das Fischerdorf Sarufutsu auf Hokkaidō, das durch innovative Zucht- bzw. Fangmethoden hohe Einkommen mit dem Verkauf von Jakobsmuscheln erzielt. Damit landete das Dorf 2000 auf Rang 5 (5,8 Millionen Yen). Je nach Marktlage variiert das Einkommensniveau allerdings erheblich. Im Jahr 2010 erreichte das Dorf mit 3,6 Millionen Yen »nur« noch Rang 76. Im Jahr 2020 verbesserte es sich bis auf Rang 12 (5,3 Millionen Yen).
- Das Dorf Kawauchi, das nach der Atomkatastrophe von Fukushima evakuiert werden musste, landete 2020 erstmals auf Rang 10 (5,5 Millionen Yen). Das hohe Einkommen steht sehr wahrscheinlich in Verbindung mit den nach wie vor laufenden Wiederaufbaumaßnahmen. 2000 und 2010 erzielte das Dorf ein Durchschnittseinkommen von gerade einmal 2,7 bzw. 2,5 Millionen Yen, womit es sich auf Rang 2777 bzw. Rang 1213 befand.
- Das Dorf Oshino am Fuß des Mt. Fuji in Yamanashi ist seit Mitte der 1980er Jahre Sitz des weltweit führenden Maschinenbau- und Robotikunternehmens FANUC. Oshino kletterte 2020 auf Rang 14 (4,9 Millionen Yen). 2010 lag es noch auf Rang 105 (3,5 Millionen Yen) und im Jahr 2000 auf Rang 437 (3,6 Millionen Yen).

- Die Kleinstadt Abira auf Hokkaidō, die 2006 aus einer Fusion der Kleinstädte Hayakita und Oiwake entstand. Abira erreichte im Jahr 2010 Rang 14 (4,3 Millionen Yen) und 2020 Rang 38 (4,2 Millionen Yen). Die Vorläufergemeinde Oiwake hatte im Jahr 2000 Rang 30 (4,5 Millionen Yen) belegt. Abira betreibt eine aktive Unternehmensansiedlungspolitik und profitiert dabei von der Nähe zum Flughafen Chitose.

Im unteren Bereich gibt es keine Ausreißer. Die fünf Prozent einkommensschwächsten Gemeinden verteilen sich auf zahlreiche Präfekturen in den Randregionen im Norden und Süden, wobei es in keinem der drei hier verglichenen Erhebungsjahre eine Präfektur gibt, die auffällig zahlreich vertreten ist.

TAB. 10: *Statistische Kennzahlen zum Durchschnittseinkommen*

	2000	*2010*	*2020*
Mittelwert	3.148	2.765	2.910
Median	3.090	2.677	2.816
Maximum	7.512	9.435	11.632
Minimum	2.213	1.926	2.119
Variationskoeffizient	0,14	0,17	0,19
Schiefe	1,74	3,57	5,29
Anzahl der Gemeinden	3.251	1.750	1.741

Quelle: Regional Statistics Database.

Natürlich sind bei einem Vergleich der Durchschnittseinkommen auch die Unterschiede in den Lebenshaltungskosten zu berücksichtigen. Zwei Statistiken können hierzu Hinweise geben. Der Querschnittsvergleich des Einzelhandelspreisniveaus zwischen den Präfekturen (e-Stat 2020) zeigt, dass Tōkyō 2020 lediglich 5,2 % über dem Landesdurchschnitt lag, gefolgt von Kanagawa (3,2 %) und Kyōto 1,6 %. Am billigsten einkaufen konnte man in Miyazaki (-4,1 %), Gumma (-3,3 %) und Kagoshima (-2,8 %). Ein Längsschnittvergleich der Preisentwicklung zwischen Großstädten und Kleinstädten bzw. Dörfern über den Zeitraum zwischen 1980 und 2020 ergibt fast identische Verläufe (e-Stat 2021). Lediglich in den 90er Jahren fielen die Preissteigerungsraten in den Großstädten leicht höher aus. Die Unterschiede in den Lebenshaltungskosten fallen also sowohl im Querschnitt als auch im Zeitvergleich sehr gering aus. Die aufgrund der nominalen Werte gewonnenen Eindrücke der Einkommensverteilung auf Gemeindeebene müssen daher nicht revidiert werden.

5.3 Finanzlage der Gemeinden

5.3.1 Vorbemerkung

Japans Gemeinden müssen unabhängig von ihrer Größe entsprechend dem Grundsatz der Uniformität grundsätzlich die gleichen öffentlichen Leistungen erbringen (CLAIR 2020: 6). Allein dadurch entstehen bereits Unterschiede in der Finanzkraft, denn die Bereitstellung öffentlicher Infrastruktur in kleinen, dünnbesiedelten Gebieten ist teurer als in dichtbesiedelten Städten. Hinzukommen demographische und wirtschaftliche Bedingungen, die lokal variieren. So wird das lokale Steueraufkommen durch Wirtschaftsstruktur und Einkommensniveau beeinflusst. Die Alterung der Bevölkerung mindert nicht nur das besteuerte Arbeitseinkommen, sie erhöht auch die öffentlichen Ausgaben der staatlichen Pflegeversicherung. Kommunen fungieren als Versicherer in diesem System. Zwar stellen sie dabei durch Variation der Beitragssätze den Ausgleich von Einnahmen und Ausgaben sicher. Die Beiträge der Versicherten finanzieren die Pflege aber nur zur Hälfte. Die andere Hälfte tragen die Zentralregierung zu 50 % und die Präfekturen und Gemeinden zu je 25 % bei (Yoshida 2022: 27). Insgesamt müssen kommunale Haushalte also ein Achtel der in ihren Gemeindegrenzen anfallenden Pflegeleistungen finanzieren.

Seit 1999 wurden verschiedene Gesetzespakete zur Stärkung der lokalen Selbstverwaltung verabschiedet (CLAIR 2020). Das sogenannte Omnibus-Gesetz schränkte die bis dato umfangreichen Befugnisse der Zentralregierung ein, über zweckgebundene Finanzhilfen Einfluss auf kommunale Versorgungsleistungen zu nehmen. Die sogenannten Trinity-Reformen ergänzten die Dezentralisierungsbestrebungen des Omnibus-Gesetzes durch Steuerreformen. Steuerzuschüsse und projektbezogene Zahlungen der Zentralregierung an die Gemeinden wurden reduziert, im Gegenzug wurden die lokalen Steuereinnahmen erhöht. Trotz der Reformen ist Japans öffentliches Finanzsystem auch heute noch durch zwei grundlegende Missverhältnisse geprägt. Das Erste zeigt sich in der vertikalen Verteilung der Steuereinnahmen. Die Zentralregierung erhielt im Haushaltsjahr 2020 61 % aller Steuereinnahmen, war aber nur für 44 % der gesamten öffentlichen Ausgaben verantwortlich (MIC 2022: 3, 51). Das zweite Missverhältnis ist die horizontale Unausgewogenheit der Einnahmen zwischen den Gebietskörperschaften aufgrund unterschiedlicher Siedlungs- und Wirtschaftsstrukturen bei gleichem Leistungsauftrag. Beide Missverhältnisse versucht man im Rahmen eines vertikalen Finanzausgleichs zu korrigieren. Durch die sogenannte lokale Transfersteuer, die lokale Allokationssteuer (LAT) und besondere Zuschüsse wird dem vertikalen Ungleichgewicht zwischen Zentralregierung und regionalen bzw. lokalen Gebietskörperschaften in Bezug auf die Einnahmen- und Ausgabenverteilung Rechnung getragen. Die LAT ist dabei am bedeutendsten. Im Jahr 2020 belief sich ihr Anteil auf 26 % der normalen Einnahmen aller Kommunen (*ippan zaigen*) (MIC 2022: 145). Mit Hilfe der LAT werden auch horizontale Unterschiede kompensiert, denn ihre Höhe orientiert sich an der Differenz zwischen dem geschätzten Ausgabenbedarf einer Gemeinde und erwarteten Steuereinnahmen.[8] Im Haushaltsjahr deckte die LAT 2020 70 % der normalen Einnahmen von Gemeinden mit weniger als 10.000 Einwohnern (MIC 2022: 145).

Die mit dem Omnibus-Gesetz eingeführten Dezentralisierungsmaßnahmen änderten auch die Vorschriften für die Aufnahme von Schulden durch lokale Gebietskörperschaften (CLAIR 2020: 26). Seit 2005 müssen Kommunen, die Schuldanleihen ausgeben wollen, keine Genehmigung der Zentralregierung mehr einholen, es sei denn, sie nehmen dazu staatliche Gelder oder Garantien in Anspruch. Die Zahlungsunfähigkeit der ehemaligen Kohlebergbaustadt Yūbari auf Hokkaidō im Jahr 2006 (Flüchter 2008) zeigte jedoch, dass eine gewisse Governance unabdingbar ist, um eine durch hohe Verschuldung verursachte Haushaltsnotlage rasch erkennen und gegebenenfalls beheben zu können. Infolgedessen verabschiedete die Regierung 2007 das Gesetz über die finanzielle Solidität von lokalen Gebietskörperschaften. Es führte Kennzahlen zur Abbildung der Finanzlage ein, die regelmäßig berechnet werden müssen. Basierend auf Schwellenwerten der Kennzahlen sieht das Gesetz drei Eskalationsstufen vor: eine strengere Aufsicht über die Ausgabe von Anleihen, die Einforderung eines Konsolidierungsplans und schließlich direkte Maßnahmen der Zentralregierung zur Wiederherstellung der finanziellen Stabilität. Die finanzielle Schieflage von Yūbari blieb bislang die Ausnahme.

5.3.2 Finanzkraft

Im Folgenden wird nicht auf die an der Verschuldung orientierten Finanzkennzahlen zurückgegriffen, sondern auf die allgemeine Finanzkraft, die den Berechnungen der LAT zugrunde liegt. Die Finanzkraftkennzahl einer Gemeinde berechnet sich aus dem Verhältnis ihrer zu erwartenden lokalen Steuereinnahmen zu ihrem geschätzten Ausgabenbedarf, gemittelt über die zurückliegenden drei Jahre (MIC 2023b). Ein Wert von 1 besagt, dass die Gemeinde prinzipiell in der Lage ist, alle

---

[8] Tatsächlich werden dabei nur 75 % der erwarteten Steuereinnahmen angesetzt, um den Gemeinden Anreize für eine aktive Steuerpolitik zu setzen (MIC 2023a).

ihre Ausgaben durch die ihr zufließenden Steuern zu decken. Je weiter der Wert unter 1 sinkt, umso höher ist die Einnahmelücke und der damit erforderliche Finanztransfer.

Abbildung 16 und Tabelle 11 geben Hinweise über die Verteilung der Finanzkraftkennzahl. Die Häufigkeitsverteilung ist deutlich rechtsschief. Die Fusionswelle zwischen 2000 und 2009 bewirkte eine wesentliche Verbesserung der Finanzkraft, wobei sich hier auch der Einfluss der Trinity-Reformen niederschlägt. Jedenfalls zeigen sich Mittelwert und Median erheblich verbessert. In den nächsten zehn Jahren findet eine weitere leichte Angleichung statt, was in einer geringeren Differenz zwischen den Extremwerten und einer reduzierten Streuung und Schiefe zum Ausdruck kommt. Insgesamt erreichten im Jahr 2000 nur 3% der Gemeinden einen Wert von 1 oder höher, 2010 stieg der Anteil auf 8%, 2020 fiel er auf 5% zurück. Daran wird deutlich, dass kaum eine Gemeinde ohne einen vertikalen Finanzausgleich auskommt. Im Jahr 2000 konnten 50% der Kommunen nur ein Drittel oder weniger ihrer Ausgaben mit ihren eigenen Einnahmen finanzieren. Auch in den Jahren 2010 und 2020 lag bei über der Hälfte der Gemeinden die Eigenfinanzierungsquote unter 50%.

ABB. 16: *Relative Häufigkeitsverteilung der Finanzkraft in Prozent*

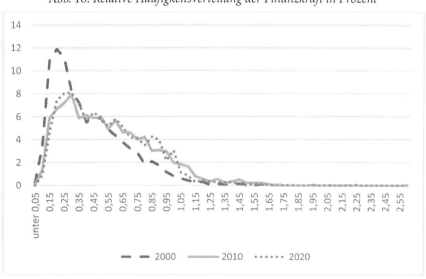

Anm.:   Siehe Tabelle 11.

Quelle: Regional Statistics Database; Special Ward Conference Statistics; Ministry of Internal Affairs and Communications, Important Fiscal Indices for Regional Governments.

TAB. 11: *Statistische Kennzahlen zur Verteilung der Finanzkraft*

	2000	2010	2020
Mittelwert	0,40	0,53	0,51
Median	0,33	0,47	0,46
Maximum	2,14	2,55	2,21
Minimum	0,05	0,05	0,07
Variationskoeffizient	0,66	0,59	0,56
Schiefe	1,50	0,94	0,83
Anzahl der Gemeinden	3.248	1.750	1.741

Anm.:   Aufgrund fehlender Werte wurden im Jahr 2000 vier Gemeinden nicht erfasst.

Quelle: Regional Statistics Database; Special Ward Conference Statistics; Important Fiscal Indices for Regional Governments.

Überraschenderweise tauchen Tōkyōs Sonderbezirke nicht unter den Spitzenreitern auf. Lediglich Minato-ku erzielte 2010 (1,27; Rang 44) und 2020 (1,26; Rang 24) Werte über 1. Shibuya gelang dies nur 2010 (1,03). Mehr als ein Drittel der Sonderbezirke hatte eine Finanzkraft von weniger als 0,5. Am finanzschwächsten waren in allen Jahren die Sonderbezirke Arakawa, Adachi und Katsushika im Nordosten Tōkyōs mit Werten zwischen 0,3 und 0,4. Unter den Top 10 der finanzstärksten Gemeinden finden sich überwiegend Dörfer und Kleinstädte, darunter auch einige »Atomdörfer« Japans, die als Standorte von Atomkraftwerken von einer besonderen Brennstoff-Steuer profitieren. Karuizawa (Nagano) zählte ebenfalls regelmäßig zu den zehn reichsten Gemeinden, ebenso Hakone (Kanagawa). Beide Kleinstädte sind beliebte Ausflugsziele am Rande des Großraums Tōkyō. 2010 und 2020 schaffte es auch die Stadt Urayasu (Chiba), wo sich Tōkyō Disneyland befindet, in die Top 10. Am »reichsten« war 2010 und 2020 das Dorf Tobishima (Aichi) mit einer Finanzkraft von 2,55 bzw. 2,21. Der Ort profitierte von der Landgewinnung in der Ise-Bucht in den 1960er und 1970er Jahren und der dortigen Ansiedlung von Schiff- und Stahlbauunternehmen. Die Stadt Toyota (Aichi), Sitz des Unternehmens Toyota, ist lediglich 2010 unter den Top 10. Die ärmsten Gemeinden mit einer Finanzkraft von 0,1 oder weniger befinden sich in Randregionen wie Hokkaidō, Okinawa oder Kagoshima, wobei im Jahr 2000 auch die Präfekturen Tokushima und Ehime auf Shikoku hier häufiger vertreten waren.

6   Besorgniserregende Dynamik

Abschließend soll veranschaulicht werden, wie sich die bislang getrennt betrachteten Dimensionen Siedlungsstruktur (Einwohnergröße und -dichte), demographische Entwicklung (relative Veränderung der Einwohnerzahl, Anteil der 65+ Bevölkerung) und wirtschaftliche Lage (Einkommensniveau, Finanzkraft) zueinander verhalten. Hinweise darüber liefern die in Tabelle 12 zusammengestellten, paarweisen Korrelationskoeffizienten. Sie lassen folgende Tendenzaussagen zu:

a1)   Große Gemeinden sind dichter besiedelt.

a2)   In Gemeinden mit niedrigerem Einwohnerwachstum bzw. stärkerem Bevölkerungsrückgang ist der Anteil von Personen in der Altersgruppe 65+ höher.

a3)   Gemeinden mit hohem Durchschnittseinkommen verfügen über eine stärkere Finanzkraft.

b1&2) Größere und dichter besiedelte Gemeinden wachsen schneller bzw. schrumpfen langsamer.

b3&4) Größere und dichter besiedelte Gemeinden weisen eine jüngere Bevölkerungsstruktur auf.

c1&2) In größeren und dichter besiedelten Gemeinden ist das Durchschnittseinkommen höher.

c3&4) Größere und dichter besiedelte Gemeinden sind finanzkräftiger.

d1&2) In schneller wachsenden und jüngeren Gemeinden ist das Durchschnittseinkommen höher.

d3&4) Schneller wachsende und jüngere Gemeinden sind finanzkräftiger.

Die Zusammenhänge sind im Zeitablauf, also auch über die Heisei-Fusionswelle hinweg stabil. In Bezug auf a2) und b1) und b2) wird die Tendenz über die Jahre stärker, in Bezug auf a3) deutlich und in Bezug auf b3) und b4) leicht schwächer.

   Insgesamt deuten die statistischen Korrelationen auf eine besorgniserregende Dynamik hin. Demnach ist in den letzten 20 Jahren die Urbanisierung Japans weiter vorangeschritten. In ihrem Verlauf haben Gemeinden in den ländlichen Gebieten höhere Einwohnerverluste erlitten und sind dabei stärker gealtert. Die Einwohner in diesen Gemeinden erzielen niedrigere Einkommen. Die Gemeindehaushalte sind zudem finanzschwächer und damit stärker abhängig von Transfers der Zentralregierung.

TAB. 12: *Korrelationskoeffizienten*

	2000	2010	2020
Anzahl der Gemeinden	3.248	1.750	1.733
Innerhalb der drei Dimensionen			
a1) Einwohnerzahl und -dichte	0,77	0,74	0,76
a2) Einwohnerwachstum und Anteil der 65+ Bevölkerung	-0,67	-0,81	-0,85
a3) Einkommensniveau und Finanzkraft	0,61	0,59	0,51
Siedlungsstruktur und Demographie			
b1) Einwohnergröße und Einwohnerwachstum	0,45	0,57	0,58
b2) Dichte und Einwohnerwachstum	0,52	0,72	0,72
b3) Einwohnergröße und Anteil der 65+ Bevölkerung	-0,70	-0,60	-0,60
b4) Dichte und Anteil der 65+ Bevölkerung	-0,74	-0,72	-0,71
Siedlungsstruktur und Wirtschaftslage			
c1) Einwohnergröße und Einkommensniveau	0,49	0,46	0,44
c2) Dichte und Einkommensniveau	0,53	0,60	0,54
c3) Einwohnergröße und Finanzkraft	0,72	0,61	0,66
c4) Dichte und Finanzkraft	0,69	0,70	0,74
Demographie und Wirtschaftslage			
d1) Einwohnerwachstum und Einkommensniveau	0,41	0,58	0,58
d2) Anteil der 65+ Bevölkerung und Einkommensniveau	-0,54	-0,56	-0,59
d3) Einwohnerwachstum und Finanzkraft	0,47	0,66	0,69
d4) Anteil der 65+ Bevölkerung und Finanzkraft	-0,70	-0,69	-0,70

Anm.:   Für die lognormal-verteilten Merkmale Einwohnergröße und Bevölkerungsdichte wurden die logarithmierten Werte verwendet. Aufgrund fehlender Werte bzw. extremer Verzerrungen wurden im Jahr 2000 vier und 2020 acht Gemeinden nicht erfasst, siehe dazu die Anmerkungen zu Tabelle 5 und 11.

Quellen: Population Census (2000, 2010, 2020).

7   Zusammenfassung und Ausblick

In der statistischen Analyse der Gemeinden zeigt sich eine große Vielfalt hinsichtlich Größe, Siedlungsstruktur, Entwicklung der Einwohnerzahl, Alterung, Fertilität, Einkommen und Finanzkraft. Zugleich ist im Zeitvergleich eine starke Dynamik erkennbar, die durch nationale Entwicklungen angestoßen und durch regionale Trends, wie die Konzentration auf den Großraum Tōkyō und die landesweite Urbanisierung, zusätzlich beschleunigt wird. In den betrachteten Zeitraum fiel auch die Heisei-Fusionswelle, wodurch die Anzahl der Gemeinden mehr als halbiert wurde. Insbesondere kleine und dünnbesiedelte Kommunen waren davon betroffen. Die

Fusionen waren vielfach »Auffangnetze« für finanzschwache Gemeinden. Ob daraus nachhaltige Überlebensstrategien generiert werden können, ist fraglich. Im ländlichen Raum sind auch nach der Fusionswelle viele Gemeinden von einer durch Bevölkerungsrückgang, Alterung und schwache Finanzkraft geprägten Abwärtsspirale mittelfristig in ihrem Bestand gefährdet. Weitere Gemeindefusionen werden insofern unvermeidbar sein. Im Vergleich zu Deutschland bestünde hierzu auch weiterhin Spielraum, denn in Deutschland sind die lokalen Gebietskörperschaften gemessen an der durchschnittlichen Einwohnerzahl fast dreimal so groß wie in Japan.

Die hier vorgelegte Analyse ist nur ein erster Schritt zu einem besseren Verständnis der regionalen Unterschiede und Entwicklungen in Japan. Sie lässt sich in dreierlei Weise weiterentwickeln. Erstens wurden bei weitem nicht alle auf Gemeindeebene verfügbaren Daten ausgewertet. Zusätzliche Daten, beispielsweise zur Haushaltsgröße, zur Wirtschaftsstruktur oder zu den Einnahmen- und Ausgabenpositionen der kommunalen Haushalte, können zusätzliche Einblicke in die hier beschriebene Dynamik liefern. Aufschlussreich wäre es auch, die demographischen und die Wirtschafts- und Finanzdaten mit soziopolitischen Datensätzen, etwa zum Wahlverhalten oder bürgerlichem Engagement in Bezug zu setzen. Zweitens lassen sich mittels anspruchsvollerer statistischer Schätzmodelle aus den Paneldatensätzen differenziertere Zusammenhänge gewinnen als die hier lediglich präsentierten Korrelationskoeffizienten. Drittens bietet es sich an, die quantitative Analyse durch qualitative Untersuchungen in Form von Fallstudien zu ergänzen. Einerseits können die quantitativen Zusammenhänge damit besser verstanden werden, andererseits kann es auch interessant sein, mittels Fallstudien die »statistischen Ausreißer« zu analysieren, beispielsweise Gemeinden, die sich gegen den Trend zu behaupten wissen.

Literatur

CLAIR (Council of Local Authorities for International Relations) (2020), *Local Government in Japan 2016* (2019 Revised Edition), https://www.clair.or.jp/j/forum/pub/docs/jichi2019-en.pdf (25.08.2023).

Flüchter, Winfried (2008), »Schrumpfende Städte als Herausforderung: Japan, Hokkaidō und der Fall der Stadt Yūbari«, in: *Japanstudien: Jahrbuch des Deutschen Instituts für Japanstudien*, 20: 69–102.

Foljanty-Jost, Gesine, Karoline Haufe und Mai Aoki (Hg.) (2013), *Bürger als Partner: Kooperative Demokratie in japanischen Kommunen*, Heidelberg: Springer.

Ganseforth, Sonja und Hanno Jentsch (2022), *Rethinking Locality in Japan*, London: Routledge.

Iwasawa, Miho und Ryuichi Kaneko (2010), *Explanations for Regional Fertility Reversal after 2005 in Japan: Demographic, Socio-economic and Cultural Factors*, United Nations Economic Commission for Europe (UNECE), Working Paper 13, https://unece.org/fileadmin/DAM/stats/documents/ece/ces/ge.11/2010/wp.13.e.pdf (25.08.2023).

Kato, Hisakazu (2018), »The Analysis on Disparities of Fertility Rate of Japanese Municipalities«, in: *Public Policy Review* (Policy Research Institute, Ministry of Finance), 14 (1): 1–24.

Kumagai, Fumie (2010), »Forty Years of Family Change in Japan: A Society Experiencing Population Aging and Declining Fertility«, in: *Journal of Comparative Family Studies*, 41 (4): 581–610.

Limpert, Eckhard, Werner A. Stahel und Markus Abbt (2001), »Log-normal Distributions across the Sciences: Keys and Clues«, in: *BioScience*, 51 (5): 341–352.

Manzenreiter, Wolfram, Ralph Lützeler und Sebastian Polak-Rottmann (2020), *Japan's New Ruralities: Coping with Cecline in the Periphery*, London: Routlegde.

MIC (Ministry of Internal Affairs and Communication) (2022), *Chihō Zaisei no Jōkyō, Reiwa 4-nen 3-gatsu* [Finanzlage der regionalen und lokalen Gebietskörperschaften, März 2022], https://www.soumu.go.jp/main_content/000800696.pdf (25.08.2023).

MIC (Ministry of Internal Affairs and Communication) (2023a), *Chihō Kōfuzei Seido no Gaiyō* [Überblick über das lokale Steuersystem], https://www.soumu.go.jp/main_content/000762021.pdf (25.08.2023).

MIC (Ministry of Internal Affairs and Communication) (2023b), *Shihyō no Setsumei* [Beschreibung des Indikaktors], https://www.soumu.go.jp/main_content/000264701.pdf (25.08.2023).

MIC (Ministry of Internal Affairs and Communication) (2023c), *Shichōson-sū no Hensen to Meiji – Shōwa no Daigappei no Tokuchō* [Veränderungen in der Anzahl der Gemeinden und die Merkmale der großen Fusionen der Meiji- und Showa-Zeit], https://www.soumu.go.jp/gapei/gapei2.html (25.08.2023).

MIC (Ministry of Internal Affairs and Communication) (2023d), *Chihō Jichi Seido no Gaiyō* [Überblick über das System der Kommunalverwaltung], https://www.soumu.go.jp/main_sosiki/jichi_gyousei/bunken/gaiyou.html (25.08.2023).

MIC (Ministry of Internal Affairs and Communication) (2023e), *Kojin Jūminzei* [Individuelle Einwohnersteuer], https://www.soumu.go.jp/main_sosiki/jichi_zeisei/czaisei/czaisei_seido/150790_06.html (25.08.2023).

MHLW (Ministry of Health, Labour, and Welfare) (2020), *Heisei 25-nen – Heisei 29-nen Jinkō Dōtai Hokensho Shikuchōson Tōkei no Gaikyō* [Übersicht über die Demographiestatistik der Gesundheitsämter und Gemeinden 2013–2017], https://www.mhlw.go.jp/toukei/saikin/hw/jinkou/other/hoken19/dl/gaikyou.pdf (25.08.2023).

Pekkanen, Robert J., Yutaka Tsujinaka und Hidehiro Yamamoto (2014), *Neighborhood Associations and Local Governance in Japan*, London: Routledge.

Waldenberger, Franz (2022a), »Die japanische Wirtschaft unter ›Abenomics‹«, in: David Chiavacci und Iris Wieczorek (Hg.), *Japan 2022: Politik, Wirtschaft und Gesellschaft*, München: Iudicium, S. 102–110.

Waldenberger, Franz (2022b), »Armer Staat, reiches Land: Japans Staatsverschuldung«, in: Verena Blechinger-Talcott, David Chiavacci und Wolfgang Schwentker (Hg.), *Japan: Ein Land im Umbruch*, Berlin: Bebra Verlag, S. 199–213.

Waldenberger, Franz, Tomoo Matsuda, Hiroko Kudo und Gerd Naegele (Hg.) (2022), *Alterung und Pflege als kommunale Aufgabe. Deutsche und japanische Ansätze und Erfahrungen*, Heidelberg: Springer.

Yoshida, Hiroshi (2022), »Die Rolle der Kommunen in der gesetzlichen Pflegeversicherung in Japan«, in: Franz Waldenberger, Tomoo Matsuda, Hiroko Kudo und Gerd Naegele (Hg.). *Alterung und Pflege als kommunale Aufgabe. Deutsche und japanische Ansätze und Erfahrungen*, Heidelberg: Springer, S. 21–39.

Verzeichnis der statistischen Quellen

(ohne die unten erläuterten Gemeindestatistiken)

BOJ (Bank of Japan) (Data 1), *BOJ Time-Series Data Search/Statistical Data Search/Flow of Funds*, https://www.stat-search.boj.or.jp/index_en.html (25.08.2023).

ESRI (Economic and Social Research Institute) (Data 1), *Kenmin Keizai Keisan* [Volkswirtschaftliche Gesamtrechnung für Präfekturen], https://www.esri.cao.go.jp/jp/sna/data/data_list/kenmin/files/files_kenmin.html (25.08.2023).

ESRI (Economic and Social Research Institute) (Data 2), *National Accounts for 2021/4 – Main Time Series/2: Distribution of National Income and National Disposable Income*, https://www.esri.cao.go.jp/en/sna/data/kakuhou/files/2021/2021annual_report_e.html (25.08.2023).

ESRI (Economic and Social Research Institute) (Data 3), *National Accounts for 2009/4 – Main Time Series/2: Distribution of National Income and National Disposable Income*, https://www.esri.cao.go.jp/en/sna/data/kakuhou/files/2009/23annual_report_e.html (25.08.2023).

e-Stat (Data 1), *Consumer Price Index: Time Series, Annual Average, Table 1 Subroup Index (1970 – the Recent Year)*, https://www.e-stat.go.jp/en/stat-search/files?page=1&layout=datalist&toukei=00200573&tstat=000001150147&cycle=0&tclass1=000001150151&tclass2=000001150152&tclass3=000001150153&tclass4=000001150154&tclass5val=0 (25.08.2023).

e-Stat (Data 2), *Kouribukka tōkeichōsa (kōzō-hen): Nenji 2020* [Statistische Untersuchung zu Einzelhandelspreisen (Strukturdaten): Jahresdaten 2020], https://www.e-stat.go.jp/statsearch/files?page=1&layout=datalist&toukei=00200571&tstat=000001067253&cycle=7&tclass1val=0 (25.08.2023).

e-Stat (Data 3), *Shōhisha Bukka Shisū Chōkiji Keiretsu Dēta: Toshikaikyū Chihō Daitoshiken Todōfuken Chōsho Zaishi-betsu Chūbun Ruishisū* [Konsumentenpreisindex Lange Zeitreihen: Mittlere Produktklassenindex nach Stadtgrößen, Regionen, Metropolen und Präfekturhauptstädte], https://www.e-stat.go.jp/stat-search/files?page=1&layout=datalist&toukei=00200573&tstat=000001084976&cycle=0&tclass1=000001085995&tclass2=000001085937&tclass3val=0 (25.08.2023).

IPSS (National Institute of Population and Social Security Research) (Data 1), *Jinkō Tōkei Shiryōshū: 2023-nen Kaiteihan* [Materialsammlung zu Bevölkerungsstatistik: 2023, revidierte Ausgabe], https://www.ipss.go.jp/syoushika/tohkei/Popular/Popular2023RE.asp?chap=0 (25.08.2023).

MHLW (Ministry of Health, Labour, and Welfare) (Data 1), *Kōsei Tōkei Yōran: Daiichihen Jinkō Seitai, Dainishō Jinkō Dōtai, Hyō 1–43 Heikin Jomei, Nenji x Sei Tokuteinenrei-betsu* [Statistisches Jahrbuch zu Gesundheit: 1. Band Bevölkerung und Haushalte, 2. Kapitel Demografie, Tabelle 1–43 Jährliche durchschnittliche Lebenserwartung nach Alter und Geschlecht], https://www.mhlw.go.jp/toukei/youran/indexyk_1_2.html (25.08.2023).

MIC (Ministry of Internal Affairs and Communication) (Data 1), *Japan Statistical Yearbook 2023*, https://www.stat.go.jp/english/data/nenkan/index.htm (25.08.2023).

MIC (Ministry of Internal Affairs and Communication) (Data 2), *Historical Statistics of Japan*, https://warp.da.ndl.go.jp/info:ndljp/pid/11423429/www.stat.go.jp/english/data/chouki/index.html (25.08.2023).

· MIC (Ministry of Internal Affairs and Communication) (Data 3): *Jinkō Shūchū Chiku no Gaiyō* [Überblick über die dichtbesiedelten Gebiete], https://www.stat.go.jp/data/chiri/map/c_koku/kyokaizu/index.html (25.08.2023).

NTA (National Tax Agency) (Data 1), *Kokuzeichō Tōkei Nenpō, Minkan Kyūyo Jittai Tōkei Chōsa, 2–1 Kyūyo Shotoku Shasū Kyūyogaku Zeigaku* [Statistisches Jahrbuch der nationalen Steuerbehörde, Statistische Untersuchung zu den Gehaltszahlungen in privaten Unternehmen, 2–1 Zahl der Gehaltsempfänger Gehaltssumme Steuersumme], https://www.nta.go.jp/publication/statistics/kokuzeicho/jikeiretsu/01_02.htm (25.08.2023).

Statistisches Bundesamt (Data 1), *Gemeindeverzeichnis*, https://www.destatis.de/DE/Themen/Laender-Regionen/Regionales/Gemeindeverzeichnis/inhalt.html (25.08.2023).

Statistisches Bundesamt (Data 2), *GENESIS Online: Datenbank des Statistischen Bundesamtes in Deutschland*, https://www-genesis.destatis.de (25.08.2023).

Erläuterungen zu den verwendeten Gemeindestatistiken

(1) Population Census
Der Population Census (Kokusei Chōsa) wird alle fünf Jahre vom Ministry of
Internal Affairs and Communications (MIC) durchgeführt. Die Datentabellen
sind über das Statistikportal der japanischen Regierung (e-Stat) zugänglich. Sie
werden in sehr unterschiedlichen Listen präsentiert. Dieser Beitrag verwendet
die Liste der Übersichtstabellen zu den Präfekturen und Gemeinden (Todōfuken
Shiku Chōson-betsu no Omona Kekka; https://www.e-stat.go.jp/stat-search/
files?page=1&layout=datalist&toukei=00200521&tstat=000001049104&cycle=
0&tclass1=000001049105&tclass2val=0). Zugrunde gelegt wurden lediglich die
Daten zu den Gemeinden (*shiku chōson*), wobei bei den »*ku*« nur die Spezialbe-
zirke Tōkyōs berücksichtigt wurden. Die Analyse der Größenverteilung, Bevölkerungsdichte, Bevölkerungswachstum und Altersstruktur beruht auf den Daten
aus den Erhebungen der Jahre 2000, 2010 und 2020. Die Analyse des Zusammen-
hangs zwischen Fertilität und Bevölkerungsdichte (Abb. 10) stützt sich auf die
Daten aus dem Jahr 2015.

(2) Demographic Statistics Special Report
Die Gesamtfertilitätsrate (TFR) wird auf Gemeindeebene vom Ministry of Health,
Labour and Welfare (MHLW) auf Basis des Population Census geschätzt. Die Schätzungen umfassen den Fünfjahreszeitraum um das jeweilige Erhebungsjahr des Population Census. Die Statistiken werden in der Statistiksammlung des Ministeriums
im Sonderbericht zu den demografischen Statistiken (Jinkō Dōtai Tokubetsu
Hōkokusho) unter der Rubrik »Demografiestatistik c (Jinkō Dōtai Hokenjo, Shiku
Chōson-betsu Tōkei) auf den Internetseiten des Ministerium präsentiert (https://
www.mhlw.go.jp/toukei/list/137-19.html). Verwendet wurden die über diese Seite
zugänglichen Excel-Dateien. Für die Zeiträume 2013–2017 und 2008–2012 sind die
Dateien unter der Rubrik Download der Abbildungen (*zuhyō daunrōdo*) zu finden,
für den Zeitraum 1998–2002 unter der Rubrik .xls Daten (*.xls dēta*).

(3) Regional Statistics Database
Die über das Statistikportal der japanischen Regierung zugängliche Regional Statistics Database (System of Social and Demographic Statistics / Municipality data;
https://www.e-stat.go.jp/regional-statistics/ssdsview/municipality) enthält zahlreiche Kommunalstatistiken, die individuell zusammengestellt und heruntergeladen
werden können. Für diesen Beitrag wurde die Datenbank für die Auswertung der
kommunalen Einkommens- und Finanzkraftdaten genutzt. Das durchschnittliche,

zu versteuernde Einkommen wurde aus den Variablen »C120110 Taxable Income«
und »C120120 Taxpayers« im Themenfeld »C Economic Base« berechnet. Die Finanzkraft entspricht der Variable »D2201 Financial power index« im Themenfeld
»D Administrative Base«. Allerdings enthält die Datenbank nicht die Finanzkraftdaten für die Sonderbezirke Tōkyōs. Außerdem waren die Finanzkraftdaten für
2020 noch nicht erfasst. Diese Lücken wurden durch die beiden folgenden Datenquellen geschlossen.

(4) Special Wards Conference Statistics
Die Konferenz der Sonderbezirke Tōkyōs (Tokubetsuku Kyōgikai) veröffentlicht
auf ihrer Internetseite Jahresstatistiken zu den Sonderbezirken (https://www.tokyo-
23city.or.jp/chosa/tokei/tokubetsuku/index.html). Der Finanzkraftindex für die
Jahre 2020, 2010 und 2000 wird in den Jahresstatistiken des jeweiligen Folgejahres,
also 2021, 2011 und 2001 jeweils unter Abschnitt 13. Finanzen veröffentlicht. In der
Jahresstatistik 2021 ist es Excel-Tabelle 82(5) und im Jahr 2011 die Excel-Tabelle
83(5). Im Jahr 2000 sind die Tabellen des Abschnitts 13 nur als PDF-Datei erhält-
lich. Der Finanzkraftindex findet sich hier in Tabelle 85(5) auf Seite 284.

(5) Important Fiscal Indices for Regional Governments
Der Finanzkraftindex wird auf den Statistikseiten des Ministry of Internal Affairs and
Communications jährlich unter der Übersicht zu den wichtigen Fiskalindizes der regionalen Gebietskörperschaften (*chihō kōkyō dantai no shuyō zaisei shihyō ichiran*)
veröffentlicht (https://www.soumu.go.jp/iken/shihyo_ichiran.html). Gemeint sind
damit sowohl die Präfekturen als auch die Gemeinden, allerdings nicht die Sonderbezirke Tōkyōs. Für die Analyse der Finanzkraft wurden die Statistiken des Haushalts-
jahrs 2020 genutzt, da diese (noch) nicht in der Regional Statistics Database enthalten
waren. Sie finden sich in Tabelle 5 (*zenshichōson no shuyō zaisei shihyō*).

Ein Bewertungsansatz der Geldpolitik der Bank of Japan unter Kuroda: Ist mit Ueda eine Normalisierung der Geldpolitik zu erwarten?

Markus Heckel

An assessment of the Bank of Japan's monetary policy under Kuroda – Can we expect a normalization of monetary policy with the new central bank leader Ueda?

This article argues that the Bank of Japan's unconventional monetary policy under Kuroda Haruhiko had initially some success. The continuation and expansion of quantitative easing starting in the Shirakawa period had positive effects on inflation, GDP, government bond prices, and stock prices. These positive effects disappeared with the introduction of the negative interest rate policy and the yield curve control in 2016. The 2 percent inflation target set in 2013 proved to be a burden too high for the BOJ. But political reasons play a role here, which this article cannot assess conclusively.

Since April 2023, the Bank of Japan (BOJ) has a new governor in Ueda Kazuo. Ueda, a former professor at Tokyo University, has also gained experience in the BOJ and the Ministry of Finance in the past. Unlike his predecessor Kuroda, Ueda is considered largely apolitical and rather balanced regarding monetary policy. However, given the current state of the Japanese economy, it is unlikely that monetary policy will normalize in the near future. The BOJ and Ueda repeat that inflation must be ›sustainable and stable‹ before interest rates can be raised stressing the important role of higher wages. There are indications that wage increases in the shunto negotiations could be above average in 2024. If wage hikes prove to be a long-term trend, and if inflation rises sustainably to levels of 2 percent and higher, the BOJ will also follow suit with interest rate hikes.

1 Einführung[1]

Seit April 2023 hat die Bank of Japan (BOJ) mit Kazuo Ueda, ein ehemaliger Wirtschaftsprofessor der Universität Tōkyō, einen neuen Mann an der Spitze. Nach vielen Jahren der Negativzinsen und massiven Geldschwemme lautet die entscheidende Frage, ob die BOJ jetzt »endlich« ihre Zinsen erhöhen wird. Dieser Artikel argumentiert, dass hier Geduld gefragt ist. Im Gegensatz zu der hohen Inflation in Europa und den USA lag die Kerninflation in Japan im Jahr 2022 bei nur knapp über 2 Prozent – die Prognosen für die kommenden Jahre gehen sogar von noch niedrigeren Werten aus, d. h. die Voraussetzungen für Zinsanhebungen in diesem und nächsten Jahr sind eher als ungünstig zu bewerten. Weiterhin wird erläutert, inwiefern sich das Geldpolitikgremium unter Ueda verändert hat und welche Geldpolitikwechsel zu erwarten sind. Dieser Artikel argumentiert, dass die Geldpolitik kurzfristig unverändert bleiben wird, dass man langfristig in Abhängigkeit der wirtschaftlichen Entwicklung jedoch nach graduellen Anpassungen eine Normalisierung erwarten kann.

Dieser Aufsatz beinhaltet einen Überblick sowie eine kurze Bewertung der Geldpolitik von Uedas Vorgänger Haruhiko Kuroda. Hier ist die Frage, was für Maßnahmen Zentralbanken zu Zeiten einer »effektiven Untergrenze« (*effective lower bound*, ELB) der Zinsen eigentlich ergreifen können. Des Weiteren ist die Frage zu beachten, welche Nebeneffekte negative Zinsen haben. Dieser Aufsatz bezieht auch die Geldpolitik anderer Zentralbanken wie der amerikanischen (US Fed) sowie der Europäischen Zentralbank (EZB) mit ein.

2 Die Geldpolitik unter Kuroda

2.1 Geldpolitik unter ELB

Kuroda übernahm die BOJ im Jahr 2013, zu einem Zeitpunkt, an dem die Zinsen schon lange bei 0 Prozent lagen. Hier ist anzumerken, dass die Nullzinspolitik und später die seit 2016 eingeführte negative Zinspolitik besondere Herausforderungen für eine Zentralbank bedeuten, da Zinsen als geldpolitisches Instrumentarium weitestgehend ausfallen. Nicht nur die BOJ, sondern auch viele weitere Zentralbanken waren mit dem Problem einer ELB der Zinsen konfrontiert. ELB ist der Punkt, an dem weitere Senkungen der Zinsen keine Effekte mehr auf die Gesamtnachfrage

---

[1] Eine Kurzversion dieses Artikels erschien in der Zeitschrift *Japanmarkt* (Heckel 2023).

und das Wachstum haben oder sogar negative Auswirkungen, z. B. im Finanzsektor, auftreten können. Die ELB entwickelte sich von einer theoretischen Kuriosität zur Normalität bis hin zu einem der bestimmendsten Merkmale modernen Zentralbankwesens. ELB hat sich zu einer der größten Herausforderungen für Zentralbanken entwickelt und so mussten sie neue Strategien und Konzepte entwickeln. Da Zinsen nicht weiter gesenkt werden können, steigt die Bedeutung von Offenmarktoperationen, um Geschäftsbanken mit Liquidität zu versorgen. ELB kann mit wirtschaftlichen Risiken verbunden sein, da die Wirksamkeit der Geldpolitik eingeschränkt ist (Ikeda et al. 2022). Inflationserwartungen können verringert werden, was den Zentralbanken die Kontrolle über die Inflation erschwert (Hills et al. 2019). Weiterhin kann eine ELB rezessive Auswirkungen auf die Wirtschaft haben (Jacquinot et al. 2022).

2.2 Negativzinspolitik

Die ELB liegt normalerweise bei null oder etwas höher als null. Dennoch haben einige Zentralbanken negative Zinsen eingeführt. Negativzinspolitik wurde ein besonderes Thema, als die EZB im Juni 2014 die Einlagefazilität (*deposit facility*) erstmalig in den negativen Bereich manövrierte. Weitere Zentralbanken in Europa folgten, die Dänische Nationalbank[2], die Schwedische Riksbank sowie die Schweizerische Nationalbank. Die BOJ lenkte ab 2016 die Zinsen in den negativen Bereich, der aber mit einem Level von minus 0,1 Prozent auf bestimmte von Geschäftsbanken hinterlegte Reserven unter dem Niveau der Zentralbanken in Europa blieb (Heckel 2019). In Kapitel 4.2 bespricht dieser Artikel einige potenzielle Nebeneffekte dieser Politik.

2.3 Ein Bewertungsansatz von Kurodas Geldpolitik

Insgesamt wird die Geldpolitik von Kuroda, der seit 2013 Chef der BOJ war, sehr kontrovers diskutiert. Zum einen agierte die BOJ unter Kuroda überaus einfallsreich und hat viele neue Instrumente ausprobiert. Dazu zählen die 2013 eingeführte quantitative und qualitative Lockerungspolitik (Quantitative and Qualitative Easing, QQE), massive Stimulierungsmaßnahmen mit vielen Ankaufprogrammen – manchmal auch als »Bazooka« bezeichnet, die im Januar 2016 eingeführte Negativ-

---

[2] Hier ist anzumerken, dass die Dänische Nationalbank die Zinsen schon einmal im Jahr 2012 für einen kurzen Zeitraum in den negativen Bereich senkte.

zinspolitik sowie die ab September 2016 geltende Kontrolle der 10-jährigen japanischen Staatsanleihen (Yield Curve Control, YCC). Auf der anderen Seite gab gerade diese aggressive Geldpolitik immer wieder Anlass zur Kritik.

Was aber vor allem in Erinnerung bleibt, ist, dass es die BOJ nicht geschafft hat, die 2 Prozent Inflation zu erreichen – ein Ziel, das die Kuroda-BOJ so vehement verfolgte. In Kurodas erstem Policy Board Meeting im April 2013 hat das Geldpolitikgremium das Ziel formuliert, 2 Prozent Inflation zum frühestmöglichen Termin – aber innerhalb der ersten zwei Jahre – zu generieren (BOJ 04.04.2013). Dieser Plan musste aber wegen Misserfolgs immer wieder aufgeschoben werden.[3]

Im Bereich der Zentralbankkommunikation agierte die BOJ unter Kuroda und seinem Vizegouverneur Kikuo Iwata überaus vehement und selbstbewusst in ihren Aussagen. Mehrmals versuchte Kuroda die berühmte »whatever it takes«-Rede von Mario Draghi[4] zu kopieren. So erklärte er z. B. 2019, dass die BOJ bereit ist, alle möglichen Maßnahmen zu ergreifen, um die Deflationserscheinungen in der japanischen Wirtschaft zu überwinden (Moss 12.06.2019) – nur blieb im Gegensatz zum ehemaligen EZB-Präsidenten der Erfolg aus. Man könnte versucht sein zu argumentieren, dass die Bemühungen der BOJ nicht ausgereicht haben und einfach die Geldschwemme der quantitativen Lockerungspolitik hätte erhöht werden müssen. Wahrscheinlicher ist jedoch, dass in der gegenwärtigen Situation Japans Geldpolitik wenig bewirken kann. So hat sich zwar die monetäre Basis stark erhöht, was aber wenig Auswirkungen auf die Inflation hatte. Das heißt, dass das Geld nicht in der realen Wirtschaft landete, denn anstatt Investitionen und Konsum anzukurbeln, haben Banken das Geld vielmehr bei der Zentralbank »geparkt«, wo es seinen Nutzen für die reale Wirtschaft verliert (Heckel und Waldenberger 2023).

Das Problem war, dass die Märkte der BOJ nicht geglaubt haben. Die Ziele der BOJ waren unglaubwürdig und unrealistisch. In der japanischen Gesellschaft hat sich ein gewisser »deflationary mindset« etabliert, den die BOJ mit einer aggressiven Geldpolitik und Kommunikation vergeblich zu überwinden versuchte. Im Endeffekt scheitere die BOJ mit dem 2-Prozent-Inflationsziel, was aber weniger an der falschen Geldpolitik lag, sondern vielmehr an der zu ehrgeizigen Zielvorstellung.

---

[3] Nach Waldenberger (2022) stieg der Konsumentenpreisindex zwischen 2012 und 2020 nur um 0,8 Prozent.

[4] In der »Eurokrise« stiegen die langfristigen Zinsen in Krisenländern wie Spanien, Portugal und vor allem Griechenland. Um einen drohenden Bankrott und damit einen drohenden Grexit zu vermeiden, sagte Draghi in seinem berühmten Vortrag in London, dass die EZB »zu wirklich allem bereit sei, um den Euro zu retten« (Draghi 26.07.2012). Die Märkte glaubten Draghi und die Zinsen in Griechenland und anderen Krisenländern begannen zu sinken. Diese Rede gilt als prägnantes Beispiel einer erfolgreichen Zentralbankkommunikation.

Eine Anpassung bzw. etwas flexiblere Gestaltung der geldpolitischen Ziele hätten geholfen, die Glaubwürdigkeit der Bank zu erhöhen.

Zum Ende von Kurodas Amtszeit fiel die BOJ dadurch auf, dass sie entgegen den Erwartungen der Finanzmärkte agierte. Die Märkte glaubten, dass aufgrund der starken Zinsanpassungen der US Fed und der EZB auch die BOJ die Zinsen anheben würde (Katz 21.12.2022). Die BOJ sah sich gezwungen, auf den Marktdruck zu reagieren und hob im Dezember 2022 die Bandbreite der YCC von 0,25 auf 0,5 Prozent, um kurzfristige Schwankungen auszugleichen. Aber es ging nicht um eine Zinssteigerung oder eine restriktivere Geldpolitik – das Ziel, die 10-jährigen Staatsanleihen bei 0 Prozent zu belassen, bestand weiterhin. Die BOJ entschied sich, die Flexibilität der Kontrolle der langfristigen Zinsen zu erhöhen. De facto wurden noch mehr Staatsanleihen gekauft, um den Zinssatz der 10-jährigen JGB möglichst bei nahe 0 Prozent zu belassen.[5] Es ist nicht optimal, wenn sich eine Zentralbank gegen die Märkte stellt bzw. sich gezwungen fühlt zu handeln. Hier spielt Zentralbankkommunikation eine große Rolle, um solche Situationen zu vermeiden bzw. negative Effekte zu minimieren.

Obwohl die Geldpolitik unter Kuroda aufgrund der vielen verschiedenen Maßnahmen als sehr komplex erscheint, zeigen Heckel und Nishimura (2022), dass dies nicht der Fall war. Vielmehr zeigt eine Analyse auf Basis von Offenmarktoperationen, dass die Phase von Kurodas Vorgänger Masaaki Shirakawa, der von 2008 bis 2013 als Gouverneur agierte und dessen Zeit sowohl von der globalen Finanzkrise 2007 bis 2009 als auch von der Dreifachkatastrophe in Fukushima geprägt war, in Bezug auf Geldpolitik weitaus komplexer war. Es erscheint auch, dass Kuroda – zumindest im Fall der Negativzinspolitik – sehr stark auf Überraschungseffekte gesetzt hat, da diese Änderungen nicht oder nur unzureichend angekündigt wurden.

Eine Analyse zur Effizienz der Geldpolitik kommt zu dem Ergebnis, dass die oben genannte Nullzinspolitik und YCC keine nennenswerten Effekte auf Wirtschaftswachstum, Inflation und Aktienpreise hatten (Heckel et al. 2022). Diese Ergebnisse stimmen mit Harada und Okimoto (2021) überein, die zeigten, dass die Exchange Traded Funds (ETF) Ankäufe der BOJ (ein Teil der unkonventionellen Geldpolitik (*unconventional monetary policy*, UMP)) nach der Einführung der YCC einen viel schwächeren Einfluss auf die Aktienkurse hatten. Ito (2021) argumentiert ebenso, dass positive Effekte nur von kurzer Dauer waren. Diese Ergebnisse finden insofern eine gewisse Unterstützung in der Theorie der säkularen Stagnation, als

---

[5] Dennoch konnte die BOJ Marktverzerrungen nicht vermeiden, da die Staatsanleihen mit einer 8- und 9-jährigen Laufzeit zeitweise über die der 10-jährigen stiegen, da die BOJ hauptsächlich 10-jährige Staatsanleihen kauft.

dass die Negativzinspolitik bei der Ankurbelung der Produktion als ineffizient angesehen werden (Di Bucchianico 2021; Summers 2015).

Im Gegensatz dazu finden sich positive Effekte der expansiven Geldpolitik während des Zeitraums von 2008 bis 2016. Diese Zeit wurde von zwei Gouverneuren geprägt: Shirakawa (2008–2013) und Kuroda (2013–2016). Die QQE mit den massiven Ankaufprogrammen hatte eine positive Wirkung sowohl auf das reale Wirtschaftswachstum und Inflation als auch auf die Aktienpreise (Heckel et al. 2022).

2.4 Kurodas Vermächtnis

Wie oben beschrieben ist die Normalisierung der Geldpolitik in Japan unter den gegebenen Umständen eine Herkules-Aufgabe. Es mag als wünschenswert erscheinen, möglichst schnell aus der Negativzinspolitik auszusteigen und das Zinsniveau zu normalisieren. Das Problem hierbei ist, dass eine zu schnelle Normalisierung negative Effekte auf die Wirtschaft haben kann. Daraus resultiert die Frage, warum sich Inflation in Japan so schwer generieren lässt. Selbst inmitten des jüngsten weltweiten Anstiegs der Inflation ist der Inflationsdruck in Japan vergleichsweise gering geblieben. Gründe für die niedrige Inflation lassen sich auf zwei Hauptfaktoren zurückführen: eine schrumpfende und alternde Bevölkerung sowie ein Arbeitsmarktumfeld, in dem Arbeitnehmer eine vergleichsweise schwache Verhandlungsposition haben (Heckel und Waldenberger 2023).

Auch wenn die Inflation in Japan seit 2022 gestiegen ist, sind es doch vor allem äußere Faktoren wie schwankende Energie- und Nahrungsmittelpreise (Katz 06.09.2022). Das richtige Timing für einen Ausstieg aus der expansiven Geldpolitik zu finden, verlangt eine herausragende Einschätzung der Wirtschaftsentwicklung, viel Fingerspitzengefühl und sehr gute Kommunikationsfähigkeiten der Zentralbank.

3 Der neue Zentralbankchef Kazuo Ueda

3.1 Auf der Suche nach einem Nachfolger

Nach über zehn Jahren – die längste Amtszeit aller bisherigen Gouverneure der BOJ – endete im April dieses Jahres die Dienstzeit von Kuroda. Kurz bevor die Amtszeit auslief, wurden in den Medien viele potenzielle Nachfolger gehandelt. Als Favorit galt Masayoshi Amamiya, der vorherige Vize-Gouverneur. In gewisser Weise wäre

Amamiya ein Governeur gewesen, welcher die bisherige Geldpolitik von Kuroda weitergeführt hätte und unter dem eine schnelle Normalisierung unwahrscheinlich gewesen wäre. Weitere Kandidaten wie Hiroshi Nakasō und Hirohide Yamaguchi waren ebenfalls ehemalige stellvertretende Gouverneure der BOJ (*TJN* 06.02.2023). Die endgültige Entscheidung gegen Amamiya und für Ueda war für viele BOJ-Watcher eine Überraschung (*TJT* 11.02.2023).

Über Gründe, warum sich andere Kandidaten gegen Ueda nicht durchgesetzt haben, kann nur spekuliert werden. In Fachkreisen wird jedoch gemunkelt, dass im Gegensatz zur z. B. EZB oder US Fed die Spitzenposition der BOJ nicht besonders populär unter den geeigneten Kandidaten ist. Es kann daher nicht ausgeschlossen werden, dass andere Kandidaten zuvor abgesagt haben. Das Auswahlverfahren schien geheim gehalten worden zu sein (»Nachrichtensperre«) und nur der engste Kreis von Vertrauten des Ministerpräsidenten Fumio Kishida wusste über die endgültige Entscheidung Bescheid (*FT* 12.02.2023). Kishidas Entscheidung hin zu Ueda kann als Wunsch interpretiert werden, das »Erbe« der Abenomics abzulegen und somit mittelfristig eine Normalisierung der Geldpolitik anzustreben.

3.2 Der neue Zentralbankchef

Kazuo Ueda ist seit der Nachkriegszeit der erste Professor, der bis an die Topposition der BOJ aufgestiegen ist. Damit wird die Tradition der sich abwechselnden Gouverneure aus der BOJ und dem Finanzministerium (Ministry of Finance, MOF) durchbrochen, die sich selbst nach Revision des Zentralbankgesetzes 1998 nicht vollständig hat auflösen können.

Ueda erlangte seinen Doktorgrad in Wirtschaftswissenschaften am Massachusetts Institute of Technology. Als sein Betreuer agierte der ehemalige stellvertretende Vorsitzende der US Fed Stanley Fischer, der das Zentralbankwesen und die Zentralbanksysteme in den USA und international entscheidend mitgeprägt hat. Seine internationale Tragweite vertiefte Fischer, indem er sowohl Ben Bernanke (Chef der US Fed von 2006 bis 2014) als auch Mario Draghi (Präsident der EZB von 2011 bis 2019) beratend zur Seite stand. Interessant wird sein, ob Ueda von Fischer diese international ausgeprägte Sichtweise vererbt bekommen hat. Zusätzlich ist noch anzumerken, dass Ueda, obwohl nur kurz, zwischen 1985 und 1987 als Senior Economist am Institute of Fiscal and Monetary Policy des MOFs tätig war – dies ist interessant im Sinne der historischen Rivalität zwischen der BOJ und dem MOF. Auf der anderen Seite macht ihn das zu einer neutralen Person, die alle Aspekte Wissenschaft, Bürokratie und Politik miteinander vereint.

Obwohl Ueda somit kein »Insider« der BOJ ist, ist er kein kompletter Neuein-steiger. Er agierte von 1998 bis 2005 als Mitglied im Geldpolitikgremium der BOJ – d. h. seine Dienstzeit wurde 2000 verlängert und er war länger im Board als die normale Zeit von fünf Jahren, was ungewöhnlich ist und für seine wichtige Rolle im Board spricht. Bemerkenswert ist, dass er im August 2000 zusammen mit Nobuyuki Nakahara gegen die Auflösung der Nullzinspolitik stimmte und sich somit gegen den damaligen Gouverneur Masaru Hayami stellte. Er sah die Zinsanhebung als zu verfrüht an. Da die Auflösung später oft als politischer Fehler der BOJ eingestuft wurde, bewies Ueda schon damals ein gewisses Maß an Unabhängigkeit sowie eine richtige Einschätzung von Wirtschaftsentwicklungen. Ueda gilt als überaus vorsichtig und als jemand, der sich allein auf Fakten und Daten verlässt. Er ist führender Wegbereiter und Unterstützer des »Forward Guidance«, eine Politikmaßnahme der Zentralbank, die Informationen über die zukünftige Geldpolitik direkt kommuniziert. Ihr Zweck ist es, die Zinserwartun-gen zu beeinflussen (Hayakawa 2023).

Ueda gehört keinem der geldpolitischen Lager an, in denen man die Protagonis-ten etwas simplifiziert zwischen »Tauben« (exzessive Geldpolitik) oder »Falken« (restriktive Geldpolitik) unterscheidet. Er gehört auch nicht zu den sogenannten »Reflationisten«, die eine Ausweitung der unkonventionellen Geldpolitik fordern. Ebenso wenig wird Ueda einen schnellstmöglichen Ausstieg aus QQE anstreben. Vielmehr wird er auf Basis der wirtschaftlichen Entwicklung den geeigneten Mo-ment abwarten, die Geldpolitik zu normalisieren. In Anlehnung an Christine Lagarde, Präsidentin der EZB, bezeichnet man ihn gelegentlich als »weise Eule« (Loo and Naidu 2023).

3.3 Die Vize-Gouverneure Uchida und Himino

Komplementiert wird die BOJ-Führung mit den zwei stellvertretenden Gouverneu-ren Shinichi Uchida und Ryōzō Himino. Uchida hat seine gesamte Karriere bei der BOJ verbracht und hatte vor seiner Nominierung im März 2023 die Position als Executive Director inne. Er war viele Jahre im »Monetary Affairs Department« tä-tig, die für die Ausarbeitung der Geldpolitik zuständig ist, und gilt zusammen mit Amamiya als einer der führenden Architekten der geldpolitischen Lockerungspro-gramme einerseits und die Negativzinspolitik und YCC andererseits (Otsuka 10.04.2022). Im Gegensatz zu Uchida hat Himino seine Karriere hauptsächlich im MOF verbracht. Er ist ein erfahrener Finanzregulierer und leitete zuletzt die Finan-cial Services Agency (FSA). Himino agierte zusätzlich als Generalsekretär des Basler Ausschusses für Bankenaufsicht und ist Mitglied des Financial Stability Board der Bank für Internationalen Zahlungsausgleich (BIZ). Während Uchida hauptsächlich für Geldpolitik und Preisstabilität zuständig ist, ist die Finanzstabilität Himinos Expertise (Reuters 24.02.2023).

3.4 Politische Ausrichtung der Bank of Japan

Es gibt einen großen Wandel in der Zusammensetzung des Geldpolitikgremiums. Mit Kuroda und seinem Stellvertreter Amamiya war die Ausrichtung der BOJ sehr politisch, was auch mit engen Kontakten zur Politik einherging. Geldpolitik war einer der »Pfeile«, wenn nicht gar der wichtigste »Pfeil« der Abenomics.[6] Im Gegensatz zu Kuroda und Amamiya wird Ueda keine enge Verbindung zu den Abenomics des ehemaligen Ministerpräsidenten Shinzō Abe nachgesagt. Deputy Amamiya war auch sehr stark in der Ausgestaltung der Negativzinspolitik und YCC involviert (Baba et al. 17.11.2022). Mit Ueda, Uchida und Himino ist die aktuelle 3-er-Führungsriege der BOJ als unpolitisch einzuschätzen und gilt als sehr ausgewogen. Diese Begebenheit wird es für die Bank einfacher machen, die Geldpolitik zu normalisieren.

4   Die Geldpolitik der »neuen« Bank of Japan

4.1 Wann steigen die Zinsen?

Im Gegensatz zu Kuroda sind bei Ueda plötzliche geldpolitische Entscheidungen oder Überraschungen wie Negativzinspolitik oder YCC unwahrscheinlich. Vielmehr sollte davon ausgegangen werden, dass Ueda eine verbesserte Zentralbankkommunikation mit den Märkten, der Öffentlichkeit und den Medien anstreben wird und damit die Märkte auf einen zukünftigen Ausstieg aus der exzessiven Geldpolitik inklusive Zinsanstiegen ausreichend vorbereitet.

Ueda äußerte sich in der Vergangenheit auch kritisch in Bezug auf die Effektivität von quantitativer Lockerungspolitik und gegenüber einer Geldpolitik, die Anleiherenditen stark reguliert (Hayakawa 2023). Viele Analysten prognostizierten daher nach Uedas Ernennung, dass die BOJ die umstrittene YCC möglichst schnell

---

[6] Siehe z. B. den Beitrag von Waldenberger (2022) für einen Überblick der Wirtschaft unter ›Abenomics‹.

beenden wird. Nach den ersten sechs Monaten im Amt gibt es bisher nur wenige Hinweise auf einen schnellen Politikwechsel. Zumindest hält er aber durch eine flexiblere Handhabung der YCC die Hoffnung auf eine künftige Überarbeitung oder völlige Auflösung dieser Politik aufrecht. Im Juli hat die BOJ nämlich ihre Politik zur Steuerung der Renditekurve flexibler gestaltet und die Obergrenze für die langfristigen Zinssätze abgeschwächt. Die Rendite 10-jähriger Staatsanleihen darf weiterhin um 0,5 Prozentpunkte nach oben und unten um das 0-Prozent-Ziel fluktuieren. Neu ist, dass es sich jetzt um »Referenzen« und nicht mehr um »starre Grenzen« handelt. Die BOJ erklärte, dass sie nun einen Anstieg der 10-jährigen JGB auf bis zu 1 Prozent toleriert (BOJ 28.07.2023b). In der Tat befand sich die Rendite der 10-jährigen Staatsanleihen im Oktober 2023 bei über 0,8 Prozent. Diese neue Flexibilität deutet darauf hin, dass die BOJ nach Wegen sucht, sukzessive aus der YCC auszusteigen.

Ueda warnt davor, die Zinssätze voreilig anzuheben, nur weil die Inflation kurzfristig über 2 Prozent liegt. Diese vorsichtige Haltung hat sich bis heute nicht geändert. Ueda und seine Kollegen im Geldpolitikgremium der BOJ wiederholen, dass sich die gegenwärtige Inflation von mehr als 2 Prozent in Japan nur mit vorübergehenden Faktoren, wie stark schwankenden Energie- und Nahrungsmittelpreisen, begründen lässt. Es würde vielmehr der Wirtschaft schaden, falls die Zinsen verfrüht erhöht würden. Gleichzeitig gibt Ueda aber zu bedenken, dass eine zu lange Phase von Niedrigzinspolitik mit potentiellen Nebeneffekten verbunden sein könne (Ueda 25.09.2023).

Die Prognosen aus dem Outlook for Economic Activity and Prices (*Outlook Report*) der BOJ vom Juli 2023 über das Bruttoinlandsprodukt (BIP) und die Inflation deuten nicht darauf hin, dass in Kürze Zinserhöhungen zu erwarten sind, da schon ab dem kommenden Jahr eine Inflation von unter 2 Prozent prognostiziert wird (2,5 Prozent für das Geschäftsjahr 2023; 1,9 Prozent für das Geschäftsjahr 2024 und 1,6 Prozent für das Geschäftsjahr 2025). Die Aussichten für die reale BIP-Wachstumsrate fallen mit Werten von nur wenig mehr als 1 Prozent und sinkenden Tendenzen auch nicht viel optimistischer aus (1,3 Prozent für das Geschäftsjahr 2023; 1,2 Prozent für das Geschäftsjahr 2024 und 1,0 Prozent für das Geschäftsjahr 2025) (BOJ 2023). Wichtig ist jedoch anzumerken, dass das wirtschaftliche Wachstum des Landes über seinem Potenzial liegt, da die derzeitige Potenzialwachstumsrate Japans zwischen 0 und 0,5 Prozent geschätzt wird (Tamura 30.08.2023).

Die BOJ betont in den Geldpolitiksitzungen und Reden ihrer Ratsmitglieder immer wieder, dass die Inflation nachhaltig und stabil sein müsse, bevor die Zinsen angehoben werden können. Das Ziel einer nachhaltigen Inflation ist im September

2023 noch nicht erreicht (BOJ 22.09.2023). Wie die Daten oben zeigen, ist es schwer vorstellbar, dass Ueda von dieser Sichtweise abweichen wird, besonders solange »extrem große Unsicherheiten« in den Wirtschafts- und Inflationsentwicklungen bestehen. Damit ein Zustand einer nachhaltigen und stabilen Inflation eintritt, müssen Unternehmen die Löhne substanziell anheben. Die Beteiligung der Regierung an den *shuntō*-Verhandlungen (die jährlich im Frühjahr stattfindenden Tarifverhandlungen zwischen Arbeitgebern und Gewerkschaften) ist Teil der Politik des »neuen Kapitalismus« von Kishida. Der öffentliche sowie der private Sektor sollen eine »*social attitude*« für Lohnerhöhungen kultivieren – eine besondere Stellung kommt hierbei der Erhöhung des Mindestlohns zu (JILPT 2022).

Was die Lohnentwicklungen angeht, gibt es durchaus optimistische Stimmen im Geldpolitikgremium. So äußert sich Takata (06.09.2023) in einem Vortrag in Yamaguchi am 6. September folgendermaßen:

> My own view on the current situation of Japan's economy is that we are finally beginning to see the green shoots of progress toward achieving the two percent price stability target. It is possible that Japan has reached an inflection point, where there might be a shift in the deeply-entrenched norm that wages and prices do not rise. Looking ahead, the point at issue will be realizing a virtuous cycle of improvements in corporate profits and continued wage hikes in response to price increases.

Er argumentiert, dass es in der letzten Zeit einen »big push« in der Preis- und Lohngestaltung der Unternehmen gegeben hat, sodass die »Deflationsspirale« überwunden werden könnte. Dieser »big push« beinhaltet zwei wesentliche Tendenzen. Im ersten Schritt werden die durch höhere Rohstoffpreise gestiegenen Kosten der Unternehmen auf die Warenpreise übertragen. Im zweiten Schritt folgen dann die Tarifverhandlungen. In den Lohnverhandlungen vom April 2023 wurde ein Lohnanstieg von 3,6 Prozent erreicht – der höchste Wert seit Beginn der 1990er-Jahre (Takata 06.09.2023). Es gibt daher Tendenzen, dass sich die traditionell geringe Verhandlungsmacht der Arbeitnehmer in Japan (Heckel und Waldenberger 2023) verbessert. Sollten die Löhne durch erhöhten Lohndruck dauerhaft auf ein höheres Niveau steigen und die erhöhten Kosten der Unternehmen auf Waren- und Dienstleistungspreise umgewälzt werden und dadurch Inflation generiert werden können, wären auch höhere Zinsen in Japan denkbar. Die Bank (BOJ 28.07.2023a) betont die Wichtigkeit von Lohnsteigerungen als »Schlüsselfaktor« und untermauert ihre Bemühungen, diese mit der Weiterführung von lockerer Geldpolitik zu unterstützen.

Der Tankan Report der BOJ vom Juni 2023 (Short-Term Economic Survey of Enterprises in Japan) unterstützt diese Argumentation und zeigt, dass der Diffusionsindex (DI) für die Erzeugerpreise seit neun aufeinanderfolgenden Quartalen positiv ist. Dies deutet auf die anhaltenden Bemühungen der Unternehmen hin, höhere Kosten auf die Verkaufspreise umzulegen (Nakamura 31.08.2023). Diese Entwicklungen müssen jedoch längerfristig ausfallen, bevor Zinsanstiege als nachhaltig eingestuft werden können. Es gibt aber bereits positive Tendenzen. Die BOJ berichtet, dass eine beträchtliche Anzahl von Firmen höhere Löhne für das Fiskaljahr 2024 in Betracht ziehen oder teilweise sogar schon beschlossen haben (BOJ 28.07.2023a; Nakamura 31.08.2023).

4.2 Warum sollten Zentralbanken negative Zinsen auflösen?

Um zu verstehen, warum die Debatte nach einer Normalisierung – einschließlich der Beendigung der negativen bzw. Nullzinspolitik – der Geldpolitik so prominent in den Medien geführt wird, müssen die Auswirkungen dieser Politik analysiert werden. Ein Argument ist, dass negative Zinsen starke Nebeneffekte haben. Sie können unerwünschte Verteilungseffekte – von arm zu reich – haben. David Miles, ehemaliges Mitglied im Geldpolitikgremium der Bank of England, merkt an, dass jegliche Geldpolitik Verteilungseffekte hat (Miles 01.03.2012) – bei negativen Zinsen sind diese jedoch deutlich erhöht. Hinzu kommt, dass sich Bankprofite verringern können und Banken dann ein erhöhtes Risiko eingehen müssen, um Profite zu sichern.[7] Zuletzt macht es in einem negativen Zinsumfeld weniger Sinn zu sparen, da der Geldwert abnimmt – ganz im Gegenteil, es ist sogar ökonomisch rational, sich zu verschulden.

Sollten negative Zinsen zu hoch ausfallen, droht ein »Banken-Run« und die Wirtschaft könnte zusammenbrechen. Insgesamt kann man festhalten, dass für einen kurzen Zeitraum negative Zinsen ein durchaus denkbares Instrumentarium sind – aber tendenziell ungeeignet für einen langen Zeitraum. In Japan sind es seit Januar 2016 nun knapp acht Jahre mit einer negativen Rate für den kurzfristigen Zins, was zeigt, wie schwierig es ist, aus diesem Umfeld wieder auszusteigen.[8]

Hinzu kommt noch, dass sich mit der *Abenomics* Geldpolitik und Fiskalpolitik in Japan gefährlich vermischt haben. Langfristig könnte so eine Situation zu einer fiskalischen Dominanz (die Fiskalpolitik bestimmt die Geldpolitik) führen. In der wirtschaftswissenschaftlichen Literatur der 1970er- bis 1990er-Jahre war die Forderung nach einer unabhängigen Zentralbank ein essenzieller Bestandteil

---

[7] Siehe u. a. die Diskussionen in Eisenschmidt und Smets (2019) und Eggertsson et al. (2019).
[8] Die Negativzinspolitik der EZB dauerte von Juni 2014 bis Juli 2022.

erfolgreicher Wirtschaftspolitik, da so ein besseres Inflationsergebnis zu erwarten sei.[9] In der neueren Zeit und vor allem seit dem vermehrten Auftreten von Krisen wie z. B. der Covid-19-Pandemie, die schnelle Reaktionen aus der Politik verlangen, beginnt dieses Prinzip der unabhängigen Zentralbanken zu bröckeln. Vor allem Akteure in der Politik scheinen von ihnen stärker abhängige Zentralbanken zu präferieren, und im Ergebnis vermischen sich Geldpolitik und Fiskalpolitik immer mehr. Japan ist dabei ein besonderer Fall, wo die BOJ einen sehr hohen Anteil der Staatsschulden finanziert (Rövekamp 2022) und 52 Prozent der Staatsanleihen hält (MOF 2023).

4.3 Zinsentwicklungen im europäischen und amerikanischen Raum

Aufgrund der hohen Inflationsentwicklungen sowohl in Europa als auch in Amerika haben sowohl die europäische als auch die amerikanische Notenbank die Zinsen seit dem letzten Jahr stark erhöht. Die EZB hat in zehn aufeinanderfolgenden Schritten seit Juli 2022 den Leitzins von 0 auf 4,5 Prozent angehoben. Trotz dieser drastischen Zinserhöhungen bleibt die Inflation auf einem hohen Niveau. In Europa lag die Inflationsrate (Harmonisierter Verbraucherpreisindex, HVPI) im August bei 5,2 Prozent (Eurostat 2023). Damit ist die Inflation im Vergleich zum letzten Jahr rückläufig, was sich aber vor allem durch gefallene Energiepreise begründen lässt. Die Inflation ist aber immer noch weit höher als das anvisierte Inflationsziel von 2 Prozent. Ähnlich sieht die Situation in Nordamerika aus. Die amerikanische Zentralbank hat den Leitzins auf eine Spanne von 5,25 bis 5,5 Prozent angehoben (Stand September 2023). Die Kerninflation YoY lag im August 2023 auf einem Niveau von 4,4 Prozent.[10] Diese Entwicklungen in Europa und den USA üben Druck auf die BOJ aus. Der momentane Rückgang der japanischen Währung lässt sich u. a. mit den Zinsunterschieden zwischen den Regionen begründen – die Korrelation zwischen den Zinsunterschieden und dem Yen-Dollar-Wechselkurs betrug 97 Prozent zwischen Juli 2021 und Januar 2023 (Katz 21.01.2023). Durch den schwachen Yen werden Importe für Japan immer teurer, was z. B. durch gestiegene Nahrungsmittelpreise negative Auswirkungen auf die Wirtschaft hat.

---

[9] Siehe u. a. die Diskussionen in Alesina (1988), Barro und Gordon (1983), Kydland und Prescott (1977), Rogoff (1985) und Waller und Walsh (1996).

[10] Die Daten sind einsehbar unter https://fred.stlouisfed.org/

5   Fazit

Dieser Artikel hat gezeigt, dass die unkonventionelle Geldpolitik der BOJ unter Kuroda (und Shirakawa) anfänglich Erfolge aufwies. Die erfolgreiche Weiterführung und Erweiterung der quantitativen Lockerungspolitik aus der Shirakawa-BOJ-Zeit hatte positive Effekte auf Inflation, BIP und Aktienpreise. Diese positiven Effekte verschwanden ab 2016 mit der Einführung der Negativzinspolitik und der YCC. Das hartnäckige Beibehalten des 2-Prozent-Inflationsziels erwies sich dabei als nicht sehr hilfreich. Aber hier spielen politische Gründe eine Rolle, die dieser Artikel nicht abschließend bewerten kann. Mit Ueda hat die BOJ seit April 2023 einen neuen Zentralbankchef, der hauptsächlich als Professor tätig war, aber in der Vergangenheit auch Erfahrungen in der BOJ und dem MOF gesammelt hat. Er gilt im Gegensatz zu seinem Vorgänger Kuroda als weitestgehend unpolitisch und scheint somit politischen Druck absorbieren zu können, sollte seine Geldpolitik in der Zukunft von den Wünschen und Zielen der Politik abweichen. Aufgrund der gegenwärtigen Situation der japanischen Wirtschaft, ist es aber unwahrscheinlich, dass sich die Geldpolitik in naher Zukunft wesentlich ändern wird, auch wenn es 2023 mehrere Anpassung zu mehr Flexibilität der YCC gegeben hat. Die BOJ spricht davon, dass die Inflation »nachhaltig und stabil« sein muss, bevor die Zinsen angehoben werden können. Dennoch gibt es Hinweise, dass die Lohnerhöhungen in den *shuntō*-Verhandlungen auch im kommenden Jahr überdurchschnittlich ausfallen könnten. Sollte sich dies als ein langfristiger Trend erweisen und sollte die Inflation nachhaltig auf ein Niveau von 2 Prozent und höher steigen, wird die BOJ ebenfalls mit Zinsanstiegen nachziehen.

Literatur

Alesina, Alberto (1988), »Macroeconomics and Politics«, in: Stanley Fischer (Hg.), *NBER Macroeconomics*, Cambridge: MIT Press, S. 17–52.

Baba, Naohiko, Ota Tomohiro und Yuriko Tanaka (17.11.2022), *Japan Economics Analyst – 2023 Outlook: Focus on Wage Growth and BOJ Leadership Change*, Goldman Sachs: Economics Research, https://www.goldmansachs.com/intelligence/pages/gs-research/japan-economics-outlook-2023-focus-on-wage-growth-and-boj-leadership-change/report.pdf (10.10.2023).

Barro, Robert J. und David B. Gordon (1983), »Rules, Discretion and Reputation in a Model of Monetary Policy«, in: *Journal of Monetary Economics*, 12 (1): 101–121.

BOJ (Bank of Japan) (04.04.2013), *Statements on Monetary Policy, Bank of Japan*, https://www.boj.or.jp/en/mopo/mpmdeci/state_2013/index.htm (10.10.2023).

BOJ (Bank of Japan) (2023), *Outlook for Economic Activity and Prices, Juli 2023*, https://
www.boj.or.jp/en/mopo/outlook/index.htm (10.10.2023).

BOJ (Bank of Japan) (28.07.2023a), *Summary of Opinions at the Monetary Policy Meeting on
July 27 and 28, 2023*, https://www.boj.or.jp/en/mopo/mpmdeci/mpr_2023/k230728a.pdf
(10.10.2023).

BOJ (Bank of Japan) (28.07.2023b), *Statements on Monetary Policy*, https://www.boj.or.jp/en/
mopo/mpmdeci/state_2023/index.htm (10.10.2023).

BOJ (Bank of Japan) (22.09.2023), *Statements on Monetary Policy*, https://www.boj.or.jp/en/
mopo/mpmdeci/mpr_2023/k230922a.pdf (10.10.2023).

Di Bucchianico, Stefano (2021) »Negative Interest Rate Policy to Fight Secular Stagnation:
Unfeasible, Ineffective, Irrelevant, or Inadequate?«, in: *Review of Political Economy* 33 (4):
687–710.

Draghi, Mario (26.07.2012), *Verbatim of the Remarks Made by Mario Draghi at the Global
Investment Conference in London*, https://www.ecb.europa.eu/press/key/date/2012/html/
sp120726.en.html (10.10.2023).

Eggertsson, Gauti B., Ragnar E. Juelsrud, Lawrence H. Summers und Ella Getz Wold (2019),
Negative Nominal Interest Rates and the Bank Lending Channel, NBER Working Paper, No.
25416, https://www.nber.org/system/files/working_papers/w25416/w25416.pdf
(10.10.2023).

Eisenschmidt, Jens und Frank Smets (2019), »Negative Interest Rates: Lessons from the Euro
Area«, in: *Series on Central Banking Analysis and Economic Policies*, 26: 14–42.

Eurostat (2023), *Inflation in the Euro Area*, https://ec.europa.eu/eurostat/statistics-explained/
index.php?title=Inflation_in_the_euro_area#Euro_area_annual_inflation_rate_and_its_
main_components (10.10.2023).

FT (*Financial Times*) (12.02.2023), »›Dark Horse‹ Kazuo Ueda Upsets Expectations for Next
Bank of Japan Governor«, https://www.ft.com/content/f2131796-f441-47e0-b1d0-
c52d60064090 (10.10.2023).

Harada, Kimie und Tatsuyoshi Okimoto (2021), »The BOJ's ETF Purchases and Its Effects on
Nikkei 225 Stocks«, in: *International Review of Financial Analysis*, 77: 101826.

Hayakawa, Hideo (2023), »Whither Ueda's Bank of Japan« The Tokyo Foundation for Policy
Research. https://www.tokyofoundation.org/research/detail.php?id=937 (10.10.2023).

Heckel, Markus (2019), »Negative Interest Rate Policy by the Bank of Japan from the Perspective of Monetary Policy in Europe«, in: Axel Berkofsky, Christopher W. Hughes, Paul Midford und Marie Söderberg (Hg.), *The EU–Japan Partnership in the Shadow of China: The
Crisis of Liberalism*, London: Routledge, S. 150–168.

Heckel, Markus (2023), »Neuer Notenbankchef Ueda: Was von der »weisen Eule« zu erwarten ist«, in: *Japanmarkt*, 2/2023: 24–25, https://japan.ahk.de/infothek/japanmarkt
(10.10.2023).

Heckel, Markus und Kiyohiko G. Nishimura (2022), »Unconventional Monetary Policy through Open Market Operations: A Principal Component Analysis«, in: *Asian Economic Papers*, 21 (1): 1–28.

Heckel, Markus und Franz Waldenberger (2023), »Why Has There Been No Inflation in Japan?«, in: Frank Rövekamp, Moritz Bälz, Hanns Günther Hilpert, Wook Sohn (Hg.), *Inflation and Deflation in East Asia*, Cham: Springer Nature, S. 103–122.

Heckel, Markus, Tomoo Inoue, Kiyohiko Nishimura und Tatsuyoshi Okimoto (2022), *Assessing Unconventional Monetary Policy in Japan Using Market Operation-based Monetary Policy Indices*, RIETI Discussion Paper Series, No. 22-E-103, https://www.rieti.go.jp/jp/publications/dp/22e103.pdf (10.10.2023).

Hills, Timothy S., Taisuke Nakata und Sebastian Schmidt (2019), »Effective Lower Bound Risk«, in: *European Economic Review*, 120: 103321.

Ikeda, Daisuke, Shangshang Li, Sophocles Mavroeidis, und Francesco Zanetti (2022), *Testing the Effectiveness of Unconventional Monetary Policy in Japan and the United States*, CAMA Working Paper, No. 68/2022, https://papers.ssrn.com/sol3/Delivery.cfm/SSRN_ID4265455_code1532085.pdf?abstractid=4265455&mirid=1 (10.10.2023).

Ito, Takatoshi (2021), »An Assessment of Abenomics: Evolution and Achievements«, in: *Asian Economic Policy Review*, 16 (2): 190–219.

Jacquinot, Pascal, Matija Lozej und Massimiliano Pisani (2022), »Macroeconomic Effects of Tariffs Shocks: The Role of the Effective Lower Bound and the Labour Market«, in: *Journal of International Money and Finance*, 120: 102528.

JILPT (Japan Institute for Labour Policy and Training) (2022), »The Kishida Administration's Near-term Policy Line Focuses on ›Investment in People‹: Hammering out Measures to Promote Wage Increases and Require Gender Wage Gap Disclosure«, in: *Japan Labor Issues*, 6 (39): 2–7.

Katz, Richard (06.09.2022), »Inflation: Japan Stands Alone, Part I«, https://richardkatz.substack.com/p/inflation-japan-stands-alone-part (10.10.2023).

Katz, Richard (21.12.2022), *The Market vs. The Bank of Japan*, https://richardkatz.substack.com/p/the-market-vs-the-bank-of-japan (10.10.2023).

Katz, Richard (21.01.2023), *Reading Kuroda's Mind*, https://richardkatz.substack.com/p/reading-kurodas-mind-no-charts (10.10.2023).

Kydland, Finn E. und Edward C. Prescott (1977), »Rules Rather than Discretion: The Inconsistency of Optimal Plans«, in: *Journal of Political Economy*, 85 (3): 473–491.

Miles, David (01.03.2012), *Asset Prices, Saving and the Wider Effects of Monetary Policy*, Bank of England, https://www.bankofengland.co.uk/-/media/boe/files/speech/2012/asset-prices-saving-and-the-wider-effects-of-monetary-policy.pdf (10.10.2023).

MOF (Ministry of Finance) (2023), *Debt Management Report 2023*, https://www.mof.go.jp/english/policy/jgbs/publication/debt_management_report/index.htm (10.10.2023).

Moss, Daniel (12.06.2019), »The Three Most Famous Words in Central Banking«, in: *Bloomberg*, https://www.bloomberg.com/opinion/articles/2019–06–12/kuroda-s-attempt-at-draghi-s-whatever-it-takes-fell-flat (10.10.2023).

Nakamura, Toyoaki (31.08.2023), *Economic Activity, Prices, and Monetary Policy in Japan*, https://www.boj.or.jp/en/about/press/koen_2023/ko230906a.htm (10.10.2023).

Otsuka, Setsuo (10.04.2022), »Shinichi Uchida, the Man behind Japan's Unorthodox Monetary Policy«, in: *Nikkei Asia*, https://asia.nikkei.com/Economy/Shinichi-Uchida-the-man-behind-Japan-s-unorthodox-monetary-policy (10.10.2023).

Reuters (24.02.2023), »QUOTES-Comments from BOJ Deputy Governor Nominees at Parliamentary Hearing«. https://jp.reuters.com/article/japan-economy-boj/quotes-comments-from-boj-deputy-governor-nominees-at-parliamentary-hearing-idINL4N3541AI (10.10.2023).

Rövekamp, Frank (2022), »Gerüstet für die »Zeitenwende«? Japans Wirtschaft im Schatten globaler Krisen«, in: David Chiavacci und Iris Wieczorek (Hg.), *Japan 2022: Politik, Wirtschaft und Gesellschaft*, München: Iudicium, S. 220–232.

Rogoff, Kenneth (1985), »The Optimal Degree of Commitment to an Intermediate Monetary Target«, in: *The Quarterly Journal of Economics*, 100 (4): 1169–1189.

Summers, Lawrence H. (2015), »Demand Side Secular Stagnation«, in: *American Economic Review*, 105 (5): 60–65.

Takata, Hajime (06.09.2023), *Economic Activity, Prices, and Monetary Policy in Japan*, https://www.boj.or.jp/en/about/press/koen_2023/ko230911a.htm (10.10.2023).

Tamura, Naoki (30.08.2023), *Economic Activity, Prices, and Monetary Policy in Japan*, https://www.boj.or.jp/en/about/press/koen_2023/ko230905a.htm (10.10.2023).

TJN (*The Japan News*) (06.02.2023), »Who Are Candidates to Become Next BOJ Governor?«, https://japannews.yomiuri.co.jp/news-services/reuters/20230206–89162/ (10.10.2023).

TJT (*The Japan Times*) (11.02.2023), »Kishida's Pick for New BOJ Chief a Calculated Surprise«, https://www.japantimes.co.jp/news/2023/02/11/national/politics-diplomacy/kazuo-ueda-boj-fumio-kishida/ (10.10.2023).

Ueda, Kazuo (25.09.2023), *Japan's Economy and Monetary Policy*, Bank of Japan. https://www.boj.or.jp/en/about/press/koen_2023/ko230925a.htm (10.10.2023).

Waldenberger, Franz (2022), »Die japanische Wirtschaft unter ›Abenomics‹« in: David Chiavacci und Iris Wieczorek (Hg.), *Japan 2022: Politik, Wirtschaft und Gesellschaft*, München: Iudicium, S. 102–110.

Waller, Christopher J. und Carl E. Walsh (1996), »Central-bank Independence, Economic Behavior, and Optimal Term Lengths«, in: *The American Economic Review*, 86 (5): 1139–1153.

Geschichte und Geschichtsbewusstsein in Japan im Jahr 2022

Anke Scherer und Torsten Weber

History and Historical Consciousness in Japan in 2022

Focusing on history education reforms in Japanese high schools and the two anniversaries of the return of Okinawa to Japan and the normalization of relations between Japan and the PR China (both in 1972), this article examines the role of history and historical consciousness in the Japanese public sphere in 2022. The article is preceded by a brief review of Abe Shinzo's ›historical‹ legacy and an analysis of recent survey results on the state of Japanese-Chinese and Japanese-Korean relations, each with a special focus on historical consciousness.

1   Einleitung

Dieser Artikel untersucht mit Fokuspunkten auf Reformen des Geschichtsunterrichts an japanischen Oberschulen und die beiden Jubiläen der Rückgabe Okinawas an Japan und der Normalisierung der Beziehungen zwischen Japan und der VR China (beides 1972), wie sich Geschichte und Geschichtsbewusstsein in Japan im öffentlichen Raum im Jahr 2022 widergespiegelt und gewandelt hat. Vorausgestellt ist dem Artikel ein kurzer Rückblick auf geschichtspolitische Aspekte der Amtszeit Shinzō Abes und eine Analyse jüngster Umfrageergebnisse zu den japanisch-chinesischen sowie den japanisch-koreanischen Beziehungen, jeweils unter besonderer Berücksichtigung des Geschichtsbewusstseins.

2   Shinzō Abes »historisches« Vermächtnis

Das Jahr 2022 stand im Schatten der Ermordung des früheren Premierministers Shinzō Abes. In den Tagen, Wochen und Monaten nach dem Attentat wurden vor allem Abes Wirtschaftspolitik (»Abenomics«) und sein Einsatz im Bereich der Außen- und Sicherheitspolitik (z. B. Indo-Pazifik, US-Japanische Beziehungen) gewürdigt. Innerhalb Japans stand zudem die Aufarbeitung der politischen Verstrickungen mit der »Einheitskirche« im Fokus, deren Unterstützung durch Abe vom Attentäter als ein Motiv seines Mordanschlages genannt wurde (Wieczorek 2022). Weitgehend in Vergessenheit geriet dabei Abes kontroverse Rolle im Bereich der Erinnerungspolitik und der Aufarbeitung japanischer Kriegsschuld (Chiavacci 2022; Chotiner 09.07.2022). Anders als seine fünf Vorgänger Fukuda, Asō, Hatoyama, Kan und Noda hatte Abe als Premierminister im Jahr 2013 den Yasukuni-Schrein besucht, gefolgt von weiteren Besuchen nach dem Ende seiner Amtszeit. Im Jahr 2021 hatte er den Schrein sogar am symbolträchtigen 15. August, dem Jahrestag der *de facto*-Kapitulation Japans am Ende des Zweiten Weltkriegs besucht. Wie zu erwarten war, sorgten Abes Besuche für starke Proteste in China und Korea. Abes Amtszeiten (2006–2007, 2012–2020) sind des Weiteren verbunden mit zahlreichen geschichtsrevisionistischen Aktivitäten: er war Mitglied verschiedener Gruppierungen, die sowohl die Verbrechen des japanischen Militärs in Nanking (»Nanking-Massaker«) als auch die staatliche Verantwortung für das sogenannte Trostfrauen-System der Zwangsprostitution verneinen. Er unterzeichnete mehrere derartige öffentliche Initiativen, u. a. 2012 eine Solidaritätserklärung mit dem notorischen Nanking-Leugner und Bürgermeister von Nagoya, Takashi Kawamura, sowie eine englischsprachige Anzeigenkampagne in den USA, die das Trostfrauen-System beschönigte. Dass Initiativen zur Lösung dieser Problematik (Park-Abe Vereinbarung 2015, aufgelöst 2019) während Abes Amtszeit scheiterten, war auch aufgrund seiner ambivalenten Einstellung zur Thematik erwartbar.

Abes Rede zum 70. Jahrestag des Endes des Zweiten Weltkrieges 2015 (»Abe Danwa«) vermied eine direkte Entschuldigung gegenüber den Opfern des japanischen Imperialismus und verkündete stattdessen, dass die Nachkriegsgenerationen, »die nichts mit dem Krieg zu tun haben, nicht dazu vorbestimmt sind, sich zu entschuldigen«. Damit leistete Abe geschichtsklitternden Positionen, wie sie etwa von der nationalistischen Nippon Kaigi vertreten werden, Vorschub (Morris-Suzuki 18.08.2015). Als Abe 2020 zurücktrat, war er längst zu einer Ikone rechts-nationalistischer Kreise geworden, die Japans Kriegsschuld verleugnen oder relativieren und damit einer Aussöhnung in Ostasien im Weg stehen. Abe wird seit seiner Ermordung in entsprechenden Kreisen als Held märtyrergleich verehrt (Nishioka und Abiru 2023; Sakurai 2023).

3   Geschichtsprobleme und Japans Verhältnis zu China und Korea

Die jährlichen Umfragen zur gegenseitigen Wahrnehmung von Menschen in Japan und China sowie Menschen in Japan und Korea haben sich 2022 leicht bzw. deutlich positiv entwickelt. Von den Befragten in Japan wird China dennoch weiterhin überwiegend negativ gesehen (87,3 %; 2021: 90,9 %), wogegen nur 62,6 % (2021: 66,1 %) der Befragten in China ein schlechtes oder eher schlechtes Bild von Japan hatten (siehe Abb. 1).

Abb. 1: Negative Wahrnehmung des Partnerlandes in China und Japan

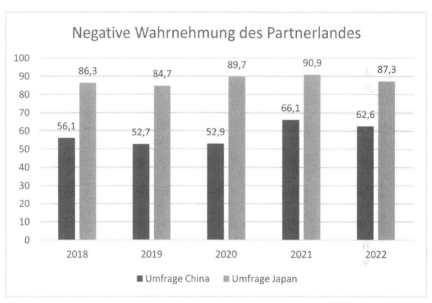

Anm.:   Entwicklung der Umfragewerte zu »negativen oder eher negativen Ansichten« über Japan in der VR China (dunkel) und über die VR China in Japan (hell).
Quelle: Eigene Darstellung nach Genron (2022b).

Deutlicher verbessert haben sich die Werte in Bezug auf Südkorea: nur noch knapp mehr als die Hälfte der Befragten in Südkorea (52,8 %; 2021: 63,2 %) und 40,3 % der Befragten in Japan (2021: 48,8 %) hatten ein negatives oder eher negatives Bild ihres Gegenübers (siehe Abb. 2). Dies war der zweitniedrigste Wert der negativen Wahrnehmung Koreas durch Menschen in Japan seit der ersten Umfrage 2013. Hauptgründe für eine eher negative Wahrnehmung waren unverändert auf beiden Seiten Geschichtsprobleme. In der koreanischen Umfrage kritisierten 72,0% der Befragten (2021: 66,7%), dass Japan keine angemessene Reue für die Invasion Koreas zeige. In der japanischen Umfrage beklagten 42,4% der Befragten (2021: 44,9%), dass Japan weiterhin für die Geschichtsprobleme kritisiert würde. Diese Kritik wird offenbar als nicht gerechtfertigt empfunden. Weitgehende Einigkeit herrscht auch darüber, dass der Schlüssel zur Verbesserung der bilateralen Beziehungen in einer »Lösung der Geschichtsprobleme (Trostfrauen, Zwangsarbeit)« liegt. Diese Einschätzung nahm auf japanischer Seite noch einmal leicht zu (66,3% nach 65,7% 2021), während sie auf koreanischer Seite deutlich abnahm (65,9% nach 76,7% 2021). Im Einzelnen wünschten sich die Befragten in Japan vor allem Veränderungen bei der »anti-japanischen Erziehung in Korea« (56%) und dem »exzessiven anti-japanischen Verhalten in Bezug auf die Geschichtsprobleme« (49,4%). Aus koreanischer Sicht sind innerhalb der Geschichtsprobleme insbesondere die japanischen Geschichtsbücher (62,7%), die Trostfrauen-Problematik (61,6%) und »Japans Bewusstsein zum Invasionskrieg« (59,8%) dringlich zu lösende Probleme.

Abb. 2: Negative Wahrnehmung des Partnerlandes in Japan und Südkorea

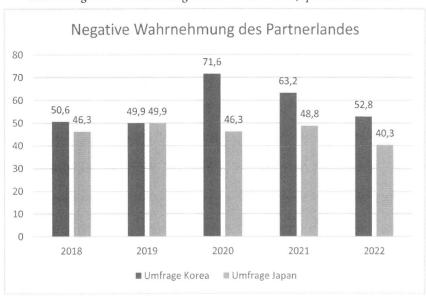

Anm.:   Entwicklung der Umfragewerte zu »negativen oder eher negativen Ansichten« über Japan in Südkorea (dunkel) und über Südkorea in Japan (hell)

Quelle: Eigene Darstellung nach Genron (2022a).

In der japanisch-chinesischen Umfrage besteht bezüglich der Gründe für eine negative Wahrnehmung der größte Unterschied darin, dass aus japanischer Sicht vor allem Chinas militärisches Verhalten, territoriale Ambitionen, Missachtung internationaler Regeln und politischer Systemunterschied als quasi-Einparteien-staat als problematisch gesehen werden. Die »Kritik an Japan wegen Geschichts-problemen« ist nur siebthäufigster Grund (28,5% nach 27,7% 2021). Aus chine-sischer Sicht dagegen bleibt Japans mangelnde Entschuldigung und Reue für die japanische Invasion Chinas mit 78,8% (2021: 77,5%) klar Hauptgrund für die (eher) negative Wahrnehmung Japans. Diese Unterschiede bilden sich – wenn auch in moderaterer Form – in den Einschätzungen zu Hindernissen für eine positive Entwicklung der bilateralen Beziehungen ab. Fast jede vierte befragte Person in China (24,3% nach 23,8% 2021) gab an, dass das »japanische Ge-schichtsbewusstsein und japanische Geschichtserziehung« dieser Entwicklung im Wege stünde. Auf japanischer Seite gaben nur 12,8% (2021: 15,3%) an, dass das chinesische Geschichtsbewusstsein und die chinesische Geschichtserziehung ein Hindernis sei. Interessant ist in diesem Zusammenhang, dass immerhin 4,2% (2021: 4,5%) der Befragten in Japan und 3,9% (2021: 2,1%) der Befragten in China angaben, dass ihr eigenes Geschichtsbewusstsein und ihre Geschichtser-ziehung problematisch sei. Innerhalb der Geschichtsproblematik offenbaren sich allerdings große Unterschiede des Problembewusstseins. Auf chinesischer Seite gaben jeweils fast drei Viertel der Befragten an, dass vor allem »Japans Bewusst-sein zum Invasionskrieg« (74,5%) sowie »Japans Bewusstsein zum Nanking-Massaker« (71,8%) dringend verändert werden müssten. Aus japanischer Sicht werden beide Punkte mit nur 39,2% (Invasionskrieg) bzw. 23,1% (Nanking) nicht als annähernd ähnlich problematisch empfunden. Stattdessen sieht eine klare Mehrheit der Befragten in Japan das größte Problem in der »anti-japanischen Erziehung und dem Inhalt der Schulbücher in China« (63,4%).

Insgesamt lässt sich feststellen, dass die Geschichtsprobleme weiterhin in allen drei Ländern als wesentliches Hindernis für die Verbesserung der bilateralen Bezie-hungen mit Japan gesehen werden und einer gegenseitig positiveren Wahrnehmung im Wege zu stehen scheinen. Über die konkreten Probleme dagegen, die als Priori-tät gelöst werden sollten, gibt es unterschiedliche Auffassungen. Erschwerend kommt im Fall von China hinzu, dass aus japanischer Sicht Systemunterschiede und Chinas Ablehnung der gegenwärtigen internationalen Ordnung einer positiven ja-panischen Haltung gegenüber China entgegenstehen. Dennoch haben sich insge-samt die Werte der gegenseitigen Wahrnehmung in beiden Fällen gegenüber dem Vorjahr verbessert.

4   Normalisierung japanisch-chinesischer Beziehungen: 50 Jahre

Im September 1972 besuchte der japanische Premierminister Kakuei Tanaka die VR
China und traf dort unter anderem Premierminister Zhou Enlai sowie Mao Zedong.
Beide Seiten vereinbarten, die zwischenstaatlichen Beziehungen zu normalisieren.
Die Gemeinsame Erklärung vom 29. September (MOFA 1972) führte zur Aufnahme
offizieller diplomatischer Beziehungen im Dezember 1972 und schließlich zum Abschluss eines Friedensvertrages im Jahr 1978. Dass das 50-jährige Bestehen der Beziehungen nicht ausgiebig gefeiert wurde, lag nicht nur an der anhaltenden COVID-19-
Pandemie, sondern auch an den gespannten Beziehungen zwischen beiden Staaten.
Territoriale Streitigkeiten, antagonistische Bündnisse, anhaltende Geschichtsstreitig-
keiten und die Taiwan-Frage belasten die bilateralen Beziehungen unvermindert
(siehe auch Umfrage-Ergebnisse oben). Die oben ausgewertete Genron-Umfrage
stellte aus dem Anlass des 50. Jahrestages der Normalisierung der Beziehungen auch
mehrere Fragen mit einem besonderen Fokus auf das Jubiläum. Besonders bemerkenswert erscheint, dass nur 32,6% der Befragten in Japan bzw. sogar nur 26% der
Befragten in China angaben, das Jubiläum im Jahr 2022 zu kennen. Die Antworten
auf spezifische Fragen verdeutlichen die oben bereits erwähnten Tendenzen: lediglich
6,1% der Befragten in Japan zeigten sich »sehr oder eher zufrieden« mit dem Zustand
der Beziehungen nach 50 Jahren der Normalisierung. Auf chinesischer Seite lag dieser
Wert immerhin bei 35,5% der Befragten. Neben aktuellen Problemen dürfte für diese
Einschätzung auch die auf historische Entwicklungen begründete Beurteilung des gesellschaftlichen und politischen Systems eine gewichtige Rolle gespielt haben. Die Befragten in Japan bezeichneten China als geprägt durch Sozialismus/Kommunismus
(49,8%), Totalitarismus/Einparteien-Diktatur (36,2%) sowie Militarismus (18,2%).
Japan sahen 37,1% der Befragten in China als geprägt durch Militarismus, gefolgt von
Kapitalismus (32,8%) und Nationalismus (30,4%). Diese Bewertungen zeigen, dass
antagonistische und eher negativ besetzte Einschätzungen dominieren. Insbesondere
die chinesische Wahrnehmung Japans als hauptsächlich geprägt von »Militarismus«
offenbart, wie tief historisch begründete Einstellungen weiter fortleben. Diese Ten-
denzen scheinen sich auch durch den generationellen Wechsel kaum zu verschieben.
Im Gegenteil scheint die Relevanz der Vergangenheit gerade unter der politischen
Führung der im ersten Nachkriegsjahrzehnt geborenen Shinzō Abe (geb. 1954) und
Jinping Xi (geb. 1953) in beiden Ländern trotz der zeitlichen Distanz zur erlebten
Vergangenheit des Krieges zugenommen zu haben. Dadurch sind »die Geschichts-
probleme nun im wahrsten Sinne zu ›Nachkriegs‹-Problemen geworden«, wie China-
Historiker Shin Kawashima und Kazuko Kojima schreiben (Kawashima und Kojima
2023: 125). Nicht übersehen werden dürfen in diesem Kontext auch innenpolitische

Maßnahmen in China, die einer konstruktiven Historisierung der Kriegsgeschichte entgegenstehen. Dazu gehören drei wichtige Veränderungen im Narrativ des »Anti-Japanischen Widerstandskrieges« im Kontext des 70. Jahrestages des Endes des Zweiten Weltkrieges: das Gedenken wurde z. B. durch die Einrichtung eines Nationalgedenktages im Jahr 2014 weiter institutionalisiert; Chinas Opferrolle wird proaktiver einem internationalen Publikum vermittelt, u. a. durch die erfolgreiche Beantragung der Aufnahme historischer Dokumente zum Nanking-Massaker in das UNESCO-Welterinnerungserbe; und drittens die Betonung des gemeinsamen Kampfes von Nationalisten (Kuomintang) und Kommunisten (KPCh) gegen Japan, die sich z. B. durch eine aktive Einbeziehung von Gästen aus Taiwan zu Gedenkfeiern im Jahr 2015 ausdrückte. In diesem Kontext wurde auch das offizielle Narrativ vom Beginn des anti-japanischen Krieges von zuvor 1937 auf 1931 vorverlegt (Kawashima und Kojima 2023). Problematisch sei zudem nicht nur, so Kawashima und Kojima, dass aus japanischer Sicht viele der Geschichtsprobleme durch Verträge, Kommuniqués, Reparationen und Entschuldigungen bereits final gelöst seien, sondern auch, dass nicht alle Probleme, die in China als Geschichtsprobleme betrachtet würden, auch in Japan als solche gesehen würden. Dazu gehörten z. B. territorial- und bündnispolitische Fragen sowie Japans Ambitionen, einen permanenten Sitz im UN-Sicherheitsrat zu bekommen. Diese Themen würden in China als Teil des historischen Erbes des japanischen Imperialismus betrachtet.

In der Gemeinsamen Erklärung von 1972 (und folgend) wurden wesentliche Fragen, die heute im Zentrum geschichtspolitischer Streitigkeiten stehen, nicht gelöst, sondern nur provisorisch behandelt. Daher sei es notwendig, die zwischen beiden Staaten bestehenden Probleme dauerhaft zu »managen« und im Bedarfsfall einer »Wartung« zu unterziehen (Kawashima und Kojima 2023: 148). »Dramatische Veränderungen« in den Beziehungen zwischen Japan und China seien nach der Wiederaufnahme direkter bilateraler Gespräche durch die persönlichen Konsultationen zwischen dem japanischen Premierminister Fumio Kishida und dem chinesischen Präsident Jinping Xi beim Japan-China-Gipfel im November 2022 nicht zu erwarten (Kawashima 15.12.2022).

5   Modernisierung des Geschichtsunterrichts an Oberschulen

Mit Beginn des neuen Schuljahres im April 2022 traten die 2018 beschlossenen Veränderungen des Geschichtsunterrichts an japanischen Oberschulen in Kraft. Anders als seit dem Beginn des modernen Schulsystems in der Meiji-Zeit (1868–1912) üblich, müssen die Oberschulen jetzt einen Kurs anbieten, in dem die moderne japanische Geschichte zusammen mit der globalen Geschichte so unterrichtet wird, dass die Entwicklungen nicht mehr getrennt voneinander, sondern integriert und in ihrer gegenseitigen Beeinflussung gelehrt werden. Die Lehrpläne für die japanischen Grund-, Mittel- und Oberschulen werden vom Ministerium für Bildung, Kultur, Sport, Wissenschaft und Technologie (MEXT) festgelegt. Bislang konzentrierte sich der an diesen Plänen ausgerichtete Geschichtsunterricht auf die japanische Geschichte; internationale Zusammenhänge und globale Geschichte kamen selten vor. Dies hängt mit der Entstehungsgeschichte der japanischen Bildungsrichtlinien zusammen. So wurde in der zweiten Hälfte des 19. Jahrhunderts das Fach *Nihonshi* (Japanische Geschichte) als ein Kernfach an Volksschulen eingeführt, um den japanischen Untertanen Patriotismus und Ehrfurcht vor dem Kaiser zu vermitteln. Weltgeschichte wurde hauptsächlich in den höheren Klassen beziehungsweise weiterführenden Schulen unterrichtet und konzentrierte sich zunächst auf die westliche Welt als Zentrum von »Zivilisation und Aufklärung«. Die beiden Fächer *Nihonshi* und Weltgeschichte dienten also ursprünglich verschiedenen Ausbildungszielen und existierten relativ unabhängig voneinander.

In den neuesten Richtlinien gibt es für Oberschulen nun drei neue Pflichtfächer im Bereich der Sozialwissenschaften. Das ist neben den Fächern Geografie und Staatsbürgerkunde ein Fach mit dem Namen *Rekishi Sōgō* (Allgemeine Geschichte) für das erste Jahr der Oberschule, das sowohl die moderne Weltgeschichte als auch japanische Geschichte im globalen Zusammenhang vom 18. Jahrhundert bis zur Gegenwart behandeln soll. Als Wahlfach wird zudem im zweiten Jahr der Oberschule ein Fach mit der Bezeichnung *Nihonshi Tankyū* (Erforschung der japanischen Geschichte) eingeführt, in dem Schüler*innen zum forschenden Lernen angeleitet werden sollen. Damit soll der angestrebte Wechsel von einem inhaltsbasierten, auf Auswendiglernen ausgerichteten Unterricht zu einem kompetenzbasierten Lernen initiiert werden, bei dem der Geschichtsunterricht auf die Entwicklung von Fähigkeiten wie kritischer Umgang mit Quellen und Verständnis der Komplexität geschichtlicher Zusammenhänge ausgerichtet ist (Ogawa 14.04.2022).

Die Betreiber einer Webseite für den Bildungsbereich namens Study Valley bieten deshalb Ideen dazu an, wie Geschichtslehrer*innen ihren Unterricht so verändern können, dass er der neuen Zielsetzung des forschenden Lernens entspricht. Dabei finden sich neben den offensichtlich nützlichen Vorschlägen, Museen und Archive zu besuchen, oder Visualisierungen zu nutzen, um die Schüler*innen zur Eigeninitiative anzuleiten, auch Erfahrungsberichte von Lehrpersonen darüber, wie sie ein bestimmtes Thema konkret im Geschichtsunterricht so umgesetzt haben, dass die Inhalte nicht frontal vermittelt, sondern die Lernenden zum Selbststudium angeleitet wurden (*Study Valley* 22.05.2022).

Kōji Ogawa, Schuldirektor in der Präfektur Nagano, sieht aber eine wesentliche Herausforderung für die Umsetzung der neuen Richtlinien in der Machart der Lehrbücher für den Geschichtsunterricht, die trotz des Schwerpunktwechsels immer noch dicht mit Fakten gefüllt sind, was zu einer Überbetonung des Auswendiglernens führen könnte. Auch kritisiert er, dass die Schulbücher dazu neigen, die historischen Entwicklungen einfach parallel nebeneinander zu stellen, anstatt eine wirklich integrierte globale Perspektive zu bieten (Ogawa 14.04.2022). Interessant ist in diesem Zusammenhang der Probetest, den das National Center for University Entrance Exams passend zur Einführung der neuen Vorstellungen zur Vermittlung von Geschichte in weiterführenden Schulen für die Fächer »Allgemeine Geschichte« und »Erforschung der japanischen Geschichte« für den Prüfungsjahrgang 2025 – die erste von der Veränderung des Geschichtsunterrichts betroffenen Kohorte – veröffentlicht hat. Ähnlich wie bei der Problematik, dass die herrschenden Konventionen der Machart von Schulbüchern für Geschichte gegebenenfalls die neuen Ansätze der Vermittlung des Lehrstoffs im Unterricht hintertreiben könnten, zeigt schon das Angebot von Probetests für die Hochschulzugangsprüfung die Haltung des *Lernens für den Test* auf, dem das neue Fach zum *forschenden Lernen* über japanische Geschichte eigentlich entgegenwirken sollte (NCUEE k.J.). Da die Hochschulzugangsprüfungen wie gehabt mit vorgegebenen Antwortmöglichkeiten operieren, aus denen die richtige Antwort ausgewählt werden muss, wird sich der Lernprozess der Schüler*innen weiterhin auf das Auswendiglernen korrekter Antworten fixieren, wohl auch, weil freie Prüfungsformen wie argumentative Essays, in denen die eigentlich gewollten neuen Kompetenzen gezeigt werden könnten, für die hochstandardisierten Korrektur- und Punktevergabeprozesse der Universitätszugangsprüfungen nicht geeignet sind.

In einer umfangreichen Untersuchung der für die neuen Fächer entwickelten Leitlinien und Schulbücher kommt der Historiker Juljan Biontino zum Schluss, dass die ursprünglichen Vorhaben viel radikaler waren als das erzielte Ergebnis. So finden sich im Reformvorhaben viele neue Ideen, mit denen der Geschichtsunterricht an japanischen Schulen nicht nur interessanter gemacht werden könnte, sondern auch ein Bewusstsein für die Notwendigkeit geschaffen wird, das Ausbildungsziel vom Auswendiglernen historischer Fakten auf den kritischen Umgang mit geschichtlichen Themen und ihrer gesellschaftlichen Relevanz zu verschieben. Die Machart von Schulbüchern und die Rahmenbedingungen des japanischen Prüfungswesens erschweren das Erreichen dieser Ziele aber signifikant. Ungeachtet der noch abzuwartenden Ergebnisse des Umbaus der Schulfächer zeigt diese Reform, dass der Geschichtsunterricht immer stärker politisch konnotiert und damit ein wichtiger Indikator für das Verhältnis der japanischen Gesellschaft zum Umgang mit Geschichte ist (Biontino 2021).

6   Rückgabe Okinawas an Japan: 50 Jahre Jubiläum

Am 15. Mai 2022 jährte sich die Rückgabe der Inselgruppe Ryūkyū – die heutige Präfektur Okinawa – von den USA an Japan zum 50. Mal. Die Inseln waren nach 1952, dem Ende der Nachkriegsbesatzungszeit, noch 20 weitere Jahre unter amerikanischer Herrschaft geblieben und erst infolge eines Rückführungsabkommens am 15. Mai 1972 wieder an Japan zurückgegeben worden. Aufgrund der strategischen Bedeutung der Präfektur Okinawa mit der Nähe zu Taiwan befindet sich bis heute der Großteil der Militärbasen, die die USA im Rahmen des Sicherheitsvertrags in Japan unterhalten, im Bereich der Inselgruppen.

Die Feierlichkeiten zum Jahrestag fanden gleichzeitig an zwei Orten statt – in der okinawanischen Stadt Ginowan, in der sich der umstrittene US-Luftwaffenstützpunkt Futenma befindet, und in Tōkyō. Die getrennten Zeremonien symbolisieren auch die tiefen Meinungsverschiedenheiten über die Geschichte und heutige Rolle Okinawas.

So drängte der amtierende Gouverneur von Okinawa, Denny Tamaki (amtlich: Yasuhiro Tamaki), die japanische Zentralregierung dazu, mehr zu tun, um die Präsenz des US-Militärs in der südlichen Inselgruppe zu reduzieren. Er verwies auf die in Okinawa herrschende Frustration und Verbitterung über mangelnde Unterstützung vom japanischen Festland. Weiterhin erklärte er, dass Okinawa seit der Zerstörung im Zweiten Weltkrieg und fast drei Jahrzehnten US-Herrschaft einen langen Weg zurückgelegt habe. Doch die Forderung der Inselgruppe nach einer gerechteren Verteilung der Sicherheitslast bleibe ungelöst.

Premierminister Fumio Kishida versicherte, dass er die Anliegen Okinawas ernst nehme und sich bemühen werde, die Belastung zu verringern, während die militärische Abschreckung der USA auf den Inseln aufrechterhalten bleiben müsse (Yamaguchi 15.05.2022).

Historisch betrachtet, sind die Ryūkyū-Inseln noch nicht lange japanisches Staatsgebiet. Bis ins späte 19. Jahrhundert waren sie ein unabhängiges Königreich zwischen Japan und China. Japan annektierte die Insel erst 1879. In den letzten Monaten des Zweiten Weltkriegs von April bis Juni 1945 wurde Okinawa Schauplatz einer blutigen Invasion von US-amerikanischen Truppen. Dabei kamen circa 120.000 japanische Zivilisten und ungefähr 100.000 amerikanische Soldaten ums Leben. Diese »Schlacht um Okinawa« ist ein wichtiger Teil des kollektiven Gedächtnisses in Japan und speziell in Okinawa, weshalb die amerikanische Militärpräsenz auf den Inseln besonders problematisch ist. Umweltzerstörung und Kriminalität durch die US-Basen sind ein großes Thema auf den Inseln. Besonders umstritten ist die Futenma-Basis in einem dicht besiedelten Gebiet, wo 1995 der Fall der Vergewaltigung einer japanischen Zwölfjährigen durch drei US-Soldaten für landesweite Empörung sorgte. Das darauf gemachte Versprechen der Verlegung der Futenma-Basis wurde bis heute nicht eingehalten (*Economist* 14.05.2022).

Ein Editorial der *Asahi Shinbun* zum Thema der Rolle Okinawas für die nationale Identität Japans nennt die Inselgruppe einen »Opferstein«, also eine Opfergabe Japans an die USA, sowohl durch den Kampf um die Inseln in den letzten Monaten des Zweiten Weltkriegs als auch als Gebiet, in dem circa 70 % des vom amerikanischen Militär für Basen genutzten Geländes liegt (*AS* 16.05.2023). Geopfert wurden zur Errichtung dieser militärischen Anlagen auch Ackerflächen und Gebäude, die Bewohner*innen von Okinawa durch Enteignung in den 1950er Jahre gegen erbitterten Widerstand weggenommen wurden (Egami 1994: 830).

Anlässlich des Jahrestages der Rückgabe Okinawas an Japan führte u.a. die *Asahi Shinbun* wie in einigen Vorjahren auch eine Umfrage durch, in der nach dem Verhältnis der Bewohner der Präfektur zum restlichen Japan gefragt wurde. Als besonders problematisch werden laut Umfrage von 55 % der Befragten die Unterschiede im Einkommen im Vergleich zu anderen Präfekturen gesehen. Die unterschiedlichen Auffassungen über die amerikanischen Militärbasen waren nur für 20 % der Befragten das wichtigste Problem. Obwohl sich die Fragestellungen der Umfragen aus den Vorjahren, die ebenfalls im Artikel zu den neuesten Ergebnissen aufgeführt werden, leicht unterscheiden, lässt sich an den Umfrageergebnissen ein Trend ablesen, bei dem das Problem der amerikanischen Militärbasen etwas an Bedeutung verliert und stattdessen die schlechte wirtschaftliche Situation der Menschen in Okinawa wichtiger wird (Isoda 13.05.2022). Dies hängt auch damit zusammen, dass es durch die Folgen der Covid-19-Pandemie dem wichtigsten Wirtschaftszweig der Inselgruppe, dem Tourismus, in den letzten Jahren sehr schlecht ging, und die Menschen in Okinawa im Landesvergleich die niedrigsten Einkommen und die höchste Arbeitslosenrate haben. Die im Verhältnis dazu überproportional große Belastung durch die Anwesenheit amerikanischer Truppen wird deshalb als besonders unfair wahrgenommen (Kuniyoshi 14.05.2022). Das zeigen auch die Ergebnisse anderer Umfragen, die anlässlich des 50. Jahrestags der Rückgabe von Okinawa durchgeführt wurden. Während nämlich 61 % der Menschen, die in der Präfektur Okinawa wohnen, der Meinung sind, dass die dortige US-amerikanische Militärpräsenz reduziert werden muss und nur 19 % mit dem Ausmaß der Präsenz zufrieden sind, finden 41 % der Befragten in einer landesweiten Erhebung die derzeitige Situation in Okinawa in Ordnung (*AS* 11.05.2022).

Neben den offiziellen Feierlichkeiten am Jahrestag der Rückgabe, über die in den japanischen Medien berichtet wurde, sodass die aktuellen Probleme der Präfektur Okinawa kurzzeitig ins öffentliche Bewusstsein gerückt wurden, wurde der 50. Jahrestag auch als Aufhänger für andere kulturelle Veranstaltungen genutzt. So wurden einige große Ausstellungen zum Thema Okinawa kuratiert und durchgeführt. Eine Ausstellung des Tōkyōter Nationalmuseums, die im Zeitraum vom 3. Mai 2022 bis 26. Juni 2022 gezeigt wurde und danach noch vom 16. Juli 2022 bis 4. September 2022 im Nationalmuseum Kyūshū in Dazaifu/Präfektur Fukuoka zu sehen war, hieß einfach nur »Ryūkyū« und stellte die vielen Artefakte aus fast 1000 Jahren eigenständiger Geschichte der Inselgruppe aus, die vor allem in der Meiji-Zeit (1868–1912) von der Präfektur Okinawa erworben worden waren (*Tsumugu* 03.05.2022). Die Narration innerhalb der Ausstellung sowie die Betonung der Tatsache, dass es sich bei einer großen Anzahl von Ausstellungsstücken um designierte Nationalschätze handelt, weist ganz klar darauf hin, dass die Inselgruppe ein integraler Teil der japanischen Nation ist. Sie wurde zuerst in der Hauptstadt Tōkyō gezeigt und wanderte dann an den Ort Dazaifu, der im Altertum als Tor zum asiatischen Festland galt und wo heute das Nationalmuseum Kyūshū für die Geschichte der südlichen Teile Japans zuständig ist.

Auch das Museum der Kokugakuin Universität in Tōkyō veranstaltete um den 50. Jahrestag der Rückgabe herum eine Ausstellung zu den Ryūkyū-Okinawa-Studien, denen sich die Universität besonders verpflichtet fühlt. Auch hier ging es wieder um die Integration der Inselgruppe in den nationalen Rahmen, diesmal im Bereich des akademischen Diskurses (Kokugakuin 19.05.2022).

Eine Ausstellung des Japan Press Research Instituts in Tōkyō zeigte vom 29. April 2022 bis 15. Mai 2022 eine Ausstellung von Fotografien aus den 50 Jahren seit der Rückgabe Okinawas an Japan, die offiziell inszenierten Feierlichkeiten Protestveranstaltungen gegenüberstellen und neben Fotos landschaftlicher, kultureller oder sportlicher Highlights Bilder zeigen, die auf die nach wie vor ungelösten Probleme der Präfektur hinweisen (JPRI 29.04.2022). Auch das Zeitungsmuseum in Yokohama, das sich selbst »Newspark« nennt, veranstaltete vom 23. April 2022 bis zum 4. September 2022 eine Ausstellung mit dem Titel »1972 und die Rückgabe von Okinawa«, in der zeitgenössische Artikel und Fotos vor allem der beiden großen Lokalzeitungen *Okinawa Times* und *Ryūkyū Shinpō* gezeigt wurden (*Newspark* k. J.).

In Okinawa selbst fanden nur kleinere Ausstellungen statt. Das Geschichtsmuseum der Stadt Naha, der Hauptstadt der Präfektur Okinawa, zeigte eine kurze Ausstellung vom 13. Mai 2022 bis zum 27. Juni 2022 zur Geschichte der Stadt Naha im Wandel der Zeit. Schon der Titel der Ausstellung macht den Perspektivenwechsel deutlich. Es ist nicht mehr – wie bei den ganzen Ausstellungen im Raum Tōkyō – von der Rückkehr Okinawas die Rede. Vielmehr wird hier der Begriff »Rückkehr nach Japan« benutzt, die Ausstellung geht der Frage nach, was diese »Rückkehr« mit der Stadt Naha gemacht hat (Naha City Museum of History k. J.). Das Präfektur-

und Kunstmuseum von Okinawa in Naha kündigt für seine Ausstellung »50 Jahre Rückgabe – Okinawa am Vorabend der Rückgabe« vom 18. März 2022 bis zum 21. August 2022 gleich an, dass die Highlights der Ausstellung der Kampf der Inselbewohner*innen gegen die amerikanischen Militärbasen, den negativen Einfluss des Militärs und seine nach wie vor existierenden Privilegien seien (OPMAM k.J.). Das Archiv der Präfektur Okinawa stellt in seiner Ausstellung von Archivmaterialien zum Thema »Okinawa und die Rückkehr nach Japan« gleich klar, dass es vor allem auch darum geht, was sich denn die Bürger*innen der Präfektur Okinawa von dieser »Rückkehr« erwarteten: »kenmin ga Nihon fukki ni nozonda mono wa nanidatta no ka« (Okinawa Prefectural Archives k.J.).

Die Gegenüberstellung der Ausstellungskonzepte und -inhalte auf der Hauptinsel und in der Präfektur Okinawa selbst zeigt das Machtverhältnis und die Perspektiven auf die Rolle der Inselgruppe sehr deutlich. Die in der Zentrale vor allem für ein nicht-okinawanisches Publikum veranstalteten Ausstellungen verfügen über die großen Ausstellungsstücke mit historischer Bedeutung, ordnen Ryūkyū in die japanische Geschichte ein, beziehungsweise machen die Region zum Gegenstand japanischer akademischer Forschung. Hier wird auf die Präfektur und ihre regionalen Besonderheiten geblickt. Die Menschen der Präfektur haben so gut wie keine Agency, sie werden in das neue, moderne Japan eingeordnet.

Die Ausstellungen in der Präfektur selbst sind wesentlich kleiner und stellen nicht die Nationalschätze aus der Geschichte von Ryūkyū in den Mittelpunkt. Dafür nehmen Sie aber die Perspektive der Menschen ein, die in Okinawa leben, und adressieren ziemlich direkt deren Sorgen und Probleme. Während die Ausstellungen auf der Hauptinsel aus einer Vogelperspektive auf die Geschichte Okinawas schauen, befassen sich die Ausstellungen in der Präfektur mit den konkreten Veränderungen, die zum Beispiel die Anwesenheit der US-Truppen in Okinawa hat auf der Graswurzelebene beziehungsweise der Ebene der militärisch genutzten Flächen.

Für ein internationales Publikum gedreht und von Ende 2022 bis Ende 2023 auf der Webseite von NHK World verfügbar, portraitiert ein Dokumentarfilm mit dem Titel »Okinawa's Return: 50 Years On – Islands at Odds with Peace & Security« zwei junge Männer aus Okinawa, die sich für eine Karriere bei den japanischen Selbstverteidigungsstreitkräften entschieden haben. Die Botschaft der Dokumentation ist, dass in der angespannten internationalen Sicherheitslage gerade die Bewohner*innen der Präfektur Okinawa ihre Haltung zu Militär verändern und einsehen, dass sie sich besser auf potentielle Aggressionen vom asiatischen Festland einstellen (NHK 17.12.2022).

Die Sicherheitslage und die veränderten Konstellationen in der Region Ostasien haben für die Präfektur Okinawa dazu geführt, dass nach Jahrzehnten, in denen vor allem die Eingliederung der Inseln in die japanische Nation und Wirtschaft wichtig war, die historische Rolle, die Ryūkyū als Vermittler zwischen Japan und den Nachbarländern sowie Drehscheibe von Handelsströmen hatte, wieder mehr in den Vordergrund rückt. Der Titel eines Symposiums, das am 7. Dezember 2022 anlässlich des 50. Jahrestags der Rückgabe Okinawas an Japan von der Präfekturverwaltung veranstaltet wurde, zeigt diesen Bewusstseinswandel deutlich: »Okinawa in Asien: Wirtschaftsstrategien und regionale Diplomatie als Wegbereiter einer neuen Ära« (Okinawa Prefecture k. J.). Hier ist Okinawa (wieder) die Plattform für den regionalen politischen und wirtschaftlichen Austausch, die das Königreich Ryūkyū vor der Kolonisierung durch Japan jahrhundertelang war.

Literatur

AS (*Asahi Shinbun*) (11.05.2022), »Survey: 41 % in Japan OK with Okinawa Bearing U.S. Base Burden«, https://www.asahi.com/ajw/articles/14618216 (31.07.2023).

AS (*Asahi Shinbun*) (16.05.2022), »Editorial: ›What Is Japan?‹ Question Lingers 50 Years after Okinawa's Return«, https://www.asahi.com/ajw/articles/14622096 (31.07.2023).

Biontino, Juljan (2021), *Conceptions of Imperialism and East Asia in Japan's New History Curriculum*, unveröffentlichtes Manuskript.

Chiavacci, David (2022), »Zwischen Verehrung und Geringschätzung: Einführung in die Sondersektion zu Abes Wirken und Vermächtnis«, in: David Chiavacci und Iris Wieczorek (Hg.), *Japan 2022: Politik, Wirtschaft und Gesellschaft*, München: Iudicium, S. 27–34.

Chotiner, Isaac (09.07.2022), »How Shinzo Abe Sought to Rewrite Japanese History: Japan's Longest-serving Prime Minister Wanted a more Assertive Place for his Country on the International Stage – at the expense of Atonement and Historical Accountability (Interview with Alexis Dudden)«, in: *The New Yorker*, https://www.newyorker.com/news/q-and-a/how-shinzo-abe-sought-to-rewrite-japanese-history (31.07.2023).

Economist (14.05.2022), »Fifty Years after America Returned Okinawa to Japan, It Still Feels Cut Off – No One Listens to the Islanders' Complaints about American Bases«, https://www.economist.com/asia/2022/05/14/fifty-years-after-america-returned-okinawa-to-japan-it-still-feels-cut-off (31.07.2023).

Egami, Takayoshi (1994), »Politics in Okinawa since the Reversion of Sovereignty«, in: *Asian Survey*, 34 (9): 828–840.

Genron (2022a), *Dai 10-kai Nikkan Kyōdō Seron Chōsa Kekka* [Ergebnisse der 10. gemeinsamen japanisch-koreanischen Meinungsumfrage], https://www.genron-npo.net/world/archives/13326.html (31.07.2023).

Genron (2022b), *Dai 18-kai Nitchū Kyōdō Seron Chōsa Kekka* [Ergebnisse der 18. gemeinsamen japanisch-chinesischen Meinungsumfrage], https://www.genron-npo.net/world/archives/13950.html (31.07.2023).

Isoda, Kazuaki (13.05.2022), »Survey: 89% of Okinawans Feel ›Gaps‹ Exists with Rest of Japan«, in: *Asahi Shinbun*, https://www.asahi.com/ajw/articles/14620234 (31.07.2023).

JPRI (Japan Press Research Institute) (29.04.2022), *Hōdō Shashinten ›Okinawa Fukki 50-nen‹* [Pressefoto-Ausstellung 50 Jahre ›Rückgabe von Okinawa‹], https://www.chosakai.gr.jp/Okinawa50th/ (31.07.2023).

Kawashima, Shin (15.12.2022), »Japan–China Relations Back on Track«, in: *East Asia Forum*, https://www.eastasiaforum.org/2022/12/15/japan-china-relations-back-on-track/ (31.07.2023).

Kawashima, Shin und Kazuko Kojima (2023), »Rekishi Ninshiki Mondai« [Geschichtsbewusstseinsprobleme], in: Akio Takahara, Shigeto Sonoda, Tomoo Marukawa und Shin Kawashima (Hg.), *Nitchu Kankei 2001–2022* [Japanisch-Chinesische Beziehungen 2001–2022], Tōkyō: Tōkyō Daigaku Shuppankai, S. 125–155.

Kokugakuin (Kokugakuin University Museum) (19.05.2022), *The Journey of Ryukyuan/Okinawan Studies at Kokugakuin*, http://museum.kokugakuin.ac.jp/en/special_exhibition/detail/2022_okinawa50.html (31.07.2023).

Kuniyoshi, Mika (14.05.2022), »50 Years on, Okinawa Still Saddled by U.S. Military Burden«, in: *Asahi Shinbun*, https://www.asahi.com/ajw/articles/14621078 (31.07.2023).

MOFA (Ministry of Foreign Affairs) (1972), *Joint Communique of the Government of Japan and the Government of the People's Republic of China*, https://www.mofa.go.jp/region/asia-paci/china/joint72.html (31.07.2023).

Morris-Suzuki, Tessa (18.08.2015), »Abe's WWII Statement Fails History 101« in: *East Asia Forum*, https://www.eastasiaforum.org/2015/08/18/abes-wwii-statement-fails-history-101/ (31.07.2023).

Naha City Museum of History (k.J.), *Nihon Fukki 50 Shūnen Kinen Kikakuten ›Toki o Kakeru Naha‹* [Sonderausstellung zum Gedenken an 50 Jahre Rückkehr nach Japan: ›Naha im Wandel der Zeit‹], http://www.rekishi-archive.city.naha.okinawa.jp/archives/112048 (31.07.2023).

NCUEE = National Center for University Entrance Examinations (k.J.), *Reiwa 7-nendo Daigaku Nyūgaku Kyōtsū Tesuto Shisaku Mondai ›Rekishi Sōgō, Nihonshi Tankyū‹* [Allgemeiner Aufnahmetest für Universitäten 2025: Testfragen für »Allgemeine Geschichte« und »Erforschung der japanischen Geschichte«], https://www.dnc.ac.jp/albums/abm.php?d=395&f=abm00003199.pdf&n=2-2-2_%E8%A9%A6%E4%BD%9C%E5%95%8F%E9%A1%8C%E3%80%8E%E6%AD%B4%E5%8F%B2%E7%B7%8F%E5%90%88%EF%BC%8C%E6%97%A5%E6%9C%AC%E5%8F%B2%E6%8E%A2%E7%A9%B6%E3%80%8F.pdf (31.07.2023).

Newspark (k. J.), »Kikakuten ›Okinawa Fukki 50-nen to 1972‹« [Sonderausstellung ›1972 und die Rückgabe von Okinawa‹], https://newspark.jp/exhibition/ex000271.html (31.07.2023).

NHK (Nippon Hōsō Kyōkai) (17.12.2022), *Okinawa's Return: 50 Years On – Islands at Odds with Peace & Security*, https://www3.nhk.or.jp/nhkworld/en/ondemand/video/3016139/ (31.07.2023).

Nishioka, Tsutomu und Rui Abiru (Hg.) (2023), *Abe Shinzō no Rekishisen: Rachi Mondai – Ianfu Mondai – Nanajūnen Danwa – Yasukuni Sanpai* [Abe Shinzōs Geschichtskriege: Das Problem der Entführungen (nach Nordkorea), das Trostfrauenproblem, die Rede zum 70. Jahrestag des Kriegsendes und der Besuch des Yasukuni-Schreins], Tōkyō: Sankei Shuppansha.

Ogawa, Kōji (14.04.2022), »›Historic‹ Change in Japan's High School Curriculum: Introducing Modern and Contemporary History«, in: *Nippon.com*, https://www.nippon.com/en/in-depth/d00797/# (31.07.2023).

Okinawa Prefectural Archives (k. J.), *Kikakuten ›Nihon Fukki to Okinawa Ten‹* [Sonderausstellung: Okinawa und die Rückkehr nach Japan], https://www.archives.pref.okinawa.jp/event_information/exhibition_course/13326 (31.07.2023).

Okinawa Prefecture (k. J.), *Fukki 50 Shūnen Kinen Shinpojiumu ›Ajia no Naka no Okinawa Jidai o Kiri Hiraku Keizai Senryaku to Chiiki Gaikō‹* [Okinawa in Asien: Wirtschaftsstrategien und regionale Diplomatie als Wegbereiter einer neuen Ära], https://www.pref.okinawa.lg.jp/site/chijiko/kichitai/sinpojiumu2.html (31.07.2023).

OPMAM (Okinawa Prefectural Museum and Art Museum) (k. J.), *Fukki 50-nen Okinawa Fukki mae ten* [Ausstellung: 50 Jahre Rückgabe – Okinawa am Vorabend der Rückgabe], https://okimu.jp/exhibition/reversion/ (31.07.2023).

Sakurai, Yoshiko (2023), *Abe Shinzō ga Ikita Nihonshi* [Japanische Geschichte, wie sie Shinzō Abe gelebt hat], Tōkyō: Sankei Shuppansha.

Study Valley (22.05.2022), »›Nihonshi Tankyū‹ to ha? Nihonshi B to no Henkōten ya Shidō Suru Pointo o Kaisetsu« [Was ist ›Erforschung der japanischen Geschichte‹? Erläuterung der Veränderungen gegenüber ›Japanische Geschichte B‹ und der wichtigsten Punkte für den Unterricht.], https://www.blog.studyvalley.jp/2022/02/25/japanese-history-research/ (31.07.2023).

Tsumugu (*Tsumugu: Japan Art & Culture*) (03.05.2022), »Art and Culture of Ryukyu (Okinawa) Highlighted at Tokyo National Museum«, https://tsumugu.yomiuri.co.jp/en/feature/art-culture-ryukyu-okinawa-tokyo-national-museum/ (31.07.2023).

Wieczorek, Iris (2022), »Das tödliche Attentat auf Shinzō Abe und die Verbindung von Religion und Politik in Japan«, in: David Chiavacci und Iris Wieczorek (Hg.), *Japan 2022: Politik, Wirtschaft und Gesellschaft*, München: Iudicium, S. 35–43.

Yamaguchi, Mari (15.05.2022), »Okinawa Marks 50 Years of End to US Rule amid Protests«, in: *AP News*, https://apnews.com/article/japan-tokyo-fumio-kishida-cd59cd42d50b9f4e97221eda41d1be35 (31.07.2023).

Die Attraktivität der beruflichen Bildung in Japan: Eine Untersuchung aus der Perspektive von Lehrkräften beruflicher Schulen

Matthias Pilz, Denise Fiedler und Shinji Sakano

The Attractiveness of Vocational Education in Japan: An Investigation from the Perspective of Vocational Schoolteachers

In the past, vocational education in Japan was considered a second choice, students who did not pass the entrance exams to prestigious universities decided to attend a vocational high school out of necessity. However, the current situation, especially against the backdrop of demographic change, is largely unknown.

Therefore, the question of the attractiveness of vocational education is essential. In addition, it is relevant to determine the factors that lead to the attractiveness of vocational education and training. In the study presented here, therefore, Japanese teachers who work at vocational high schools are interviewed. This focus allows for a detailed perspective, as they can be considered experts on the one hand and yet are also personally affected as part of the system on the other.

In total, interviews were conducted with twelve teachers in February 2020. A questionnaire was used that had already been used for an identical study in India and was based on a multi-perspective attractiveness approach. Some country-specific adjustments were made in advance in the context of an expert round with Japanese researchers.

The summarized findings of the evaluation show that teachers consider status, image and reputation to be decisive factors in the attractiveness of vocational education and training. In particular, image and reputation lead to a lower social status being attributed to vocational school graduates. Not least because they are less likely to enter prestigious companies than university graduates. Accordingly, Japanese society attri-

butes a low position within society to vocational school graduates, which in turn has a direct influence on the attractiveness of vocational education and training and thus leads to the fact that vocational education and training is still not considered attractive in many families.

1 Einleitung[1]

Japan besitzt eine bedeutende Wirtschaftsleistung und ist einer der größten Exporteure der Welt. Dabei gilt insbesondere die hohe Qualität der Waren ›Made in Japan‹ weltweit seit Jahrzehnten als zentraler Grund und Erfolgsgarant für diese Stellung (Schneidewind 1991). Sowohl die personalwirtschaftliche Forschung als auch die Berufsbildungsforschung dokumentieren in diesem Kontext einen engen Zusammenhang von Qualität und dem Kompetenzniveau der Belegschaft in der Produktion (Burgt et al. 2014; Gessler 2017; Wiemann und Pilz 2019). Folglich ist die wissenschaftliche Auseinandersetzung mit der Vorbereitung junger Japaner[2] auf die ›Welt der Arbeit‹ (Pilz 2011) von Interesse (Hennings 2021).

In der Vergangenheit wurde die berufliche Bildung in Japan als zweite Wahl betrachtet. Schüler, die die Aufnahmeprüfungen an renommierten Universitäten nicht bestanden, entschieden sich aus der Not heraus, eine *vocational high school*[3] zu besuchen (Hennings 2021; Pilz, Sakano und Alexander 2023). Zeitgleich war das Nicht-Bestehen der Aufnahmeprüfung nicht selten dem Umstand geschuldet, dass die Familien dieser Schüler das Schulgeld in kostenintensiven, privaten sogenannten Paukschulen zur Vorbereitung auf die Aufnahmeprüfung nicht bezahlen konnten (Entrich 2019; Hoffmann 2020). Auch Kariya (1999: 299–303) stellt in diesem Kontext fest, dass die *vocational high schools* in Japan in der Regel die zweite Wahl von Schülern sind und nur von denjenigen Schülern gewählt werden, die aufgrund ihrer schlechten Prüfungsergebnisse von den stärker akademisch ausgerichteten *high schools* ausgeschlossen werden. Da aber der Besuch dieser Schulform als Schlüsselfaktor für den erfolgreichen Zugang zur Hochschulbildung fungiert, kann

---

[1] Der vorliegende Beitrag basiert auf einem Forschungsprojekt, welches partiell finanziert wurde durch ein Bridge Fellowship der Japan Society for the Promotion of Science (No. BR190102). Besonderer Dank gilt Prof. Dr. Etsuo Yokoyama und Herrn Shoji Ishida von der Universität Nagoya für die Gastgeberschaft und die Unterstützung beim Feldzugang.

[2] Aufgrund der besseren Lesbarkeit wird im Text das generische Maskulinum verwendet. Gemeint sind jedoch immer alle Geschlechter.

[3] Im Gegensatz zur Überschrift, welche das Thema für eine breite Leserschaft adressieren soll, wird im Text die englische Begriffsfassung für die Schulformen gewählt, um die nicht angemessene Gleichsetzung mit den Organisationen des deutschen Schulsystems zu vermeiden.

das japanische Bildungssystem nach Kariya (1999: 300) insgesamt als *tracking system* betrachtet werden (Ogawa 2023).

Obwohl namenhafte Konzerne aufgrund des demographischen Wandels und der daraus resultierenden abnehmenden Absolventenzahlen in den letzten Jahren vermehrt Schüler aus *vocational high schools* beschäftigen (Pilz und Sakano 2023), nimmt die berufliche Bildung immer noch lediglich eine marginale Stellung im japanischen System ein. Wenn aber die geringe Zahl der Teilnehmenden trotz verbesserter Arbeitsmarktchancen der Absolventen nicht steigt, ist die Frage nach der Attraktivität der beruflichen Bildung von Bedeutung. Zudem ist die Eruierung der Faktoren von Relevanz, die zur Attraktivität beruflicher Bildung führen. In der vorgestellten Studie werden daher Lehrkräfte befragt, die an einer *vocational high school* tätig sind. Dieser Fokus ermöglicht z. B. im Gegensatz zu einer Fokussierung auf die Schüler und deren Eltern eine komplexere Perspektive, da die Lehrkräfte im Kontext des Übergangs vom Bildungs- in das Beschäftigungssystem einerseits als Experten gelten können und andererseits dennoch auch selbst als Teil des Systems persönlich betroffen sind.

Wie die Lehrkräfte die Attraktivität der beruflichen Bildung wahrnehmen und einschätzen, soll die vorliegende Studie daher im Detail eruieren. Dazu wurden Lehrkräfte an mehreren *vocational high schools* in Japan interviewt. Die Schwerpunkte der Erhebung bilden Fragen zur allgemeinen Reputation bzw. Anerkennung der beruflichen Bildung in der japanischen Gesellschaft. Ebenso werden die Aspekte des Systems beruflicher Bildung sowie die Ausbildung der Lehrkräfte beleuchtet.

2   Erhebungs- und Auswertungsmethode

Um die Perspektive der Lehrkräfte erheben zu können, wurden Interviewleitfragen eingesetzt, die für eine ähnliche Untersuchung in Indien bereits Verwendung fanden (Jambo und Pilz 2018). Einige landesspezifische Anpassungen dieser Fragen wurden im Vorfeld im Kontext einer Expertenrunde mit japanischen Forschenden vorgenommen. Das verwendete Interviewleitfrageinstrument setzt sich aus drei Teilen zusammen. Teil A enthält generelle Informationen zur befragten Person wie dem Geschlecht, Fragen zur Berufserfahrung sowie Fragen zur Schulform und der unterrichteten Fächer. Teil B enthält Fragen zur beruflichen Bildung in Japan. Dazu gehören Fragen zur Entscheidungsfindung der Jugendlichen und ob sie mit dieser zufrieden sind. Zudem sind Fragen integriert, die Einschätzungen zu den Karrierechancen sowie der Attraktivität des Abschlusses einer *vocational high school* thematisieren. Teil C beschäftigt sich mit der Rolle der Lehrer. Hierzu werden Fragen über die Ausbildung

der Lehrer gestellt sowie die Herausforderungen und Chancen des Lehrerberufes ab-
gebildet. Zudem werden Fragen gestellt, um die gesellschaftliche Anerkennung beruflicher Bildung zu eruieren und zu ermitteln, ob die *vocational high school* die Schülerschaft bestmöglich auf den japanischen Arbeitsmarkt vorbereitet.

Es konnten über Kontakte von Forschenden in Japan Lehrkräfte von *vocational
high schools* im Großraum Tōkyō und Nagoya befragt werden. Insgesamt wurden
im Februar 2020 Interviews mit zwölf Lehrkräften geführt. Unter den Befragten befand sich nur eine weibliche Lehrkraft, was allerdings der geringen Anzahl von
weiblichen Lehrkräften in dieser Schulform entspricht. Das Alter der Befragten va-
riierte zwischen 30 und 65 Jahren. Zudem wurde ein ehemaliger Lehrer befragt, der
das 65. Lebensjahr überschritten hatte.[4]

Die Interviews wurden mit Zustimmung der Befragten auditiv aufgenommen
und in englischer und/oder japanischer Sprache geführt (Pilz 2021). Alle Interviews
wurden transkribiert und die in japanischer Sprache geführten Interviews ins Englische übersetzt. Dabei kam ein elektronisches Übersetzungsprogramm zum Einsatz und die so erzeugten Übersetzungen wurden durch zwei in beiden Sprachen
versierte Forscher nochmals auf Korrektheit gegengeprüft und in Details korrigiert.

Die Auswertung erfolgte nach Kuckartz et al. (2008). Zunächst wurde das Daten-
material gesichtet, um einen Überblick zu erlangen und Auffälligkeiten zu dokumentieren (Kuckartz et al. 2008). Zudem wurden Kategorien gebildet, um die Daten
passgenau analysieren zu können. Hierbei wurde sowohl deduktiv als auch induktiv
vorgegangen. Die deduktiv bestimmten Kategorien wurden in Form von Gruppen
durch eine Literaturrecherche bestimmt und orientierten sich an einem konzeptio-
nellen Ansatz zur Attraktivität beruflicher Bildung nach Pilz (2019), der weiter unten beschrieben wird. Neben den deduktiv bestimmten Kategorien entstanden induktiv hergeleitete Kategorien (siehe Abb. 1), die gleichfalls nachfolgend explizit
erläutert werden.

3   Kontextinformationen zum japanischen Bildungssystem

Um die gewonnenen Befunde besser einordnen zu können, wird nachfolgend ein
kurzer Überblick zum japanischen Bildungssystem und zu den Lehrkräften gegeben (siehe zu Details insbesondere Eswein, Alexander und Pilz 2023; Pilz, Sakano
und Alexander 2023; sowie Pilz 2011).

---

[4] Weder hinsichtlich des Alters der Befragten noch hinsichtlich der zwei Untersuchungsräume konnten
nennenswerte Unterschiede ausgemacht werden. Auf Basis der kleinen Untersuchungsgruppe und
diesen Befunden ist folglich keine Differenzierung der Ergebnisse möglich.

3.1 (Berufliche) Schulen in Japan

Die allgemeine Schulpflicht, die in Japan neun Jahre beträgt, endet mit dem Abschluss der *lower secondary school*. Mit 98,8 % entscheiden sich nahezu alle Schüler zum Besuch der schulischen Oberstufe. Dies ist im internationalen Kontext ein hoher Wert, der die hohe Bildungsaffinität in Japan dokumentiert und u. a. daraus resultiert, dass »in Japan ein einmal eingeschlagener Bildungsweg später nur sehr selten korrigiert werden kann« (Pilz 2011: 281). Der Besuch der jeweiligen *high school* setzt das erfolgreiche Bestehen der Aufnahmeprüfungen voraus. Um die Aufnahmeprüfungen zu bestehen, besuchen die Schüler, deren Familien die finanziellen Mittel besitzen, oftmals sogenannte Paukschulen. Diese bereiten gezielt auf die Aufnahmeprüfungen vor, indem sie meist in den Abendstunden Inhalte wiederholen und vertiefen. Diese Paukschulen bereiten gleichfalls auf die Aufnahmeprüfungen für den Übergang von der *high school* zur Universität vor (Entrich 2019; Hoffmann 2020).

Neben der allgemeinbildenden *upper secondary school* besteht ebenso die Möglichkeit, das *technical college*, das *specialized training college*, die *miscellaneous school* und das *junior college* zu besuchen. Werden in der *upper secondary school* und in dem *specialized training college* (*general course*) überwiegend allgemeinbildende Fächer unterrichtet, liegt das Hauptaugenmerk der Kurse der *technical colleges* auf der Übermittlung von technischen Inhalten. Aktuell besuchen ca. 12 % aller Jugendlichen einer Alterskohorte eine berufliche Form auf dem upper secondary Niveau (siehe zu Details Eswein et al. 2023).

Die *technical colleges*, in den 1960er Jahren als *colleges of technology* gegründet, sollten insbesondere den steigenden Bedarf an technischen Fachkräften auf der Ebene unterhalb der Universitäten und oberhalb der *vocational high schools* decken (Münch und Eswein 1992). Das *technical college* schließt an die *lower secondary school* an, dauert zwei Jahre länger und basiert auf einem ingenieurwissenschaftlichen Curriculum. Die *specialized training colleges* können sowohl nach der *lower secondary school* als auch nach der *upper secondary school* besucht werden. Der zuvor erreichte Schulabschluss steuert zum einen die Dauer als auch die Einordung in die *secondary school education* oder in die *higher education* (Eswein, Alexander und Pilz 2023).

Darüber hinaus existieren *specialized training colleges* mit dem Zusatz *upper secondary course* oder *general course*. Der Besuch der *upper secondary courses* zielt darauf ab, nach Beendigung ein Studium am *junior college* oder der Universität aufzunehmen. Die Schüler der *general courses* schließen mit einem Diplom ab, nahezu äquivalent zu dem Bachelor an einer Universität. Im Gegensatz zu den Universitäten unterstehen die *specialized training colleges* jedoch keiner staatlichen Aufsicht, sodass sie in ihrer curricularen Gestaltung weitestgehend frei sind. Die Wahlmöglichkeiten umfassen die Fächer Technik, Landwirtschaft, Gesundheitswesen, Kosmetik und Ernährung, Erziehung und Sozialarbeit, Wirtschaftswesen sowie Mode und Hauswirtschaftslehre. Wobei die meisten Schüler den Zweig des Gesundheitswesens sowie der Erziehung und Sozialarbeit belegen (Eswein, Alexander und Pilz 2023). Die *miscellaneous schools* sind keine staatliche Schulform, »es handelt sich in der Regel um private Einrichtungen« (Münch und Eswein 1992: 97). Der Fokus der Schulen, die in Deutschland thematisch den Hauswirtschaftsschulen entsprechen, liegt darauf, Schüler auf den ›Beruf der Hausfrau und Mutter‹ vorzubereiten. Kurse wie »Kochen, Nähen, Buchhaltung, Autofahren und Datenverarbeitung« (Münch und Eswein 1992: 97) sollen sie auf diese Aufgabe vorbereiten. Neben der *miscellaneous school* bietet auch das *junior college* Kurse in Humanwissenschaften, Sozialwissenschaften und Hauswirtschaft an (Münch und Eswein 1992: 97–98).

Die *junior colleges*, in manchen Darstellungen als sogenannte Kurz-Universitäten bezeichnet, sind Bildungseinrichtungen, die aufgrund der angebotenen Kurse (Humanwissenschaften, Sozialwissenschaften und Hauswirtschaft) sowie der überschaubaren Dauer den Universitäten als Bildungseinrichtungen nicht gleichgestellt werden können. Zudem werden diese überwiegend von jungen Frauen besucht und dienen demnach eher als Vorbereitung auf den Ehestand als auf den Eintritt in ein Unternehmen bzw. das Arbeitsleben (Münch und Eswein 1992: 97–100).

3.2 Lehrer in Japan

Die Ausbildung der Lehrkräfte erfolgt in Japan standardisiert und basiert auf einem Lizenzsystem. Das Lizenzsystem differenziert zwischen der normalen Lizenz, der Speziallizenz sowie der provisorischen Lizenz. Die Lizenzen unterscheiden sich hinsichtlich der Geltungsdauer, dem Geltungsbereich sowie den Zugangsvoraussetzungen.

Die normale Lizenz gilt zehn Jahre und berechtigt an jeder Schulform zu unterrichten. Die Speziallizenz gilt gleichfalls für zehn Jahre, jedoch lediglich in der verleihenden Präfektur, während die provisorische Lizenz ebenfalls in der verleihenden Präfektur gilt, jedoch nur für drei Jahre. Die normale Lizenz klassifiziert die Lizenzen in eine Spezialisierungslizenz, eine Lizenz erster Art sowie eine Lizenz zweiter Art. Die Lizenzen erfordern abfolgend den Abschluss des Masters, Bachelors bzw. den Abschluss eines *junior colleges*. Zudem erfordert die Lehrtätigkeit beginnend ab dem *upper secondary school*-Level sowohl eine Lehrerlizenz als auch eine Fachlizenz in dem zu unterrichtenden Fach (Eswein, Alexander und Pilz 2023). Da die beruflichen Schulen hierarchisch der *upper secondary school* zugeordnet werden, ist der Besitz beider Lizenzen für die Lehrkräfte erforderlich.

4 Analyse

Nachfolgend werden die erhobenen Befunde dargestellt und, um eine innere Konsistenz zu erreichen, integrativ diskutiert. Vorab erfolgt jedoch eine Einführung in die Analyse der Attraktivität beruflicher Bildung, wobei eine systematische Kategorisierung von Attraktivität im hier fokussierten Kontext vorgenommen wird. Dies wird über bereits existente theoretische Zugänge und Konzeptionen realisiert und dient neben der theoretischen Fundierung einer klareren Strukturierung.

4.1 Einführung in die Analyse der Attraktivität

Die Analyse der einschlägigen Fachliteratur dokumentiert, dass keine einheitliche Definition der Attraktivität beruflicher Bildung existiert sowie diverse Überschneidungen in den vorliegenden Konzepten und Typologien existieren (Billett 2020; Pilz 2019, 2023; Stalder, Choy und Le 2022). Vielmehr lassen sich in der (internationalen) Literatur diverse Termini finden, die als Parameter in der Analyse beruflicher Bildung etabliert wurden. So nutzt Winch (2013: 95–99) in seiner international angelegten Studie den Begriff der Attraktivität (»attractiveness«). Diesen legt er einerseits hinsichtlich der Vorteile, die der Einzelne durch berufliche Bildung erlangen kann, aus. Dabei kommt der Gleichwertigkeit von allgemeiner und beruflicher Bildung (»parity of esteem«) eine besondere Bedeutung zu. Daneben nimmt der Autor andererseits eine ökonomisch geprägte Perspektive ein und fragt nach dem Vorteil der Berufsbildung im Kontext volkswirtschaftlicher Fragestellungen. Vielfach wird die Perspektive des Individuums eingenommen und besonders auf Zugänge und die Qualität in den Berufsbildungsgängen fokussiert. In einer Studie von Larsonen und Manning (2001: 117) widmen sich die Autorinnen explizit dem Begriff der »attractiveness« auf unterschiedlichen Bedeutungsebenen mit besonderem Fokus auf das Individuum: »The terms ›attractiveness‹ and ›esteem‹ are related to behaviour or to attitudes held by individuals or groups. These are socio-psychological concepts which in this context, except for partial interventions, go beyond the scope of our investigation. It is more appropriate therefore to refer to the ›standing‹ of vocational education, which is an objective term related to educational levels and achievements, even if complex in its social and cultural context. We can analyse essential educational aspects of the ›standing‹, for instance the provision and role of vocational education as a basis and the response of the main beneficiaries of vocational education (young people; employers) as an effect.« In einer Untersuchung des BIBB (2015) werden u. a. die Begriffe Attraktivität und Ansehen verwendet. Die Attraktivität wird dabei primär der Unternehmensseite zugerechnet; grundsätzlich geht es um die Frage, warum Unternehmen ausbilden. Das Ansehen beruflicher Bildung wird in dieser Studie eher in einer gesellschaftlichen und individuellen Perspektive der Jugendlichen verortet.

Bereits diese kurze Einführung zeigt, dass die jeweilige Perspektive eine große Rolle bei der Begriffsfassung spielt, die je nach Akteur im Bildungs- und Beschäftigungssystem und in der Gesellschaft insgesamt, zu unterschiedlichen Bewertungen führen kann (Pilz und Ramasamy 2022). So nennen beispielsweise Hao und Pilz konkrete Aspekte, die aus Sicht des Individuums zur Attraktivität beruflicher Bildung führt: »From the perspective of individuals, attractiveness means potential earnings, career opportunities, job security and fulfilling jobs« (Hao und Pilz 2021: 5). Das Zitat steht keinesfalls im widersprüchlichen Zusammenhang mit dem Titel dieser Untersuchung, lenkt man den Fokus auf die exklusive Position der Lehrkraft im Schulsystem Japans. Die Lehrkraft nimmt zugleich mehrere Perspektiven des Systems wahr, da sie im direkten Austausch mit allen Steakholdern (dem Staat als Arbeitgeber, der Schülerschaft sowie der Elternschaft und den Unternehmen, die auf der Suche nach Arbeitskräften sind) steht. Zudem übernimmt die Lehrkraft gegenüber den Schülern eine Fürsorgepflicht und ist darauf bedacht, die Schüler bestmöglich auf das Arbeitsleben vorzubereiten (Pilz 2008). Darunter fällt auch die realistische Einschätzung der beruflichen Möglichkeiten nach Beendigung der Schulzeit.

Wie bereits oben angedeutet, wurde in dieser Studie als theoretische Basis auf definitorische Vorarbeiten von Pilz (2019) Rückgriff genommen. Konkret wird dort auf Basis eines Akteursansatzes zwischen den vier Zugängen individuelle Perspektive, betriebliche und arbeitsmarktbezogene Perspektive, gesellschaftliche Perspektive sowie der Perspektive von Staat und Bildungsanbietern unterschieden. Alle vier Perspektiven werden mit entsprechenden Unterkategorien versehen, die hier allerdings nicht detailliert ausgeführt werden können (siehe Pilz 2019). In der Konsequenz wird ein Perspektivwechsel vorgenommen. Es werden nicht primär die Begriffe in den Vordergrund gestellt, sondern vielmehr die Interessen der Akteure an und in der Berufsbildung. Die sehr komplexen und abstrakten Begriffskonstruktionen werden dabei zum einen durch die Akteurszuschreibung kontextualisiert und zum anderen durch die Zuschreibung konkreter Motivlagen operationalisiert. Folglich werden die abstrakten Begriffe ersetzt durch Motivzuschreibungen unterschiedlicher Akteure auf einem mittleren Abstraktionsniveau.

Um die Attraktivität beruflicher Bildung Japans aus der Perspektive der Lehrkräfte einschätzen bzw. analysieren zu können, wurde dieser Ansatz modifiziert.

Dabei wurde berücksichtigt, dass die Lehrkräfte neben ihrer eigenen Perspektive die ihrer Schüler im gesellschaftlichen Gesamtkontext besonders gut einschätzen können. Damit werden insbesondere die Aspekte ökonomische Attraktivität sowie die gesellschaftliche Attraktivität adressiert. Die besondere japanische Situation wird über Alleinstellungsmerkmale bzw. die Charakteristika beruflicher Bildung, die zur Attraktivität führen, aufgenommen. Hier spielt, wie sich erst im Forschungsverlauf ergab und durch die Option auch induktiv gewonnener Erkenntnisse in die Analyse einfließen zu lassen (siehe oben), die Frage der Employability eine zentrale Rolle (siehe auch Befunde unten). Wie bereits im Kontext der Definitionsproblematik erwähnt, ist auch diese Gruppierung nicht völlig trennscharf vorzunehmen, wie auch die weiteren Ausführungen dokumentieren.

Die folgende Abbildung 1 soll die Gliederung der nachfolgenden Unterkapitel verdeutlichen.

ABB. 1: *Gruppierung der Attraktivitätsbereiche*

Ökonomische Attraktivität	Alleinstellungs- merkmale	Gesellschaftliche Attraktivität
• Aufstiegschancen • Verdienst- möglichkeiten • Arbeitslosenquote	• Employability	• Status • Image • Reputation

Quelle: Eigene Darstellung.

4.2 Ökonomische Attraktivität beruflicher Bildung

Die Analyse der Attraktivität der beruflichen Bildung beginnt mit der Betrachtung der ökonomischen Komponenten, die Einfluss auf die Bewertung der Attraktivität beruflicher Bildung ausüben. Dafür wird dieses Unterkapitel nochmals in folgende Abschnitte unterteilt: die Verdienst- bzw. Aufstiegschancen und die Arbeitslosenquote.

Die Verdienst- und Aufstiegschancen richten sich im Unternehmen zum einen nach dem Senioritätsprinzip und zum anderen nach der Einordnung als *blue collar-* oder *white collar-*Arbeiter. Das Senioritätsprinzip basiert auf dem Dienstalter, also der Dauer der Betriebszugehörigkeit des Mitarbeiters (Münch und Eswein 1992: 153):

(…) der Senior der Gruppe, dessen Seniorität eher der Dauer seiner Betriebszugehörigkeit als seinem Lebensalter entspricht, [der] meistens die Stelle als
Gruppenführer einnimmt, also »Abteilungsleiter« oder »Vorarbeiter« ist.

Das Prinzip greift sowohl in der Festsetzung der Entgelthöhe als auch in den Aufstiegschancen innerhalb des Unternehmens. So steigt mit der Dauer der Betriebszugehörigkeit sowohl die Entlohnung als auch die Art der Tätigkeit und die damit
verbundenen Aufstiegschancen (Alexander und Pilz 2004: 761):

> Beförderungen werden dann zum einen auf Basis der Zeitdauer der Betriebs-
> zugehörigkeit (Senioritätsprinzip) [vergeben], wobei es sich (…) eher um eine
> »späte« Karriere handelt, denn in den ersten 12 Dienstjahren zeigen sich nur
> geringe Unterschiede.

Aber auch die Einordnung als *white collar-* oder *blue collar-*Mitarbeiter ist in der
Entwicklung der Verdienst- und Aufstiegsmöglichkeiten von Bedeutung. Demnach
erzielen *white collar-*Beschäftigte im Vergleich zu *blue collar-*Beschäftigen ein höheres Entgelt. Die Einordnung als *white collar-* oder *blue collar-*Beschäftigter erfolgt
durch die Art des Bildungsabschlusses, wobei die *white collar-*Beschäftigten von
Universitäten und die *blue collar-*Mitarbeiter neben akademischen Einrichtungen
auch direkt von beruflichen Schulen rekrutiert werden (Alexander und Pilz 2004;
Teicher und Teichler 1997).

Erste Rekrutierungsmaßnahmen für Berufsschüler seitens der Betriebe erfolgen
durch Praktika bzw. Produktionsstättenbesichtigungen, wie eine Lehrkraft berichtet (Interview 3):

> Well, when I was high school student, I went to a factory tour, and I went to a
> place where I was doing so-called assembly line work.

Durch die eingegrenzten bzw. begrenzten Entwicklungsmöglichkeiten bedingt
durch den Bildungsabschluss entscheiden sich viele Absolventen beruflicher Schulen allerdings für einen anschließenden Hochschulbesuch, der in den letzten Jahrzehnten den direkten Eintrittsweg nach Schulabschluss stark verdrängt hat (Interview 1):

> (…) But when they become a graduate it changes. 70% want a job in the com-
> panies and 30% want to go to the university. But now actually 50% want to go
> the companies and 50% wants to go to the university.

Da die Verdienstmöglichkeiten sowie die Aufstiegschancen, wie zuvor erläutert, bereits vor Eintritt in das Unternehmen weitestgehend festgelegt sind, wird das Entgelt

im Kontext der Attraktivität aus der Perspektive der befragten Lehrkräfte nicht besonders hervorgehoben. Vielmehr lassen sich Nuancen in den Kategorien der Inhaltsanalyse des Images und der Reputation erkennen. Darüber hinaus dokumentieren die Interviews, dass die Lehrkräfte die Möglichkeiten des Eintritts in prestigereiche Unternehmen der eigenen Absolventen hervorheben. Demnach beinhalten die Interviewaussagen lediglich Nuancen, die auf den grundsätzlichen Eintritt in die prestigereichen (Groß-)Unternehmen abzielen, aber nicht die Aufstiegschancen innerhalb des Unternehmens thematisieren. So unterstreicht eine Lehrkraft die Eintrittsmöglichkeiten der zukünftigen Absolventen bei dem Konzern Toyota (Interview 1):

It was very difficult for our students to go to the university. Nowadays specific Toyota companies, they said we do not consider academic background (…).

Die Aussage der Lehrkraft unterstreicht nochmals, dass in beruflichen Schulen der Eintritt in das Arbeitsleben sowie der Eintritt in ein prestigereiches Unternehmen aufgrund der zu erwartenden Einstufung als *blue collar* im Fokus der Bestrebungen der Lehrkräfte für die Schüler steht und die Verdienst- sowie Aufstiegsmöglichkeiten von sekundärer Natur sind.

Um die Attraktivität beruflicher Bildung in ökonomischer Hinsicht bewerten zu können, ist es nochmals notwendig hervorzuheben (Pilz und Alexander 2016: 213):

Berufsbildung ist nur von geringer Bedeutung, selbst wenn »vocational courses« das Risiko von Arbeitslosigkeit verringern, so bleiben doch die Chancen auf Beförderungen in höhere Positionen begrenzt.

Die Ergebnisse zur ökonomischen Attraktivität beruflicher Bildung zeigen, dass die Lehrkräfte diese primär an der Wahrscheinlichkeit, einen Arbeitsplatz zu erhalten, messen. Demnach kann die Aussage getroffen werden, dass die befragten Lehrkräfte die berufliche Bildung insbesondere für die Schüler in ökonomischer Hinsicht als attraktiv empfinden, die noch keine Zukunftspläne hegen (Interview 2):

There were some students, who could not decide to go to colleges or to get a job. It was good experience for them to try an internship in a company. (…) So it is better for them to consider their career options first.

Aber auch Personen, die aus einkommensschwächeren Familien stammen, somit für den Besuch teurer Nachhilfeschulen nicht aufkommen können und daher oftmals die Eintrittsprüfungen prestigeträchtiger Universitäten nicht bestehen, werden hier adressiert (Interview 1): »So their parents cannot pay their fee sometimes«.

4.3 Alleinstellungsmerkmal/Charakteristika beruflicher Bildung

Nachdem die ökonomischen Aspekte der Attraktivität beruflicher Bildung aus der Perspektive der Lehrkräfte analysiert wurden, gilt es nun, die Besonderheiten der beruflichen Bildung zu eruieren. Dazu wird die *employability* unter Berücksichtigung der sogenannten *soft-skills* analysiert. Diese Aspekte stehen im Vordergrund, da es sich hierbei um Kompetenzen handelt, die zum einen die beruflichen Schulen von den allgemeinbildenden Schulen unterscheiden und die zum anderen auch international in Zeiten der Digitalisierung bzw. Automatisierung immer mehr an Bedeutung gewinnen.

Zunächst werden beide Begriffe definiert, um sie dann im Nachgang in den japanischen Kontext einzubetten sowie um die Perspektive der Lehrkräfte zu ergänzen. Aus Gründen der Vollständigkeit wird darauf hingewiesen, dass die *employability* als komplexes Konstrukt aus verschiedenen Ebenen betrachtet werden kann (Pilz et al. 2020). Im Kontext dieser Studie wird im Folgenden der Begriff der *employability* definiert und dann in den Kontext des japanischen Bildungssystems (bzw. den Kontext der Schüler und Lehrkräfte der beruflichen Schulen) gesetzt (Online Lexikon für Psychologie und Pädagogik o. J.; zur internationalen Definitionsproblematik vgl. Pilz et al. 2020):

> Employability bezeichnet in der Berufspsychologie die Beschäftigungsfähigkeit bzw. Arbeitsmarktfähigkeit eines Menschen, also seine Fähigkeit zur Partizipation am Arbeits- und Berufsleben, die vor allem im Zusammenhang mit Bildungsinstitutionen in den Blick genommen wird. Der Begriff, der im Deutschen häufig auch als Beschäftigbarkeit übersetzt wird, ist mit der Vorstellung verbunden, dass AbsolventInnen durch die Vermittlung von Fähigkeiten des self-management und self-marketing individuell so gestärkt werden, dass sie sich auf flexiblen Arbeitsmärkten relativ frei bewegen und dadurch ihre Existenz sichern können.

Die Bewegung auf flexiblen Arbeitsmärkten fällt in Japan eher weniger ins Gewicht. Auch wenn die sogenannte lebenslange Beschäftigung in den Jahren an Bedeutung verloren hat, ist diese auch heute noch von Relevanz. Als Gründe dafür werden Vorteile, wie beispielsweise die kontinuierliche Beschäftigung, die guten Arbeitsbeziehungen zwischen Arbeitern und Managern sowie die schnelle und einfache Reaktion auf Änderungen, angeführt (Eswein, Alexander und Pilz 2023).

Umso relevanter ist somit die Beschäftigungsfähigkeit und die damit einhergehende Partizipation am Arbeits- bzw. Berufsleben. Denn wie bereits oben erläutert, zielen die jungen Japaner auf eine Anstellung in einem prestigereichen Unternehmen ab. Die Absolventen stehen jedoch zum einen vor der Herausforderung der Aneignung der ihnen fachfremden Kenntnisse und Fähigkeiten und zum anderen müssen sie sich in das soziale Gefüge des Unternehmens einordnen.

Eine Lehrkraft antwortet auf die Frage »Would you say that vocational education receive a lot of attention?« mit dem Zuspruch einer vermehrten Aufmerksamkeit der Firmen gegenüber Absolventen beruflicher Schulen (Interview 1):

> One thing is that a lot of attention of the industry companies (private sector) came up in the past. So, because they are looking for workers, they really want the students.

Darüber hinaus bejaht er die Frage bezüglich des demographischen Wandels (Interview 1):

> Is it also due to the demographic change. That is why youngsters are short on the labour market. People are getting older and not so many youngsters are coming up!

Darüber hinaus ergänzt eine junge Lehrkraft, dass die Absolventen von *vocational high schools* über Kompetenzen verfügen, die im direkten Vergleich Absolventen allgemeinbildender *high schools* und/oder gar Universitäten oftmals fehlen (Interview 7):

> (…) but I think that students at industrial high schools have a lot of qualifications and people have an image that students are strong in employment.

Eine befragte Lehrkraft ist darauf bedacht, ihren Schülern international geforderte Fähigkeiten zu vermitteln (Interview 1):

> In my opinion the teachers try to improve that kind of skills which are required internationally and the teachers hope that the students are satisfied.

Eine Lehrkraft unterstützt diese These mit folgender Aussage zur Kommunikationsfähigkeit (Interview 5):

> At university there aren't many opportunities to make presentations in front of people like at university (…).

Insbesondere die sozialen Kompetenzen sind in der japanischen Arbeitswelt von essenzieller Bedeutung. Um den Anforderungen als Arbeitnehmer gerecht werden zu können, sind soziale Kompetenzen wie der Umgang mit anderen Menschen, Teamfähigkeit, Empathie, Kommunikationsfähigkeit unabdingbar (Pilz und Sakano, 2023). Eine befragte Lehrkraft führt dazu aus (Interview 7):

I am grateful that the companies have really changed and ask now for that kind of skills. Well, as a school after all, we prepare for it. I think, (…) that the technical school is probably more focused on that kind of skill formation.

Ferner ergänzt eine Kollegin (Interview 7):

(…) but I think that students at industrial high schools have a lot of qualifications and people have an image that students are strong in employment.

Die Relevanz der *employability* haben auch die Universitäten erkannt, sodass sie nun gezielt Kurse im Bereich der Sozialkompetenzen und der *employability* anbieten, um die Fähigkeiten, die Absolventen beruflicher Schulen vielfach bereits besitzen, auch den künftigen Universitätsabsolventen vermitteln zu können (Pilz und Alexander 2020). Es wurde hierzu festgestellt (Interview 1):

(…) companies like vocational high school graduates for their experience. For companies this kind of manual work is important (…).

Bezüglich der Bestrebungen der Universitäten bezieht eine befragte Lehrkraft deutlich Stellung zur Qualität ihrer beruflichen Schüler (Interview 8):

Well, if I should compare different educational pathways, than the vocational one is really better.

Abschließend kann festgehalten werden, dass die berufliche Bildung sich insbesondere durch die vermittelten Sozialkompetenzen und die daraus resultierende *employability* von der Allgemeinbildung abgrenzt. Nach Meinung der befragten Lehrkräfte beginnen japanische Unternehmen, die Vorteile der beruflichen Bildung zu erkennen und somit auch die Absolventen beruflicher Bildung positiver wahrzunehmen und die Einstellung für diese in das Unternehmen zu erleichtern.

4.4 Gesellschaftliche Attraktivität

Nach der Analyse der ökonomischen Aspekte sowie der Alleinstellungsmerkmale beruflicher Bildung wird nun die gesellschaftliche Attraktivität untersucht. Gesellschaftliche Attraktivität umfasst die drei Bereiche Status, Images sowie Reputation.

In der japanischen Gesellschaft genießen die Personen einen hohen sozialen Status, die in einem prestigereichen Unternehmen angestellt sind. Da ein immer höherer Anteil der Absolventen der *vocational high schools* in die akademische Bildung drängt (»50% go to university and 50% get a job!« [Interview 1]), dort aber vielfach nur einen Zugang in weniger angesehene Universitäten realisieren kann, ist in der japanischen Gesellschaft die Annahme verbreitet, dass lediglich Absolventen der Universitäten der Eintritt in ein prestigereiches Unternehmen gelingt. Diese Annahme führt dazu, dass der beruflichen Bildung in Japan unterstellt wird, den Absolventen entweder keinen sozialen Aufstieg zu ermöglichen oder sogar im schlimmsten Fall einen sozialen Abstieg zu generieren (Entrich 2019). Eine Lehrkraft führt entsprechend aus (Interview 1):

> In Japan the graduate degree from a university is a different one as the degree from a vocational high school. Parents think that their children have to study.

Auch die persönliche Schulwahl der Lehrkräfte zeigt den geringeren sozialen Status, der mit der beruflichen Bildung einhergeht (Interview 3): »I originally aimed to become teacher for junior high schools.«

Ein weiteres Element der Attraktivität stellt das Image dar. Länderunspezifisch kann definiert werden, dass das Image der beruflichen Bildung als »die Summe kollektiver Einstellungen, Assoziationen und Gefühle, die Investitionsentscheidungen in berufliche Bildung beeinflussen« (Pilz 2019: 402). Demnach kann ein Bias zwischen der assoziierten und der existierenden Wirklichkeit bestehen. In Japan stehen ökonomische Faktoren für die Wahl der beruflichen Bildung meist im Fokus der Entscheidung (siehe oben). Einkommensschwachen Familien ist es nicht möglich, teure Paukschulen zu finanzieren und ihren Kindern eine effiziente Vorbereitung auf Eintrittsprüfungen in angesehene Schulen und/oder Universitäten zu ermöglichen (Entrich 2019; Hoffmann 2020). Dies führt dazu, dass eine Vielzahl von Schülern aus einkommensschwächeren Familien die *vocational high school* besucht (Entrich 2019). Eine Lehrkraft kolportiert dazu (Interview 1): »(...) so their parents can not pay their fees sometimes« (Interview 1). Dies spiegelt die Erfahrungen vieler befragter Lehrkräfte wider (Interview 1):

> There were many poor families and so there were big differences in comparison to students with a richer background.

Die vom Interviewten genannten Unterschiede lassen sich nicht nur in finanzieller Hinsicht betrachten. Auch in den Verhaltensmustern der Schüler bemerken die Lehrkräfte partiell bedeutende Defizite in der Schülerschaft. Dieser Befund ist dahingehend interessant, als er von der oben skizzierten Überlegenheit der Berufsschüler gegenüber den Absolventen allgemeiner Schulen und Hochschulen hinsichtlich der sozialen Kompetenzen beim Eintritt in das Unternehmen abweicht. Es gilt dabei allerdings zu berücksichtigen, dass sich die nun getätigten Aussagen auf die Schülerklientel während des Schulbesuchs beziehen. Hier werden von einigen

Lehrkräften Defizite bezüglich essenzieller Fähigkeiten des täglichen Lebens konstatiert (Interview 2): »(...) there were many students who don't have basic life
skills«. Auch wird die Einhaltung von bestehenden Regeln im gesellschaftlichen
Zusammenleben bemängelt (Interview 6): »I explained to them: ›rules are rules‹,
until they understand rules«. Die sozialen Defizite äußern sich in zweierlei Hinsicht. Dies kann sich entweder, wie bereits beschrieben, in Form von Nichteinhal-
tung von Regeln zeigen oder aber in dem vermehrten Bedarf der Aufmerksamkeit.
Lehrkräfte berichten davon (Interview 4): »(...) there are a lot of children who are
lonely and want to talk to teachers (...)«. Eine Lehrkraft fasst es in einem Interview-
abschnitt als Lebensführung bzw. Lebensorientierung zusammen (Interview 3): »I
am dealing with every day things. I help my students in their life guidance«. Neben
den ökonomischen Gründen, die dazu führen, dass Schüler die Eingangsprüfungen
nicht bestehen und sich dann für den Besuch einer beruflichen Schule entscheiden,
existieren ebenso weitere Faktoren, die dazu führen, dass das Image der beruflichen
Schulen im direkten Vergleich zu den Universitäten in der Gesellschaft nicht als
positiv betrachtet wird. Denn ebenso gibt es engagierte Schüler, wie diese Leh-
reraussage dokumentiert (Interview 6):

> He studied hard, but could not pass the entrance exam. So he tried to enter a
> private industrial high school and passed.

Aber auch Schüler, die sich in der eigenen Lebensplanung unsicher sind, münden
nach Aussage von Lehrkräften in die beruflichen Schulen (Interview 2): »(...) there
are many students who could not decide to go to colleges or to get a job«.
    Gleichermaßen wird das Image der beruflichen Bildung durch die gesellschaftli-
chen Assoziationen und die kollektive Einstellung gegenüber manueller Arbeit bestimmt (Pilz 2019: 407). Auch unter den Japanern wird vielerorts berufliche Bildung mit eher schwerer manueller körperlicher Arbeit verbunden (Interview 3): »I
went to a factory where I was doing so called assembly work«.
    Ein weiterer Aspekt, der das Image beruflicher Bildung beeinflusst, ist die Quali-
tät beruflicher Bildungsprozesse und deren Überprüfung bzw. Sicherung. Die Qualitätssicherung wurde in den geführten Interviews nur allgemein angesprochen und
ist demnach zum heutigen Stand nicht weit verbreitet (Interview 4):

> There are no student evaluations or questionnaires. Class evaluations, class
> questionnaire etc. like in a university.

Eine weitere Lehrkraft antwortet auf die Frage »Is there anything in your work that
is like an evaluation and a questionnaire other than so so-called evaluation?« ver-
neinend: »I say no« (Interview 8). Lediglich eine Lehrkraft antwortet auf die Frage

nach Elementen des Qualitätsmanagements, dass es das zweite Jahr in Folge eine Evaluation gäbe (Interview 1):

> Every year they check. In this school the check is much harder than in other high schools. It's the second time in two years.

Durch das Fehlen einer obligatorischen Evaluation in der beruflichen Bildung und der jedoch zeitgleich existierenden Evaluation auf der universitären Seite entsteht eine offensichtliche Diskrepanz der Qualitätssicherung bzw. auch der Qualitätsverbesserung. Dies wiederum beeinflusst und schadet unter Umständen dem Image der beruflichen Bildung (Kasper 2017: 24).

Final ist die Reputation aus der Perspektive der Lehrkräfte zu thematisieren (Meyer 2012: 9). Die Rankings der allgemeinbildenden *high schools* geben Aufschluss über die Quote der Absolventen, welche die Eingangsprüfungen prestigereicher Universitäten erfolgreich bewältigt haben. Durch das Fehlen eines solchen Rankings auf Seiten der beruflichen Schulen kann die Gesellschaft zu der Annahme kommen, die Absolventen der beruflichen *high schools* würden eine Anstellung in einem angesehenen Unternehmen nicht erreichen können (Hoffmann 2020). Zudem spielt das geringe Wissen um die Möglichkeiten der beruflichen Bildung in Japan eine Rolle in Hinblick auf die Reputation. Auf die Frage, wie eine Lehrkraft in der eigenen Umgebung die Wahrnehmung von *industrial teachers* und im Allgemeinen die *industrial high schools* einschätzt, antwortet diese (Interview 6):

> I thought about this question a moment, but I wonder how much about technical high schools is known on the contrary.

Ein weiterer Lehrer argumentiert (Interview 8):

> From the perspective of parents and the general public who have nothing to do with it, it is more about problems. I'm sure it's more negative, more about missing parental support, bullying and unnormal lifestyle.

Diese negativen Aspekte überschatten nach Aussage mehrerer Lehrpersonen die positiven Aspekte und bleiben vergleichsweise stärker in der kollektiven Wahrnehmung verhaftet. Die oftmals wenig attraktiven Standorte der beruflichen Schulen weit außerhalb der Stadtzentren in Industriegebieten oder sozial schwächer strukturierten Gegenden unterstreichen die in der Gesellschaft eher negative Reputation der Schulen (Interview 3: »That means industrial high schools are located at the low performance area«.)

Folglich sind die meisten der Lehrkräfte der Meinung (Interview 1):

Vocational education has a lower reputation in the society. Many people think
so. Many parents want to send their children to university.

Zudem ist festzustellen, dass die Reputation sich über die Zeit verändert hat. Eine
befragte Lehrkraft ordnet die Reputation der beruflichen Bildung über die dort tätigen Lehrkräfte in zwei voneinander abgegrenzten Zeitspannen ein, vor und nach
den 1970er Jahren (Interview 1):

> In general, the people before 1970 saw no difference. (…) But after the 1970's
> or the 1980's many students go to university. Then people begin to think: a
> general teacher is higher, has got a higher reputation and a higher status.

Gegenwärtig scheint es jedoch so, als sei ein positiver Trend beobachtbar. Im Vergleich zu den älteren Lehrkräften, nehmen die jungen Lehrkräfte sowohl das Image
als auch die Reputation positiver wahr (Interview 7):

> (…) but I think that students at industrial high schools have a lot of
> qualifications and people have an image that students are strong in employ-
> ment.

Abschließend lässt sich zusammenfassen, dass die Lehrkräfte den Status, das Image
und die Reputation maßgeblich als entscheidende Faktoren der Attraktivität beruflicher Bildung ansehen. Gleichzeitig machen sie diverse Interdependenzen zwischen den Faktoren aus. Insbesondere das Image und die Reputation führen dazu,
dass den Absolventen der beruflichen Schulen ein geringer sozialer Status zuge-
sprochen wird. Nicht zuletzt auch, weil diese Absolventen mit einer geringeren
Wahrscheinlichkeit (im Vergleich zu den Universitätsabsolventen) den Eintritt in
prestigereiche Unternehmen erreichen. Demnach rechnet die japanische Gesellschaft den Absolventen der beruflichen Schulen eine geringe Position innerhalb der
Gesellschaft zu, was wiederum einen direkten Einfluss auf die Attraktivität der beruflichen Bildung ausübt und so dazu führt, dass die berufliche Bildung in vielen
Familien nicht als ein Karriereweg angesehen wird.

5   Fazit

Ziel des vorliegenden Forschungsprojekts war es, die Attraktivität beruflicher Bildung in Japan aus der Perspektive der Lehrkräfte anhand von Interviews zu analysieren. Dazu wurden drei Dimensionen benutzt, um die Attraktivität aus der Perspektive der Lehrkräfte erfassen zu können.

Fasst man die Erkenntnisse aus der Literatur und die der Interviews zusammen, wird deutlich, dass Absolventen beruflicher Schulen in ökonomischer Sicht lediglich bedingt von ihrem Abschluss profitieren. Zwar bewahren die Abschlüsse beruflicher Schulen die Absolventen vor der Arbeitslosigkeit und ermöglichen den Eintritt in ein Unternehmen, jedoch weisen Lehrkräfte in den Interviews vermehrt darauf hin, dass sich der Eintritt in (Groß-)Unternehmen bzw. Konzerne mangels eines universitären Abschlusses problematisch bzw. herausfordernder darstellt. Durch die Zuordnung als *blue collar*-Beschäftigter stellen sich die Verdienstmöglichkeiten, im Gegensatz zu gleichaltrigen Universitätsabsolventen, unvorteilhaft dar. Daneben sind Aufstiegschancen für Berufsanfänger durch das noch stark verbreitete Senioritätsprinzip vorerst nicht zu erwarten.

In den gewonnenen Daten wurde zudem die Relevanz der *employability* der Absolventen ersichtlich. In den Aussagen der befragten Lehrkräfte wurde deutlich, dass Absolventen beruflicher Schulen durch ihre erlangten *soft-skills* und ihre praktischen Erfahrungen eine stärkere *employability* im Gegensatz zu gleichaltrigen Universitätsabsolventen besitzen. Insbesondere die erlangten *soft-skills* helfen ihnen, sich im Unternehmen zu orientieren und sich langfristig als Mitarbeiter zu etablieren. Die umfangreiche *employability* der Absolventen ermöglicht eine Abgrenzung und damit einen Vorteil gegenüber Universitätsabsolventen. Junge Lehrkräfte berichten, dass Unternehmen vor allem wegen der Folgen des demographischen Wandels und des daraus resultierenden Personalmangels die *employability* der Absolventen beruflicher Schulen schätzen und diese aufgrund dessen vermehrt einstellen.

An dieser Stelle ist noch auf einen interessanten Teilaspekt hinzuweisen, der nicht direkt den bisher diskutierten Aspekten zuzuordnen ist, aber indirekt mit diesen korrespondiert. Dieser Aspekt betrifft die eigene akademische Ausbildung der Lehrkräfte als Vorbereitung auf ihre Tätigkeit. Die befragten Lehrkräfte benannten in der Retrospektive Mängel im Professionserwerb (Interview 2): »Prepared enough at the university? – No, this is not enough«. Die Kurse, die in der Universität belegt werden, um die abschließenden Prüfungen zu absolvieren und sowohl die Lehrer- als auch die Fachlizenz zu erhalten, scheinen demnach eher theoretischer als praktischer Natur zu sein (Interview 5):

Most difficult part in teaching at the first time: I am not very good at speaking in public, so I have never talked in front of students before I started my job in the school. At the university, there are not many opportunities to make presentations in front of people like this.

Auch in der Lehrkräfteausbildung wird deutlich, dass das japanische Bildungssystem stark darauf abzielt, Fähigkeiten und Kenntnisse zu vermitteln, die in Prüfungen gut messbar und beurteilbar sind. Die Aussage eines Befragten unterstreicht diese These (Interview 5):

(...) but I'm afraid I didn't prepare for a teacher enough. When I was young, I concentrated to teach the contents of the textbooks.

Diese Befunde stehen in einem gewissen Gegensatz zu den oben skizzierten Aussagen zur Relevanz von Sozialkompetenzen in der beruflichen Bildung Japans. Hier zeigt sich die Ambivalenz in den Einschätzungen der befragten Lehrkräfte bezüglich eigener Ansprüche und deren konkreter Umsetzung im Schulalltag (siehe zu ähnlichen Befunden aus Indien Schneider, Wessels und Pilz 2022).

Die Analyse der Interviews ergab auch einige Diskrepanzen in der Wahrnehmung der Attraktivität der beruflichen Bildung zwischen den Lehrkräften, insbesondere im Kontext des Images und der Reputation. Dabei ist ersichtlich, dass die Lehrkräfte mittleren Alters (40–60 Jahre) das Image und die Reputation negativer einschätzen als die jüngeren Kollegen. Die jüngeren Lehrkräfte nehmen die Aspekte des Images und der Reputation positiver wahr. Darüber hinaus stehen in deren Wahrnehmung die Chancen der einzelnen Absolventen deutlich mehr im Fokus als die Bedenken, die die älteren Kollegen im Hinblick auf die gesellschaftliche Anerkennung artikulieren.

Resümierend kann festgehalten werden, dass die Lehrkräfte die berufliche Bildung hinsichtlich der ökonomischen Aspekte und der *employability* der einzelnen Absolventen durchaus als attraktiv wahrnehmen. Hierbei überwiegen die Chancen, welche die berufliche Bildung den Individuen ermöglicht. Jedoch werden diese individuellen Vorteile von der gesamtgesellschaftlich negativ attribuierten Attraktivität der beruflichen Bildung überlagert.

Die vorliegenden Befunde müssen jedoch mit Vorsicht interpretiert werden. Zum einen sind die Aussagen von nur wenigen Lehrkräften nicht uneingeschränkt verallgemeinerbar. Zum anderen ist eine Befragung von persönlich betroffenen Lehrkräften immer mit der Gefahr einer einseitigen bzw. verzerrten Wahrnehmung verbunden (Jambo und Pilz 2018).

Dennoch können die Befunde erste Hinweise für weitergehende Forschungsprojekte sowie zur Gestaltung von Ansätzen zur Attraktivitätssteigerung geben. Um die Attraktivität beruflicher Bildung in Japan langfristig zu erhöhen, könnten z. B. verschiedene Maßnahmen initiiert werden. Darunter fällt u. a. ein ausgebautes Qualitätsmanagement der *vocational high schools*, welches zum einen die Unterrichtsqualität verbessert und insbesondere die Stärken der beruflichen Bildung hinsichtlich der *employability* fördert. Zudem wäre eine intensivierte Lehrkräfteschulung bezüglich der Vermittlung der damit einhergehenden Kompetenzbereiche anzustreben (Hao und Pilz 2021).

Eine stärkere Verbindung von prestigeträchtigen Unternehmen mit den beruflichen Schulen hinsichtlich der Übernahme in eine dauerhafte Beschäftigung in der Kernbelegschaft würde darüber hinaus eine enorme Breitenwirkung hervorrufen und bei Eltern und der Schülerschaft zu einer erhöhten Attraktivität führen. Dass diese Maßnahmen realistisch in der Umsetzung sind, zeigen erste dahingehende Aktivitäten einzelner Partnerschaften. Zudem wird die demographische Situation auch die renommierten Unternehmen in Japan in Zukunft vermehrt dazu animieren, auch bisher vernachlässigte Bewerbergruppen zu adressieren, um den Fachkräftemangel zu decken und langfristig das hohe Qualitätsimage zu halten.

Literatur

Alexander, Peter-Jörg und Matthias Pilz (2004), »Die Frage der Gleichwertigkeit von allgemeiner und beruflicher Bildung in Japan und Deutschland im Vergleich«, in: *Zeitschrift für Pädagogik*, 50 (5): 748–769.

BIBB (Bundesinstitut für Berufsbildung) (2015), *Attraktivität der dualen Berufsausbildung in Verbindung mit der Funktion betrieblichen Ausbildungspersonals: Ergebnisse einer qualitativen Studie*, Bonn: BIBB.

Billett, Stephen (2020), »Perspectives on Enhancing the Standing of Vocational Education and the Occupations It Serves«, in: *Journal of Vocational Education & Training*, 72 (2): 161–169.

Burgt, Jochen van der, Junmin Li, Christine Wilbertz und Matthias Pilz (2014), »Qualifizierungsstrategien deutscher Unternehmen in Japan, Indien und China: Deutsche Vorbilder oder einheimische Verfahrensweisen?«, in: *Zeitschrift für Erziehungswissenschaft*, 14 (1): 135–158.

Entrich, Steve Richard (2019), »More Individual Choice? Students' Share in Decision-making at the Transition to High School in Japan (1995–2009)«, in: *Asia Pacific Journal of Education*, 39 (3): 1–19.

Eswein, Mikiko, Peter-Jörg Alexander und Matthias Pilz (2023), *Japan: Internationales Handbuch der Berufsbildung*, Leverkusen: Verlag Barbara Budrich, https:// www.bibb.de/dienst/ publikationen/de/19209 (20.11.2023).

Gessler, Michael (2017), »Educational Transfer as Transformation: A Case Study about the Emergence and Implementation of Dual Apprenticeship Structures in a German Automotive Transplant in the United States«, in: *Vocations and Learning*, 10 (1): 71–99.

Hao, Tiancong und Matthias Pilz (2021), »Attractiveness of VET in China: A Study on Secondary Vocational Students and Their Parents«, in: *Journal of Education and Work*, 34 (4): 472–487.

Hennings, Matthias (2021), »Übergang von Bildung zu Beruf in Japan: Veränderungen in der Hochschulbildung und Personalrekrutierung«, in: *Berufsbildung*, 75 (189): 49–51.

Hoffmann, Markus (2020), »Akademische Fähigkeit in Form von Zahlen: Hensachi als doppeltes Ranking von Personen und Universitäten«, in: David Chiavacci und Iris Wieczorek (Hg.), *Japan 2020: Politik, Wirtschaft und Gesellschaft*, München: Iudicium, S. 283–315.

Jambo, Svenja und Matthias Pilz (2018), »Perceptions of Teachers in Industrial Training Institutes: An Exploratory Study of the Attractiveness of Vocational Education in India«, in: *International Journal of Training Research*, 16 (1): 4–18.

Kariya, Takehiko (1999), »Transition from School to Work and Career Formation of Japanese High School Students«, in: David Stern und Daniel Wagner (Hg.), *International Perspectives on the School-to-work-transition*, New Jersey: Hampton Press, S. 273–309.

Kasper, Beate (2017), *Implementation von Schulqualität: Governanceanalyse des Orientierungsrahmens Schulqualität in Niedersachen*, Wiesbaden: Springer.

Kuckartz, Udo, Thorsten Dresing, Stefan Rädiker und Claus Stefer (2008), *Qualitative Evaluation: Der Einstieg in die Praxis*, Wiesbaden: VS Verlag für Sozialwissenschaften.

Larsonen, Johanna und Sabine Manning (2001), »How to Improve the Standing of Vocational Compared to General Education«, in: Pascaline Descy und Manfred Tessaring (Hg.), *Training in Europe, Second Report on Vocational Training Research in Europe 2000: Background Report Volume I*, Thessaloniki: Cedefop, S. 115–167.

Meyer, Christina (2012), *Reputation in wirtschaftlichen Transaktionen*, Inaugural-Dissertation zur Erlangung des akademischen Grades eines Doktors der Wirtschafts- und Sozialwissenschaften (Dr. rer. pol.) der Friedrich-Alexander-Universität Erlangen-Nürnberg.

Münch, Joachim und Mikiko Eswein (1992), *Bildung, Qualifikation und Arbeit in Japan: Mythos und Wirklichkeit*, Berlin: Erich Schmidt.

Ogawa, Katsunori (2023), »The Effectiveness of Vocational Secondary Education on Entry-Level Job Outcomes in Japan: Safety Net for Low-Educated Youth in a Vocationally Weak Educational System«, in: *Japanese Journal of Sociology*, 1–20.

Online Lexikon für Psychologie und Pädagogik (o. J.), *Employability*, https://lexikon.stangl.eu/23416/employability (25. April 2023).

Pilz, Matthias (2008), »Was sollten wir von anderen lernen? Aspekte der Berufsorientierung in Großbritannien und Japan«, in: Eberhard Jung (Hg.), *Zwischen Qualifikationswandel und Marktenge: Konzepte und Strategien einer zeitgemäßen Berufsorientierung*, Hohengehren: Schneider, S. 75–82.

Pilz, Matthias (Hg.) (2011), *Vorbereitung auf die Welt der Arbeit in Japan: Bildungssystem und Übergangsfragen*, Wiesbaden: VS Verlag für Sozialwissenschaften.

Pilz, Matthias (2019), »Berufliche Bildung zwischen Imagekampagnen und individueller Attraktivität: Zur Strukturierung einer Begriffsvielfalt«, in: *Zeitschrift für Berufs- und Wirtschaftspädagogik*, 115 (3): 399–419.

Pilz, Matthias (2021), »Lost in Translation«: Kommunikationsprobleme in der international-vergleichenden Berufsbildungsforschung«, in: *Kölner Zeitschrift für Wirtschaft und Pädagogik*, 36 (70): 75–82.

Pilz, Matthias (2023), »Informal Learning in the Context of Training and Development«, in: *International Journal of Training and Development*, 27: 301–304.

Pilz, Matthias und Peter-Jörg Alexander (2016), »Berufliche Bildung in Japan: Gesellschaftliche Wertschätzung und Unternehmenspartizipation«, in: *Bildung und Erziehung*, 69 (2): 209–225.

Pilz, Matthias und Peter-Jörg Alexander (2020), »The Transition from School to Work in Times of Economic and Social Instability in Japan«, in: Carmen Schmidt und Ralf Kleinfeld (Hg.), *The Crisis of Democracy? Chances, Risks and Challenges in Japan (Asia) and Germany (Europe)*, Newcastle: Cambridge Scholars Publishing, S. 291–312.

Pilz, Matthias, Roger Harris, Lea Zenner-Höffkes und Christopher Zirkle (2020), »Undertaking Comparative VET Research in International Teams: The Example of Exploring Recruitment and Training Cultures in SMEs in Australia, Germany and the United States«, in: Matthias Pilz und Junmin Li (Hg.), *Comparative Vocational Education Research: Enduring Challenges and New Ways Forward*, Wiesbaden: Springer VS, S. 291–309.

Pilz, Matthias und Shinji Sakano (2023), »Recruitment and Training in Japanese SMEs: A Case Study Concerning Lifelong Learning in the Manufacturing Industry at the Tokyo Metropolitan Area«, in: Wing On Lee, Philipp Brown, A. Lin Goodwin und Andy Green (Hg.), *International Handbook on Education Development in Asia-Pacific*, Singapore: Springer, online first.

Pilz, Matthias, Shinji Sakano und Peter-Jörg Alexander (2023), »Der Übergang von Schule in Beruf in Zeiten von ökonomischer und sozialer Instabilität in Japan«, in: Keiichi Aizawa (Hg.), *Gemeinsame Herausforderungen: Ein aktueller Blick auf den deutsch-japanischen Wissenschaftsaustausch anhand von Beiträgen aus den Ringvorlesungen 2021 und 2022*, München: Iudicium, S. 84–108.

Pilz, Matthias und Muthuveeran Ramasamy (2022), »Attractiveness of Vocational Education and Training in India: Perspectives of Different Actors with a Special Focus on Employers«, in: Stephen Billett, Barbara Stalder, Vibe Aarkrog, Saronji Choy, Steven Hodge und Anh Hai Le (Hg.), *The Standing of Vocational Education and the Occupations It Serves: Current Concerns and Strategies for Enhancing That Standing*, Cham: Springer, S. 177–199.

Schneider, Sebastian, Antje Wessels und Matthias Pilz (2022), »Theory and Practice of Teaching and Learning in the Classroom: Lessons from Indian Industrial Training Institutes«, in: *Vocations and Learning*, 16 (1): 99–120.

Schneidewind, Dieter (1991), *Das japanische Unternehmen: Uchi no Kaisha*, Berlin: Springer Verlag.

Stalder, Barbara, Sarojni Choy und Anh Hai Le (2022), »The Standing of Vocational Education: A Global Concern with Diverse Meanings and Implications«, in: Stephen Billett, Barbara Stalder, Vibe Aarkrog, Saronji Choy, Steven Hodge und Anh Hai Le (Hg.), *The Standing of Vocational Education and the Occupations It Serves: Current Concerns and Strategies For Enhancing That Standing*, Cham: Springer, S. 3–17.

Teicher, Kerstin und Ulrich Teichler (1997), »Der Übergang vom Bildungs- in das Beschäftigungssystem in Japan«, in: *Bildung und Erziehung*, 50 (4): 409–429.

Wiemann, Kristina und Matthias Pilz (2019), »Welche Faktoren beeinflussen die Übertragung dualer Ausbildungsansätze ins Ausland? Eine Analyse aus der Perspektive deutscher Produktionsunternehmen in China, Indien und Mexiko«, in: *Zeitschrift für Berufs- und Wirtschaftspädagogik*, 115 (3): 420–446.

Winch, Cristopher (2013), »The Attractiveness of TVET«, in: UNESCO (Hg.), *Revisiting Global Trends in TVET: Reflections on Theory and Practice*, Bonn: UNESCO-UNEVOC, S. 86–122.

Der Denkmalschutz der Moderne in Japan: Welches Erbe wird erhalten?

Christian Tagsold

Heritage Preservation in Modern Japan: Which Heritage is Preserved?

Japan has a long history of heritage preservation. Shortly after the Meiji Restoration, efforts to protect cultural assets and buildings began. The government and officials recognized that these measures could strengthen the new idea of the nation, anchoring it in history and making it visible through monuments. As a result, heritage preservation became a patriotically charged practice, centered around the emperor, the nation, and imperial expansion in Asia until the end of World War II.

From the 1950s to the 1980s, this trend continued with a focus on national narratives related to Japanese identity and culture, particularly emphasizing architecture that appeared traditionally Japanese. Old houses, mainly from the Edo period, were now protected, conveying Japan's distinctiveness and attracting tourists.

In recent decades, a new phase has emerged. Buildings from the Meiji, Taisho, and Showa eras are being protected at the national level, regardless of their Japanese appearance. Instead, they are classified as architecturally modern, influenced by Western styles and functions, departing from traditional Japanese aesthetics.

This shift raises fundamental questions about the role of modern architecture in heritage preservation, its relationship to local identity, and whether it aligns with traditional narratives. It's not clear whether this shift is a top-down process or a response to local pressure.

This article reviews the historical context, the motivations for protecting modern architecture, and presents a core thesis: Modern architecture is no longer perceived solely as a foreign import but increasingly as a part of Japanese heritage. Practical contradictions resulting from the dichotomy between ›traditionally Japanese‹ and ›modern‹ are discussed, exemplified by cases like a Meiji-era property in Suita and the broader acceptance of the idea of Japanese modernity.

1   Einleitung

Japan hat im Denkmalschutz eine lange Geschichte aufzuweisen. Bereits kurz nach
der Meiji-Restauration kam es zu ersten Überlegungen, Kulturgüter und Bauten zu
sichern. Schnell erkannten die Regierung und ihre Beamten zudem, dass man über
diese Maßnahmen auch die neue Idee der Nation weiter stärken konnte, die so in
der Geschichte verankert wurde und über Denkmäler sichtbar gemacht werden
konnte. Dementsprechend entwickelte sich der Denkmalschutz bis Ende des Zweiten Weltkriegs zu einer patriotisch getränkten Praxis, für die Tennō, die Nation und
das imperiale Ausgreifen in Asien im Mittelpunkt stand.

   In den 1950er bis 1980er Jahren setzte sich dieser Trend unter neuen Vorzeichen
und mit anderen inhaltlichen Maßgaben fort. Der Tennō und das Imperium verloren zwar an Bedeutung, aber der Denkmalschutz stützte weiterhin nationale Narrative, die nun in den stark überlappenden Diskursen zu den Japanern sowie jenen
zur japanischen Kultur, den *nihonjinron* bzw. *nihonbunkaron*, ihren Ausdruck fanden. Dem entsprechend waren es vor allem auch für Laien erkennbar japanisch an-
mutende Bauten, die zu nationalen Denkmälern erhoben wurden. Insbesondere
minka, also alte Bauern- und Stadthäuser, vorwiegend aus der Edo-Zeit, wurden
jetzt geschützt. Über diese *minka* ließen sich Grundannahmen der kulturalistischen
Diskurse zur Besonderheit Japans gut vermitteln und die Denkmäler konnten tou-
ristisch vermarktet werden.

   Diese Phasen des Denkmalschutzes sind bereits breit beschrieben worden. In den
letzten drei bis vier Jahrzehnten kommt es jedoch zu einer weiteren Entwicklung,
die im Mittelpunkt meines Aufsatzes steht: Es werden viele Bauwerke aus der Meiji-,
Taishō- und Shōwa-Zeit auf nationaler Ebene unter Schutz gestellt, für die eine japanische Anmutung oft keine herausragende Rolle mehr spielt, sondern die sich im
weitesten Sinne als architektonisch modern klassifizieren lassen. Die Kategorie
»modern« fasse ich dabei strategisch sehr offen. Mir liegt nicht an einer strikten
architekturhistorischen Einordnung von Stilen und Bauweisen, sondern ich folge
einer intuitiven Sichtweise aus dem Feld und der Literatur in Japan. Modern heißt
in diesem Kontext, dass Bauten klar von westlichen Vorbildern beeinflusst sind, sowohl optisch, als auch in ihrer Funktion – und sich insbesondere von früheren als
»traditionell japanisch« wahrgenommenen Stilen absetzen. Typische Beispiele für
solche Bauwerke sind Bahnhöfe, ehemalige Gebäude von Behörden, Schulen oder
Fabrikanlagen, aber ebenso moderne Wohnhäuser. Das entspricht dem sicherlich
oft etwas vereinfachenden Gebrauch der Kategorie *kindai kenchiku* (moderne Architektur) im japanischen Denkmalschutz und der japanischen Architekturgeschichte wie z. B. bei Hino (2021), der genau so vorgeht. Selbstverständlich könnte

und sollte man versuchen, diese Dichotomie zwischen »traditionell japanisch« und modern aufzubrechen und stilgeschichtlich zu hinterfragen. Mein Fokus auf den Denkmalschutz legt aber eher nahe, die Logik der Kategorien im Feld zu verfolgen. Zunächst waren es häufig Bürgerinitiativen, die den Abriss verhinderten und die Denkmalbehörden im Zusammenspiel mit der lokalen Verwaltung dazu brachten, sich der Objekte anzunehmen. Japanische Architekturhistoriker*innen sorgten sich ebenfalls um das Verschwinden der klassischen Moderne aus dem Stadtbild vor allem der Metropolen. Doch zunehmend ist die architektonische Moderne zu einem wichtigen Fokus des Amts für kulturelle Angelegenheiten (Bunkachō) avanciert, das dem MEXT untersteht und in Japan seit 1968 für den nationalen Denkmalschutz verantwortlich ist.

Das Engagement des Bunkachō markiert eine Wende im japanischen Denkmalschutz und wirft für mich einige grundlegende Fragen auf. Ist die Moderne nur ein neuer Teilstrang im nationalen Denkmalschutz, oder nimmt sie einen hervorgehobenen Platz in den Programmen ein? Werden vor allem gut sichtbare Bauten geschützt, die für lokale Identitätskonstruktionen bedeutsam sind und deswegen besondere Aufmerksamkeit erfahren, oder folgt der Schutz der Moderne prinzipiellen konservatorischen Anliegen? Hat sich das Bunkachō vielleicht sogar von den Thesen der *nihonjinron* abgewendet oder bettet es die Moderne in diese Narrative ein? Ist nationaler Denkmalschutz eher ein vom Bunkachō geleiteter top-down-Prozess, oder reagiert das Amt auf lokalen Druck?

Diesen Fragen bin ich in den letzten Jahren in zwei von der DFG geförderten Projekten nachgegangen. Noch vor der Corona-Pandemie konnte ich dabei glücklicherweise in einem Feldaufenthalt in Kyōto und Ōsaka Interviews führen und teilnehmend beobachten. Einige Interviews des ersten DFG-Projekts, die ich für diesen Artikel verwende, stammen vom damaligen Projektmitarbeiter Dr. Nils Dahl. Sie sind aber ursprünglich für einen anderen Forschungskontext und eine andere Fragestellung entstanden und ich habe sie noch einmal neu ausgewertet, um sie im Kontext des Denkmalschutzes der Moderne gezielt einsetzen zu können. Ein Kernpunkt wird aber die Arbeit mit statistischen Daten sein. Um die Besonderheit des Denkmalschutzes der Moderne besser herauszuarbeiten und zeitliche Abläufe klarer einzugrenzen, habe ich gemeinsam mit einer Hilfskraft deshalb aus der Denkmaldatenbank der Agentur für Kulturangelegenheiten einen Datensatz aller eingetragenen Gebäude und Bauwerke erstellt. Im nächsten Schritt bereinigten und konsolidierten wir diesen Datensatz, indem wir Mehrfacheintragungen für einzelne Komplexe zusammenführten – in der Praxis der Bunkachō werden in der Regel einzelne Gebäudeteile für sich unter Schutz gestellt und bekommen eine eigene Eintragung, statt einen Gesamtkomplex insgesamt zu schützen und in der Begründung

die verschiedenen Zeit- und Baustufen genauer zu beschreiben. Diesen Datensatz
von letztendlich rund 5.000 Einträgen pflegten wir in das Programm Tinderbox ein.
Durch diese Software lassen sich Daten so visualisieren, dass man sehr gut Aufschluss über zeitliche und räumliche Entwicklungen erhält. Im Anschluss an die
quantitative Auswertung untersuchte ich einige moderne Objekte qualitativ näher,
deren Geschichte und Unterschutzstellung ich für besonders aussagekräftig hielt.

Dieser Aufteilung folgt auch der Artikel. Zunächst blicke ich zurück auf die erste
Phase des Denkmalschutzes in den Nachkriegsjahrzehnten, um die Bindung an die
nihonjinron bzw. *nihonbunkaron* aufzuzeigen, um im zweiten Abschnitt die politischen und gesellschaftlichen Beweggründe für die Hinwendung zu modernen Bauten zeitgeschichtlich nachzuzeichnen. Danach analysiere ich die Entwicklungen in
je einem Abschnitt unter vor allem quantitativen und qualitativen Aspekten. Mit
dieser Analyse verbindet sich die Kernthese meiner Forschung, dass die Moderne
im Denkmalschutz inzwischen nicht mehr (nur) als Übernahme des Fremden,
Westlichen wahrgenommen wird. Im Gegenteil gibt es im Feld und den Diskursen
zusehends Versuche, sich Moderne als etwas Japanisches anzueignen und teilweise
sogar die westlichen Bezüge bewusst in den Hintergrund zu stellen. Wie diese zunächst überraschende Wende in der Einordnung der Moderne im Denkmalschutz
aufscheint, werde ich im letzten qualitativen Abschnitt an Beispielen aus der Feldforschung diskutieren und damit auf praktische Widersprüche hinweisen.

Hier wird deutlich, dass die Dichotomie zwischen »traditionell japanisch« und
»modern« im Feld spezifische Probleme für die Akteure aufwirft und zu Konflikten
führt, die sich nicht ohne weiteres auflösen lassen. Vor allem, weil die Akteure die
Dichotomie unhinterfragt hinnehmen und die Axiome der *nihonjinron* verinner-
licht haben, können sie sich im Denkmalschutz nicht ohne weiteres den Freiraum
verschaffen, den sie für ihre Ziele eigentlich bräuchten. Konkret werde ich ein Anwesen in der Stadt Suita aus der Meiji-Zeit vorstellen, das durch eine Bürgerinitiative gerettet werden konnte, indem es als nationales Denkmal ausgewiesen wurde.
Damit verlor die Bürgerinitiative jedoch ihren Zugriff auf das Anwesen. Vor der
Eintragung nutzte sie es als Kulturzentrum. In der Gegenwart besteht jedoch eine
gemeinsame Nutzung mit der Stadt Suita als eine Art Museum, das die japanischen
Wurzeln der Moderne belegen soll. Das schließt eine offene Nutzung wie zu Beginn
aus und frustriert die ehrenamtlichen Mitarbeiter*innen, ohne dass sie den grund-
liegenden Konflikt jedoch klar benennen könnten, der sie in die aktuelle Sackgasse
geführt hat. In einem zweiten Fall in der Präfektur Kyōto gibt es keine so grundlegenden Konflikte und die Idee der japanischen Moderne hat sich sehr anschaulich
durchgesetzt.

2 Vom Beginn des Denkmalschutzes zum Eigenen auf dem Land

Schon bald nach der Meiji-Restauration erkannte die Regierung, dass alte Objekte und Bauwerke geschützt werden mussten. Durch die Mode des Japonismus wanderten viele wertvolle Objekte aus den Händen der ehemaligen Daimyō und Samurai in die Salons von Paris und anderen Hauptstädten. Zur gleichen Zeit verfielen geschichtsträchtige Tempel, deren wirtschaftliche Grundlagen nach dem Ende der Edo-Zeit ins Wanken geraten war (Mitsu 2021: 34–36). Zunächst hatte der Buddhismus stark an Rückhalt verloren, denn die neue Meiji-Regierung konzentrierte sich darauf, aus Shintō eine Staatsreligion zu amalgamieren. Doch der immer schlechtere Zustand der Tempel zwang zum Handeln. Die Regierung reagierte, bemerkte dabei jedoch schnell, dass Denkmalschutz ein wirksames Instrument zur Legitimation der Nation und des Kaiserhauses sein konnte. Auch für buddhistische Strukturen erkannten die Kunsthistoriker und Denkmalschützer, dass sie nicht nur erhalten werden sollten, sondern als nationale Kunstschätze an den Nationalismus angebunden werden konnten und zudem im Ausland hohe Anerkennung erfuhren. So gestaltete Tenshin Okakura, einer der zentralen Akteure in diesem Feld zu dieser Zeit, den Pavillon der japanischen Regierung auf der wichtigen Weltausstellung in Chicago 1893 nach dem Vorbild eines Tempels in Kyōto (Snodgras 2003: 29).

So wurde im 19. Jahrhundert eine Reihe von Denkmalschutzgesetzen erlassen, durch die Japan in diesem Bereich zu westlichen Vorbildern aufschloss. Allerdings ging es bei diesen Initiativen nicht immer nur um die Sicherung eines als national verstandenen Erbes, sondern ebenso darum, Tourismus zu fördern und Menschen aus industriellen Metropolen nach Kyōto, die Provinz oder ab dem 20. Jahrhundert zunehmend auch in die kolonialen Gebiete wie Korea zu locken (Pai 2013). In Japan selbst lag der Fokus der nationalen Denkmalschutzeintragungen dabei zunächst auf den drei Präfekturen Kyōto, Nara und Shiga, und es wurden vor allem sehr alte Tempel und Schreine unter Schutz gestellt. Durch den Fokus auf die alten Hauptstädte Japans und deren Umland wirkte der Denkmalschutz daran mit, Kansai als historisch-kulturelles Kernland zu konstruieren. Ab den 1930er Jahren kamen dann Burgen hinzu, was sich vor dem Hintergrund des sich ausweitenden Militarismus erklären lässt. Das Interesse für mittelalterliche und frühneuzeitliche Verteidigungsanlagen war zum einen Ausdruck eines breiteren Geschichtsbewusstseins in der Bevölkerung, das mit einer erweiterten Denkmalschutzgesetzgebung einherging (Mitsui 2021: 129–130). Die Zivilgesellschaft erkannte Burgen als identitätsstiftende Bauten in ehemaligen Hauptstädten von Lehensgebieten und setzte sich für ihren Erhalt ein. Dieser Impuls im Denkmalschutz fügte sich zusätzlich sehr gut in die zunehmende Militarisierung des Landes, da die Burgen als Symbol der Wehrhaftigkeit dienen konnten (Benesch und Zwigenberg 2019: 96–139). In Korea sollte dagegen über den Denkmalschutz eine enge historische Verbindung zu Japan und seinem Kaiserhaus aufgezeigt werden, die den Imperialismus rechtfertigte wie Pai (2013) aufgezeigt hat.

Auffällig ist, dass es in der Vorkriegszeit eine Vermischung konservatorischen Eifers mit höchst modernen technischen Ansätzen gab. Tempel wurden anfänglich oft mit unsichtbaren Stahlkonstruktionen abgesichert. Bei diesem Vorgehen gingen die strukturellen Elemente vor allem in Dachkonstruktionen verloren, weil sie von den ausführenden Architekten nicht weiter beachtet wurden. Erst Anfang des 20. Jahrhunderts änderte sich die Herangehensweise. 1904 nahm Goichi Takeda, Professor an der Polytechnischen Universität Kyōto (ein Vorläufer der heutigen Technischen Hochschule Kyōto), die Arbeit an der Phönix-Halle des Byōdoin in Kyōto auf, um das Bauwerk aus der späten Heian-Zeit zu sichern. Takeda war von 1901 bis 1903 vom Erziehungsministerium nach Europa entsandt worden und hatte sich auf seinen Reisen mit neuen konservatorischen Ansätzen vertraut gemacht. Deshalb versuchte Takeda, auch die von außen nicht sichtbare historische Struktur zu erhalten (Mitsui 2021: 89–90).

Doch auch für die Burgen setzte sich drei Jahrzehnte später die Auffassung durch, dass selbst moderne Nachbauten akzeptabel seien. Prominentestes Beispiel ist sicherlich der »Wiederaufbau« des großen Burgturms (*tenshu*) von Ōsaka, der Anfang der 1930er Jahre als Stahlbetonkonstruktion realisiert wurde. Ein Problem war hierbei, dass die erste Burg von Ōsaka aus der Momoyama-Epoche rekonstruiert werden sollte und nicht diejenige durch historische Quellen sehr viel besser dokumentierte Burg aus der Tokugawa-Zeit, die 1665 abgebrannt war, ohne wiederaufgebaut zu werden (Benesch und Zwigenberg 2019: 134; Mitsui 2021: 131–134). Benesch und Zwigenberg (2019: 134–135) charakterisieren den Bau sehr treffend, wenn sie schreiben:

The ambiguity of Hideyoshi's original castle provided scope for creative intervention, and interference was inevitable given the wide variety of governmental, civil, and corporate interests involved in the project. The tenshu was first and foremost a modern building that should serve as a local history museum and provide views over Osaka, while redefining the city's skyline.

Im Falle der Burgen dauerte es viel länger als bei den Tempeln, bis es zu einem Umdenken kam. Weit bis in die Nachkriegszeit baute man Burgen und vor allem die Haupttürme als Betonrekonstruktionen auf.

Das starke Engagement im Denkmalschutz setzte sich nach 1945 mit strukturell ähnlichen Zielen fort, wenngleich die konkreten Inhalte und die Umsetzung anders waren. Die amerikanische Besatzung hatte die Denkmallisten nach Ende des Krieges schnell bereinigt, jedoch nach zwei katastrophalen Bränden im Hōryū-Tempel in Nara und im Kinkaku-Tempel Kyōto rasch auf ein neues sogenanntes Kulturschutzgesetz hingearbeitet, das 1950 vom japanischen Parlament verabschiedet wurde und den gesetzlichen Rahmen der Vorkriegszeit ersetzt (Akagawa 2015: 50–51). Geschichte diente in Japan weiter zur eigenen Legitimation und Identitätsbildung, nur standen jetzt aus nachvollziehbaren Gründen nicht mehr der Tennō oder die Kolonien im Vordergrund.

In einer ersten Phase des Denkmalschutzes der Nachkriegszeit von ungefähr 1950 bis Mitte der 1960er Jahre hatten die Aktivitäten in diesem Bereich freilich noch kein auffälliges Profil, sondern knüpften an die Vorkriegszeit an, indem Lücken im Schutz alter religiöser Bauten aus der Kamakura- und Muromachi-Zeit geschlossen wurden. Erst in den 1950er und 60er Jahren koppelte der Denkmalschutz stark an die Thesen der *nihonjinron/nihonbunkaron* an, also der Japanertheorien / Theorien der japanischen Kultur, und entwickelte einen völlig neuen Schwerpunkt. Diese zunehmend hegemonialen Diskurse sind durch eine dichotome Definition Japans und der Japaner*innen gekennzeichnet, die sie als völlig anders geartet als der Westen aufscheinen lässt, das »significant other« der unzähligen Bücher, Zeitschriftenartikel und anderen Texte in diesem Genre (Befu 2001: 49–52). Hochzeit der *nihonjinron* und *nihonbunkaron* waren die 1960er bis 1980er Jahre. Obwohl sie vor allem in den folgenden zwei Jahrzehnten wissenschaftlich kritisch aufgearbeitet wurden (z. B. durch Aoki 1996; Befu 2001; Minami 1980, 1994; Yoshino 1992), verloren sie ihren hegemonialen Charakter nicht. Die grundlegende Dichotomisierung gegenüber dem Westen und die damit einhergehende fiktive Vereinheitlichung der japanischen Kultur hat sich fortgeschrieben und findet sich im Denkmalschutz immer wieder. Das wird im letzten Kapitel meines Aufsatzes durch die Befunde aus der Feldforschung offenkundig, die auch die sich daraus ergebenden Widersprüche aufzeigen. Doch der Denkmalschutz lieferte schon in den 1960ern vermeintlich anschauliche Belege für die Grundthesen der frühen *nihonjinron*. Häuser wurden hier als die Materialisierung der besonderen Kultur der Japaner gesehen. In ihnen drückten sich die Werte und Lebensweisen der Menschen aus und deshalb nutzte sie das Kultusministerium zur Identitätsstiftung.

Ausdruck dieser neuen Richtung im Denkmalschutz wurden die *minka*, das heißt geschichtsträchtige Häuser im städtischen, vor allem aber im ländlichen Raum. Als Folge verschob sich das räumliche und zeitliche Schwergewicht nationaler Denkmalschutzeintragungen deutlich. In den ersten zwei Nachkriegsjahrzehnten dominierten immer noch mittelalterliche religiöse Bauten, wobei Präfekturen abseits der Region Kansai langsam mehr Aufmerksamkeit bekamen, wie z. B. Hiroshima oder Nagano. In den darauffolgenden eineinhalb Jahrzehnten ändert sich das Bild freilich grundlegend zugunsten der *minka*, die zumeist aus der Edo-Zeit oder späteren Perioden wie der Meiji-Zeit stammten. Die *minka* wurden aber unabhängig vom Zeitraum ihrer Errichtung als grundlegend traditionell und vom Westen unbeeinflusst wahrgenommen und präsentiert. Außerdem konnten durch die vielen *minka*-Eintragungen erstmals praktisch alle Präfekturen Japans umfassend Anschluss an nationale Denkmalschutzprogramme finden (Abb. 1). Kyōto, Nara und Shiga hatten zwar weiterhin die meisten Objekte aufzuweisen, doch selbst periphere Präfekturen wie Iwate oder Aomori im Norden Honshūs konnten sich jetzt mit Bauten brüsten, die historisch und kulturell für wertvoll befunden worden waren.

Die Welle der Eintragungen von *minka* war zunächst einmal von der Angst des Verlustes beeinflusst. Die seit den 1950er Jahren immer mehr wachsende Wirtschaft und die voranschreitende Verstädterung gefährdeten den Bestand alter Häuser. In Städten verschwanden die *machiya* (Stadthäuser), um durch Wohnblocks oder Geschäftshäuser ersetzt zu werden (Brumann 2012: 106–112). Auf dem Land konnten sich immer mehr Menschen neue Häuser leisten, sodass die *nōka* (Bauernhäuser) ebenfalls gefährdet waren. Selbst jenseits nostalgischer Verlustängste passten sich die *minka* gut in die *nihonjinron* ein, die zutiefst kulturalistischen Japaner-Diskurse, die in den Nachkriegsjahrzehnten immer hegemonialer wurden.

Der kanadische Soziologe Adolf Ehrentraut (1989, 1993, 1994, 1995) hat schon vor rund drei Jahrzehnten die Motive und Konsequenzen dieser Trendwende zu *minka* im Denkmalschutz in einer Reihe von Aufsätzen analysiert, deren Ergebnisse und Bedeutung als wichtiger Ausgangspunkt für die Diskussion des Denkmalschutzes der Moderne jüngst von Mitsui (2021: 161–164) noch einmal bestätigt wurden: Durch die vielen ländlichen *minka* in den nationalen Denkmallisten wurde eine der Kernthesen der *nihonjinron* bestärkt, dass nämlich die kulturellen Wurzeln des modernen Japan ländlich seien – was selbstredend letztendlich für alle Gesellschaften einen Kern von Wahrheit in sich trägt. Der Bezug der geschützten Bauten zur Landwirtschaft legte zudem nahe, dass die japanische Gesellschaft gruppistisch ausgerichtet sei, da sich Reisanbau nur in gut vernetzten ländlichen Gemeinschaften organisieren lässt (Befu 2001: 19–23). Weiterhin vermittelten die *minka* das Bild eines selbstgenügsamen, friedlichen Japans, das keine oder kaum Bezüge zum asiatischen Festland aufweist. Japan konnte als autarke Insel ohne imperiale Absichten reinszeniert werden. Schließlich nutzten die Denkmaleintragungen dem ländlichen Tourismus (Ehrentraut 1993, 1994). Die Bauten bekamen gewissermaßen ein Siegel, das ihre Authentizität belegte und sie gleichzeitig zu besonderen nationalen Gütern erhob, was sich wiederum in Werbekampagnen instrumentalisieren ließ (Ehrentraut

Abbildung 1: Neu denkmalgeschützte Objekte im Bereich Architektur
von 1965 bis 1979 (5. Phase des Denkmalschutzes)

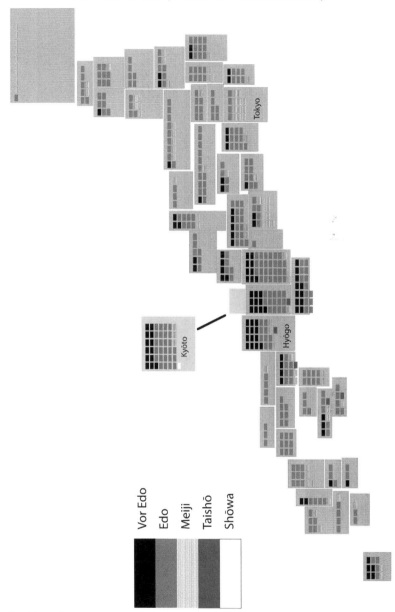

Quelle: Eigene Darstellung

1993: 263). Sie wurden darüber hinaus optisch oft geglättet, aufbereitet und so präsentiert, dass Konflikte und Herrschaftsbeziehungen, die sich an ihnen hätten ablesen lassen, verschleiert wurden, wie Ehrentraut (1989) argumentiert hat. Viele der geschützten *minka* sind nämlich ehemalige Behausungen der lokalen Oberschicht und der Reichtum, der ihre Errichtung und ihren Bestand ermöglicht hat, verweist tatsächlich auf die lokalen Machtverhältnisse, die weit weniger romantisch sind, als es die offizielle Denkmalschutzpolitik und die *nihonjinron* wahrhaben und propagieren wollen. Ziel der Programme für den Erhalt der *minka* war es schließlich, eine friedliche, einheitliche Identität zu konstruieren, die zudem Marketingaspekten entsprach und keine kritischen Einblicke in die Geschichte ermöglichte. Da die Demographie dieser Jahrzehnte von einer starken Abwanderung aus der ländlichen Peripherie in die industriellen Zentren und Großstädte an der Westküste Japans geprägt war, versuchte der Tourismus ein Gegengewicht zu schaffen, um die ausblutenden ländlichen Regionen wirtschaftlich zu stärken, und der Denkmalschutz bot einen Ansatzpunkt zur Werbung (Ehrentraut 1993: 263–269).

Bis 1968 war das Komitee für den Schutz von Kulturgütern und das Erziehungsministerium (Monbusho) für die Eintragung nationaler Denkmäler zuständig. Nach 1968 oblag es dann dem neugeschaffenen Amt für kulturelle Angelegenheiten (Bunkachō), einem Sonderamt des Erziehungsministeriums, die Denkmalpflege auf nationaler Ebene voranzutreiben. Das Erziehungsministerium und in Folge dessen nicht weniger das Amt für kulturelle Angelegenheiten galt und gilt als Hort konservativer Identitätszuschreibungen. Ehrentraut (1989: 139) legt sogar nahe, dass das Bunkachō bewusst eingerichtet wurde, um den *minka*-Boom bürokratisch besser begleiten zu können, indem es die Denkmalschutzprogramme systematisierte und z. B. Subventionen zum Wiederaufbau verfallener *minka* bereitstellte sowie Vorgaben für die Praxis der Restauration und Rekonstruktion machen konnte. Die Denkmalschutzpolitik der Nachkriegsjahrzehnte bestätigt damit die inhaltliche Nähe zu den *nihonjinron*.

Immerhin wurden mit den *minka* jetzt aber Bauten in den Denkmalschutz aufgenommen, die nicht dem Kanon der klassischen Hochkultur entstammten. Einfache Bauern- oder Fischerhäuser stiegen zu Objekten von nationaler Relevanz auf, während bis dato vor allem herrschaftsnahe Strukturen Beachtung gefunden hatten. Wie ich im vierten Kapitel aufzeigen werde, begann der Denkmalschutz dadurch das ganze Land zu durchdringen. Objekte konzentrierten sich nicht mehr im Wesentlichen auf Kyōto oder Nara, sondern überzogen das Land, sodass es zudem viel leichter wurde, selbst einmal ein nationales Denkmal in Augenschein zu nehmen und so an der Geschichte zu partizipieren. Das Leben der einfachen Menschen wurde zum nostalgischen Kulturgut. Selbst wenn man damit von einer Demokratisierung des Denkmalschutzes sprechen kann, passt sich doch selbst diese Ebene wieder in kulturalistische Muster ein. Die speziell in der Nachkriegszeit stark ausgeprägte Vorstellung, dass Japan eine Mittelschichtsgesellschaft sei (Chiavacci 2008), die ihre Homogenität aus der gemeinsamen Vergangenheit als Reisbauern bezog, findet hier ihren Ausdruck in der Aufwertung der bäuerlichen Alltagsgeschichte.

3   Die Moderne droht zu verschwinden

Der wirtschaftliche Aufschwung der Nachkriegsjahrzehnte hatte Folgen für das Antlitz japanischer Städte. Speziell in den 1970er und 1980er Jahren zog das Wachstum so stark an, dass die Metropolen immer weiterwuchsen und sich baulich verdichteten. Gerade in Tōkyō als Sitz vieler Unternehmen wurde Bauland im Zentrum dadurch immer teurer, bis Ende der 1980er Jahre der Immobilienboom jäh endete. Selbst in den folgenden Jahren sanken die Preise zwar stetig, aber nicht radikal, sodass der Druck im Immobilienmarkt weiterhin stark blieb. Exemplarisch lässt sich die Entwicklung an der optischen Verwandlung des zentralen Geschäftsviertels Marunouchi in Tōkyō ablesen, das sich westlich vom Kaiserpalast erstreckt. Hier hatten schon ab der Meiji-Zeit vor allem Unternehmen der Mitsubishi-Gruppe ihre Hauptsitze errichtet, sodass der Bezirk zunächst von zahlreichen Ziegelbauten wie dem Hauptsitz von Mitsubishi dominiert wurde. Der englische Architekt Josiah Conder hatte den Hauptsitz in den 1890ern entworfen (Suzuki et al. 2009: 101–104), nachdem er 1877 von der japanischen Regierung als Professor an die Staatliche Universität für Ingenieurwissenschaft berufen worden war, um die erste Generation moderner japanischer Architekten mitauszubilden. Marunouchi entwickelte sich über die Jahrzehnte weiter und ab der Taishō-Zeit ergänzten Stahlbetonbauten die Atmosphäre. Zudem plante hier Tatsuno Kingo, einer der ersten Schüler Conders, den 1914 fertiggestellten Hauptbahnhof von Tōkyō, erneut ein Ziegelbau.

Insgesamt wirkte die Architektur in Marunouchi modern, war jedoch angesichts der rapide wachsenden Wirtschaft der Nachkriegsjahrzehnte deutlich zu bescheiden, um allen Bedürfnissen Raum zu bieten. So wurden die allermeisten Gebäude der Vorkriegsjahrzehnte nach und nach abgerissen und durch Hochhäuser ersetzt, die den funktionalen Anforderungen der Unternehmen besser entsprachen und zudem einen höheren Sicherheitsstandard in Bezug auf Erdbeben und Feuerschutz aufwiesen. Auch Conders Bauten mussten einem neuen deutlich größer dimensionierten Hauptsitz weichen. Ähnliche Entwicklungen lassen sich im Prinzip in ganz Japan beobachten und hier nicht nur in den Kernmetropolen wie in den Agglomerationen rund um Tōkyō, Ōsaka/Kobe und Nagoya. Überall verschwanden westliche geprägte Bauten der Vorkriegsjahrzehnte.

Allerdings wurden schon ab den 1960er Jahren erste moderne Gebäude unter Schutz gestellt, wie 1956 das Eingangstor des Münzamtes in Ōsaka oder Anfang der 1960er Jahre zwei Villen westlicher Kaufleute in Kōbe und Nagasaki (Mitsui 2021: 182). Das hundertjährige Jubiläum der Meiji-Restauration lenkte 1968 erneut das Augenmerk auf diese Zeit und es kam zu einigen weiteren Eintragungen – während gleichzeitig genau in diesem Jahr Conders Haus Nr. 1 der Hauptverwaltung Mitsubishis abgerissen wurde (Mitsui 2021: 185–188)! Im Jahre 1974 kam mit dem Yodoke Guest House in Ashiya in der Präfektur Hyōgo das erste Haus aus der Taishō-Zeit als nationales Denkmal hinzu, das vom bekannten US-Architekten Frank Lloyd Wright zudem mit Beton errichtet worden war (Hirasawa 2007: 125). Insgesamt blieb die Zahl der Eintragungen bis Mitte der 1970er Jahre jedoch überschaubar und fokussierte sich auf einige wenige Präfekturen, darunter vor allem Tōkyō und Hokkaidō mit zehn Objekten im Jahr 1975, Aichi mit acht sowie Ōsaka, Kyōto und Okayama mit je vier. Dagegen hatten viele Präfekturen gar keine modernen Denkmäler aufzuweisen.

Parallel zu diesen ersten Ansätzen versuchten der Präsident der Nagoya-Eisenbahngesellschaft Motoo Tsuchikawa und sein Mitschüler aus Oberschulzeiten, der Architekt Yoshirō Taniguchi, alte Gebäude zu retten, indem sie ein Freilichtmuseum gründeten. Im Jahre 1965 konnten sie das Meiji Mura (Meiji Dorf) in der Stadt Inuyama in der weiteren Peripherie Nagoyas mit 15 Häusern eröffnen, wobei mit dem Wohnhaus der beiden Schriftsteller Ōgai Mori und Sōseki Natsume ein wichtiges Kulturgut erhalten werden konnte (Mitsui 2021: 183–185). Über die Jahre hinweg kamen immer mehr Gebäude hinzu, wie z. B. das ehemalige Wohnhaus des Schriftstellers Lafcadio Hearn, diverse christliche Kirchenbauten, das ehemalige Verwaltungsgebäude der Präfektur Mie, ein Gefängnis und sogar der von Frank Lloyd Wright entworfene Haupteingang und die Lobby des Imperial Hotels in Tōkyō. Das Meiji Mura entwickelte sich zu einem großen und attraktiven Themenpark mit denkmalschützerischem Anspruch, da eine Reihe der Gebäude einen nationalen Schutzstatus erhielt – und so erklärt sich die vergleichsweise hohe Zahl von acht geschützten Objekten in der Präfektur Aichi bis 1975.

Allmählich sammelten sich jedoch Kräfte, die modernen Bauten generell eine höhere Wertschätzung entgegenbrachten und Häuser nicht nur in Freilichtmuseen verbracht wissen wollten, um sie zu retten, sondern den Erhalt vor Ort am ursprünglichen Standort befürworteten. So wurde in den 1970ern die universitäre Architekturgeschichte auf die Zeit ab der Meiji-Restauration bis zum Zweiten Weltkrieg aufmerksam, und die Moderne konnte als eigene Forschungsrichtung etabliert werden (Hirasawa 2007: 117–118). Ein zentraler Anstoß kam durch das Buch *Nihon kindai kenchikushi* (deutsch: *Moderne Architekturgeschichte Japans*) von Teijirō Muramatsu, Professor an der Universität Tōkyō, das 1977 in der populären Buchreihe NHK Books erschien und so ein breites nichtwissenschaftliches Publikum erreichen konnte (Hirasawa 2007: 188). Die Diskussion in Japan schloss auf diese Weise relativ schnell an internationale Entwicklungen an. Auch in Europa und den USA setzte der aktive Denkmalschutz der Moderne in den 1970er und 80er Jahren ein (Lowenthal 1985: 387). Dadurch standen in den 1980er Jahren Architekturhistoriker*innen als ein Bündnispartner für die Zivilgesellschaft bereit, um deren Interesse am Erhalt moderner Bauten wissenschaftlich zu untermauern. Das Bunkachō oder andere staatliche Institutionen behandelten moderne Architektur allerdings immer noch stiefmütterlich. Es gab weiterhin vereinzelte Eintragungen, doch für einen Paradigmenwechsel bedurfte es weiterer Akteure.

Zivilgesellschaftliche Gruppen hatten sich in den Jahrzehnten des Wirtschaftsbooms und den damit einhergehenden Veränderungen der Stadtlandschaft immer wieder kritisch zu Wort gemeldet. Der anstehende Abriss des Hauptbahnhofs von Tōkyō im Stadtbezirk Marunouchi wurde dann jedoch zu einem breit öffentlich umstrittenen Fanal für eine Reorientierung. Pläne, den Ziegelbau abzureißen und durch ein zeitgemäßeres und größeres Bahnhofsgebäude zu ersetzen, gab es schon seit Mitte der 1950er Jahre (Nakai 2013: 7). Konkret wurden entsprechende Bestrebungen 1986 wieder aufgenommen. Schon ein Jahr später gründete sich daraufhin die Akarenga no Tōkyōeki o ai suru shimin no kai, die »Bürgervereinigung, welche die roten Ziegel des Bahnhofs Tōkyō liebt«. Diese Vereinigung fand mit Schriftsteller Shumon Miura und der Schauspielerin Mieko Takamine prominente Wortführer*innen (Mitsu 2021: 189–190). Miura hatte 1985/86 sogar das Bunkachō geleitet, sodass seine Stimme auch bei Fachleuten großes Gewicht hatte. Die Bürgervereinigung bediente sich der typischen Instrumente der Zivilgesellschaft in Japan, indem sie Eingaben bei der Japan Railways (JR) und in Parlamenten bis hin zum japanischen Unterhaus machten sowie Demonstrationen, Symposien, Solidaritätskonzerte und Unterschriftensammlungen veranstaltete – bei letzteren unterzeichneten über 100.000 Bürger*innen. Letztendlich fruchteten die Aktivitäten, denn Japan Railways änderte 1988 ihre Pläne für den Hauptbahnhof und begann mit einer großangelegten und umfassenden Sanierung des Hauptgebäudes, die 2002 zur Eintragung als nationales Denkmal führte (Mitsui 2021: 190; Nakai 2013).

Damit hatten sich Ende der 1980er Jahre verschiedene Akteursgruppen gefunden, die den Druck auf das Bunkachō erhöhten. Trotzdem verschwanden weiter prägende Gebäude aus dem Stadtbild wie 1990 der Klub der Bank of Tōkyō in Maronuchi, ein Verlust, der dem Bunkachō erneut klar signalisierte, dass Handlungsbedarf bestand (Song 2017: 137). Schließlich hatte der Denkmalschutz der Moderne international in der Zwischenzeit große Fortschritte gemacht. 1987 erkannte die Unesco sogar die brasilianische Hauptstadt Brasilia als Weltkulturerbe an, die von Oskar Niemeyer zwischen 1957 und 1964 geplant worden war. Japan schickte sich Ende der 1980er Jahre an, der Unesco Welterbekonvention beizutreten. In den 1990er Jahren investierte die japanische Regierung dann viele Ressourcen, um im Unesco-Weltkulturerbe eine führende Rolle einnehmen und so diplomatisches Kapital aufbauen zu können (Akagawa 2015). Dazu war es offensichtlich ebenfalls dringend notwendig, den Schutz der Moderne stärker als bis dato in Angriff zu nehmen, um die internationale Entwicklung in diesem Bereich nicht zu verpassen.

4   Pfade im Schutz der Moderne

Das Bunkachō setzte sich ab 1990 aktiv mit dem Denkmalschutz der Moderne in voller Breite auseinander. Bis dahin waren vor allem einzelne Häuser als nationale Denkmäler designiert worden. Doch nun weitete sich der Schutz auf viele Bereiche wie z. B. die Infrastruktur aus. 1990 verwendete das Amt erstmal den Begriff *kindai-kai isan* (Erbe der Modernisierung) und begann eine großangelegte Kartierung von Bauwerken dieser Modernisierung in ganz Japan (Hirasawa 2007: 126). Ab 1993 konnten solche Strukturen als nationale Denkmäler ausgewiesen werden (Itō 2000: 9). 1995 veranstaltete das Bunkachō dann in Maebashi, Hauptstadt der Präfektur Gunma, eine landesweite Konferenz zum Erhalt des modernen Kulturerbes, durch die die Agenda an die lokalen Akteure im Denkmalschutz vermittelt werden sollte, deren Kooperation nötig war, um überhaupt die Masse der Objekte filtern und katalogisieren zu können. Das Bunkachō (1995, eigene Übersetzung) beschrieb die Agenda als dringenden Schritt, die moderne Geschichte Japans zu erhalten:

Der Staat weist unter den bedeutenden die historischen Stätten aus, die aus dem Erbe mittels wissenschaftlicher Untersuchungen als historisch wertvoll bestimmt worden sind. Aktuell wird jedoch kein modernes Erbe nach Mitte der Meiji-Zeit designiert. Allerdings gibt es viel Erbe der Modernisierung, bei dem schon seit Jahren klar ist, dass es historisch bedeutsam ist. Viel Kulturerbe kommt im Zuge der Änderung von Flächennutzung und der Neugestaltung von Städten zu Schaden, weil es zahlreiche Fälle gibt, in denen sich die geschäftigen Orte des heutigen Lebens mit den Standorten des Erbes der Moderne überlagern. Deswegen ist der angemessene Schutz wichtigen Erbes, auf das unser Land für das Verständnis der Geschichte der Moderne nicht verzichten kann, eine dringende Angelegenheit.

Für die Konferenz benannte das Bunkachō damit die Probleme und die sich daraus ergebende Agenda klar und machte die Katalogisierung des Erbes der Modernisierung zur Aufgabe. Diese Erfassung von Beständen war eine dringende Voraussetzung, um überhaupt einen Zugriff auf die Materie zu entwickeln und letztendlich nicht einfach der Abrissbirne hinterherzulaufen. 1996 weitete das Bunkachō die Programmatik dann mit dem Begriff *kindai no bunka isan* (Kulturerbe der Moderne) weiter aus und konnte jetzt Wohnhäuser oder auch Gärten gezielter in den Griff bekommen und begann hier ebenfalls mit der Kartierung (Hirasawa 2007: 118).

Die Notwendigkeit der zentralen Erfassung durch das Bunkachō im Bereich der Moderne hat mit dem Aufbau des japanischen Denkmalschutzes und seiner Anwendung in der Praxis zu tun. Denkmalschutz gibt es sowohl auf der Ebene der Gemeinden, der Präfekturen als auch national. Die letztere, nationale Ebene behandele ich im Aufsatz. Allerdings ist vor allem die nationale Ebene in der Praxis wirklich vermarktbar und führt zu einem stabilen Schutz. Auf den unteren Ebenen hängt der Denkmalschutz deutlich stärker von den jeweiligen Gegebenheiten und Aktivitäten der zuständigen Netzwerke ab. Insgesamt ist die grundlegende Kategorie für Bauwerke die der *jūyōbunkazai* (wichtiges Kulturgut), während es im Gesetz in seiner aktuellen Fassung weitere Kategorien für volkstümliche oder immaterielle Kulturgüter gibt. Zugrunde liegt dieser Einteilung das schon erwähnte Kulturschutzgesetz von 1950. Wichtiger als die *jūyōbunkazai* sind die *kokuhō*, die Staatsschätze, die aber im Bereich der Moderne bislang kaum eine Rolle spielen. *Kokuhō* sind in aller Regel sehr alte Tempel oder Schreine, überwiegend in Kyōto oder Nara. Japans erste Seidenfabrik, die Tomioka Seidenspinnerei in der Präfektur Gunma wurde 2014 gleichzeitig mit ihrer Ernennung zum Unesco Weltkulturerbe *kokuhō*. Ansonsten ist nur die Kaichi Schule in der Präfektur Nagano, ein eindrucksvoller Holzbau aus der frühen Meiji-Zeit, als modernes Gebäude *kokuhō*.

Dabei ist es im japanischen Denkmalschutz anders als z. B. in Deutschland nicht möglich, dass sich Behörden über die Eigentümer*innen hinwegsetzen. Ein Haus, eine alte Brücke oder ein Garten kann nicht einfach so als Denkmal ausgewiesen werden, sondern es bedarf formal eines Antrags von Eigentümer*innen. Städtische Denkmalpfleger*innen oder das Bunkachō können durch eine Erfassung den Prozess des Antrags auslösen – sofern die Eigentümer*innen mit der Eintragung einverstanden sind. In der Regel müssen die Denkmalpfleger*innen und das Bunkachō außerdem bei der Antragserstellung Hilfe leisten, weil Eigentümer*innen die bürokratischen Anforderungen ansonsten kaum meistern werden. Das führt dazu, dass in der Praxis das Bunkachō viel mehr leistet, als einfach nur auf eingehende Anträge zu warten und diese dann zu prüfen. Stattdessen steuert das Bunkachō von Anfang an mit und ermutigt Eigentümer*innen oft erst, Anträge zu stellen. Das hat insbesondere im Denkmalschutz der Moderne Auswirkungen, weil hier Eigentümer*innen oft gar keine Vorstellung davon haben, dass ihre Bauten historische Bedeutung haben könnten oder speziell im Falle von Unternehmen gar nicht daran interessiert sind, dass sie geschützt werden, weil das drastische Einschränkungen ihrer Verfügungsgewalt mit sich bringt. Ein wichtiges Kulturgut muss nach seiner Designation im Zustand der Eintragung erhalten werden – einzig Schutzmaßnahmen gegen z. B. Erdbeben dürfen und müssen unternommen werden, was zusätzliche Kosten verursachen kann.

Das Bunkachō reagierte letztlich ab Anfang der 1990er endlich proaktiv auf das weitverbreitete Desinteresse und die fehlende Einsicht der Eigentümer*innen für den Wert der Modernisierung, indem es erst einmal ein Inventar erstellte, um von da ausgehend Schritte zu ergreifen, um tatsächlich Denkmäler schützen zu können. Selbst wenn Eigentümer*innen zunächst nicht kooperieren wollen oder können, hat das Bunkachō nämlich durchaus Möglichkeiten, eine Kooperation, wenn nicht rechtlich zu erzwingen, so zumindest sozial wünschenswert erscheinen zu lassen. Wie sich in meiner Feldforschung herausschälte, nutzt das Bunkachō seine Autorität und den Weg über soziale Netzwerke vor Ort, um sanft Druck auszuüben. Hier spielte das Inventar eine wichtige Rolle für die Legitimierung der Ansprüche des Bunkachō, verlieh es doch dem jeweiligen lokalen Anliegen eine wissenschaftliche Legitimität.

1993 wurden die ersten beiden modernen Baudenkmäler nach Start der Initiative des Bunkachō unter Denkmalschutz gestellt, ein zum Ende der Meiji-Zeit errichteter Damm in der Präfektur Akita sowie eine 1893 errichtete Eisenbahnbrücke in der Präfektur Gunma (Itō 2000: 9). Diese beiden Fälle stellten das Bunkachō selbstverständlich vor vergleichsweise geringe Probleme, da sie sowieso in öffentlicher Hand waren. Deutlich wird hier außerdem, wie breit das Bunkachō ab jetzt den Schutz der Moderne fassen wollte. Es ging hier nicht um typische innerstädtische »landmarks«, sondern zwei periphere Einrichtungen der Infrastruktur kamen zum Zug. Obwohl es lange dauerte und dauern wird, bis die Inventarisierung von potentiellen Denkmälern abgeschlossen und vor allem umfassend für die Öffentlichkeit aufbereitet ist – der Prozess läuft noch –, zeigt sich die Vielfalt der Schwerpunkte ab dem neuen Jahrtausend in den entsprechenden Veröffentlichungen des Bunkachō: Es gibt Bände zu Bergwerken (BBZKB 2002), Behördenbauten (BBZKB 2014), zur Verkehrsinfrastruktur, Transport sowie Kommunikation (BBZKB 2018) oder zu Bauten des primären Wirtschaftssektors der Land-, Forstwirtschaft und Fischerei (BBZKB 2021), um nur vier der inzwischen erschienenen zehn Bände zu nennen.

Die Bände beginnen mit einer allgemeinen Einführung und listen dann einzelne Objekte über ganz Japan hinweg mit Daten, Bildern und beschreibenden Text. Insgesamt ist so ein umfassender Katalog der schützenswerten Moderne entstanden, der inzwischen schon wieder über die ursprünglichen Absichten von 1990 hinausweist. Die schiere Menge an Objekten führte 1996 zu einer Modifikation der Gesetzgebung. Eine Vorstufe zur eigentlichen Eintragung als Denkmal kam hinzu, die bloße Erfassung. Der Prozess, um diesen Status zu erlangen, ist weit weniger komplex als für eine tatsächliche Designation als nationales Denkmal. Eigentümer*innen kann schnell dazu verholfen werden, diese Erfassung zu erhalten, die zumindest den aktuellen Zustand erhält und ein späteres Upgrade auf den vollen Denkmalstatus vorbereiten kann.

Wie schlägt sich die neue Ausrichtung des Bunkachō in Zahlen nieder und wie lassen sich die Entwicklungen nach dem zweiten Kapitel fortschreiben? Dort wurde deutlich, dass zwischen Mitte der 1960er und Ende der 1970er Jahre *minka* zum Hauptfokus des Denkmalschutzes wurden. Ab den 1980er Jahren verlangsamt sich dieser Trend massiv und es kamen nur noch wenige neue Eintragungen hinzu (Abb. 2). Diese dritte Phase, nach der ersten Nachkriegskonsolidierung (1950 bis Mitte der 1960er) und dem *minka*-Boom dauerte bis ungefähr 2000. Es gab erste sichtbare Fortschritte im Schutz der Moderne, doch das Gros der Eintragungen erfolgte klar erkennbar ab ungefähr 2000. Vor allem wurden bis 2000 kaum Objekte nach der Meiji-Zeit geschützt und ebenso zumeist Wohnhäuser, was vermuten lässt, dass es sich hier eher um eine Fortschreibung des *minka*-Booms handelte, in dessen Verlauf nicht immer allzu streng zwischen Edo- und Meiji-Zeit geschieden wurde, solange die Bauern- und Stadthäuser nur vorwiegend japanisch wirkten. Insofern würde ich dafür plädieren, diese beiden Dekaden klar als Übergangsphase mit wenig eigenem Profil und nachlassendem Interesse an Neueintragungen zu sehen.

Erst ab 2000 entwickelte sich eine neue Dynamik, die die Inkubationszeit der Forschungen zu *kindaikai isan* (Erbe der Modernisierung) am Bunkachō ab 1990 und die Ausweitung auf *kindai no bunka isan* (Kulturerbe der Moderne) von 1996 in neue Eintragungen umsetzte. Die Zahl der Gesamteintragungen nahm deutlich zu (Abb. 3). Vor allem die Präfekturen Tōkyō, Kyōto und Nagasaki entwickelten sich zu hotspots für neue *jūyōbunkazai*, aber auch in Hokkaidō oder Akita kamen viele hinzu. Während Kyōto so zum klassischen einfach ein modernes Kulturerbe hinzugewann und jetzt mehr Bandbreite aufweist, wird Tōkyō in den letzten 20 Jahren erstmals wirklich zu einem Zentrum mit Geschichte, die durch Denkmalschutz dokumentiert und abgesichert ist. Deutlich über ein Drittel aller Designationen in der Landeshauptstadt stammen aus dem 21. Jahrhundert. Wie schon in der *minka*-Boom-Phase sind die Eintragungen insgesamt aber relativ

Abbildung 2: Neu denkmalgeschützte Objekte im Bereich Architektur
von 1980 bis 1999 (6. Phase des Denkmalschutzes)

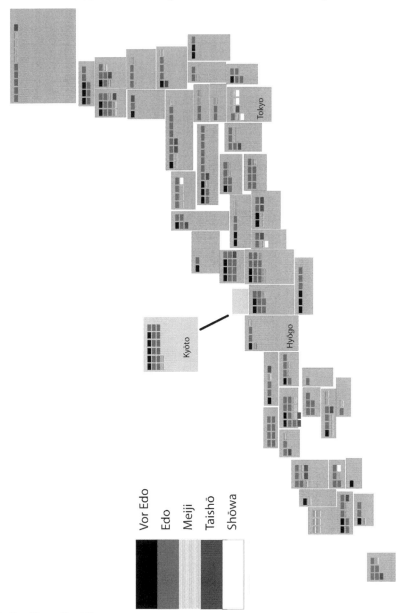

Quelle: Eigene Darstellung

Abbildung 3: Neu denkmalgeschützte Objekte im Bereich Architektur von 2000 bis 2021 (7. Phase des Denkmalschutzes)

Quelle: Eigene Darstellung.

gleichmäßig über Japan verteilt. Die Fokussierung auf die alten kulturellen Zentren in Kansai, allen voran die Präfekturen Kyōto, Nara und Shiga, schwächte sich weiter ab. Es mag einzelne Ausreißer geben – in den peripheren Präfekturen Saga und Toyama gibt es insgesamt nur drei neue Denkmäler –, aber ansonsten ist der Trend gleichmäßig.

Seit 2000 wurden zudem viele Objekte aus der Taishō- und Shōwa-Zeit miteinbezogen. Bis dahin war das noch die große Ausnahme, doch inzwischen werden Behördengebäude, Industriebauten, Verkehrsinfrastruktur usw. aus diesen Zeiträumen ebenfalls breit geschützt. Schließlich erweiterte sich die Palette der ehemaligen Funktionen der Denkmäler erheblich. Die Phasen des japanischen Denkmalschutzes bis 2000 konzentrierten sich jeweils stark auf bestimmte Objekte. Anfänglich waren es Tempel und Schreine, die ansonsten leicht dem Verfall preisgegeben worden wären, weil mit dem Ende des Tokugawa-Shōgunats die wirtschaftliche Grundlage wegbrach. Ab 1930 kamen Burgen hinzu, da es dem militaristischen Zeitgeist entsprach und die städtische Zivilgesellschaft oft das (potenzielle) Verschwinden des alten lokalen Wahrzeichens betrauerte. In den 1960er und 70er Jahren drehte sich alles um alte Wohnhäuser in der Stadt und auf dem Land. Doch mit der umfassenden Inventarisierung möglicher Objekte durch das Bunkachō ist nun eine funktionale und thematische Breite in die Programme eingezogen. Die Moderne differenzierte sich sozial aus und entwickelt neue Bauten wie Schulen oder Universitäten im Bildungsbereich, deren Funktionen bis zum Ende der Edo-Zeit in Tempeln und Schreinen aufgehoben waren. Das spiegelt sich in erweiterten Kategorien für Bauten wider, sowohl in der Datenbank des Bunkachō als auch in den vielen Bänden zur Inventarisierung.

Freilich ist diese neugewonnene Breite in den Verteilungen der Denkmäler auf Kategorien in gewisser Weise ein Artefakt der Datenbank des Bunkachō. Im *minka*-Boom wäre es ebenfalls möglich gewesen, neue Kategorien einzuführen, um z. B. zwischen verschiedenen Funktionen von (Wohn-)Häusern zu unterscheiden. Wohnten hier Handwerker, Händler, Reisbauern, Fischer oder gab es weitere Funktionen der Bauten? Womöglich wäre eine entsprechende Unterteilung willkürlicher als die aktuellen Kategorien, die sich in der Tat schlüssig aus einer modernen Ausdifferenzierung der Gesellschaft ableiten lassen. Trotzdem wirkt es ein bisschen so, als seien praktisch alle Häuser des *minka*-Booms Ausdruck derselben einheitlichen Lebensumstände, wie Ehrentraut völlig zurecht kritisiert hat, während es jetzt verschiedene Bereiche gibt. Damit stärkt die Datenbank rückwirkend erneut die Argumente der *nihonjinron*, die kulturalisieren und die feingliedrigen Differenzen über Regionen, Stände und andere Lebensbedingungen hinweg einebnen, um Theorien zu *den Japanern*, hier von mir einmal bewusst nicht gegendert, aufstellen zu können und diese vor allem von *den Westlern* unterscheiden zu können. Fakt bleibt jedoch, dass die Moderne in den letzten Jahren wesentlich differenzierter angegangen wurde als die Hauptanliegen der vorhergehenden Phasen im Denkmalschutz (vgl. Tab. 1).

Tabelle 1: Die Phasen des Denkmalschutzes in Japan

Phasen	Inhaltlicher Schwerpunkt	Zeitlicher Schwerpunkt	Geographischer Schwerpunkt
1897 bis 1912	zahlreiche religiöse Bauten werden erstmals geschützt	Heian-, Kamakura-, Muromachi- und Azuchi-Momo-yama-Zeit	Kyōto, Nara, Shiga
1912 bis 1930	deutlich verlangsamte Fortführung der 1. Phase	Heian-, Kamakura-, Muromachi- und Azuchi-Momo-yama-Zeit	Ausdehnung auf Kansai insgesamt
1930 bis 1945	neuer Fokus Burgen	Muromachi- bis Edo-Zeit	punktuell alte Burgstädte in ganz Japan
1950 bis 1960er	Konsolidierung im Bereich Tempel, Schreine	Muromachi- bis Edo-Zeit	Kyōto, Nara, Shiga + tendenzielles Ausgreifen auf ganz Japan
1960er bis 1970er	*Minka*-Boom	vorwiegend Edo-Zeit	ganz Japan
1980er bis 2000	deutlich verlangsamte Konsolidierung der *minka*; erste moderne Denkmäler	Edo- und Meiji-Zeit	ganz Japan
Seit 2000	ausdifferenzierte Moderne (Schulen, Industrie, Infra-struktur, Behörden etc.)	Meiji-, Taishō-, Shōwa-Zeit	ganz Japan

Quelle: Eigene Darstellung.

5   Die Aneignung der Moderne

Bedeutet die differenzierte Auseinandersetzung mit der Architektur der Moderne – im Sinne von *gendai kenchikuka* in den japanischen Diskursen –, dass die kultura-listische Sichtweise der *nihonjinron* keinen Einfluss auf den Denkmalschutz mehr hat? Immerhin ist die Moderne ein westliches Konzept und es liegt nahe, dass sich aus deren Übernahme in Japan kein so glattes Narrativ erzeugen lässt wie im Falle der *minka*. Ganz so einfach liegen die Dinge aber nicht. In diesem letzten Abschnitt argumentiere ich vielmehr, dass subtile Strategien zum Einsatz kommen, um den Bruch zwischen den kulturalistischen *nihonjinron* und der (westlichen) Moderne zumindest nicht so groß erscheinen zu lassen, wenn nicht gar in Abrede zu stellen. Dabei wird der Begriff der Moderne durchaus doppeldeutig. Einerseits bezeichnet er im Feld des Denkmalschutzes und der Architekturgeschichte weiterhin den Unterschied zu vermeintlich traditionellen japanischen Bauformen, denen freilich zusehends eine Vorläuferfunktion für eine moderne japanische Architektur attestiert wird. Andererseits wirkt es so, als ob in diesem Prozess eine generelle Moderne angesprochen werden soll, deren Japanizität durch denkmalgeschützte Bauten beispielhaft belegt wird. Insofern ist eine unscharfe Begrifflichkeit der Moderne konstitutiv für die Wirksamkeit der Argumentation im Denkmalschutz.

Meine beiden konkreten Beispiele stammen aus dem Bereich der Wohnhäuser und schließen deshalb an die *minka* an. Man könnte fragen, wie meine Beobachtungen aus dem Feld ausgefallen wären, hätte ich Industriedenkmäler oder ähnlich eindeutig westlich-modern geprägte Orte besichtigt, also die klassischen *kindaika no isan* in der Definition von 1990. Die Werbung des Bunkachō für offene Denkmäler der Modernisierung vom 1. Oktober bis 30. November 2020, Teil der Cultural Expo 2020 anlässlich der Olympischen Spiele, legt jedoch nahe, dass die Beobachtungen zu den Wohnhäusern hier ebenso Gültigkeit haben. Die englische Version des Werbeplakats lautet wie folgt (Japan Cultural Expo 2020):

> Modernization heritages are the cornerstone of prosperous and distinctive modern Japanese society where its tradition and Western culture exist in harmony, while also being invaluable cultural heritages in which dreams of modern Japanese people are engraved. Many of them are still around us today and support our daily activities.

Tatsächlich steht im Japanischen anstelle von »exist in harmony« jedoch »dentō to seiō no bunka ga mazariau«, was nahelegt, dass die *Vermischung* von westlicher und traditioneller Kultur zur wohlhabenden und besonderen/einzigartigen japanischen Moderne geführt hat.

Schon 1992 legte das Bunkachō ein Programm auf, das auch die Architektur der japanischen Moderne (*kindai wafu kenchiku*) erfassen sollte. Shimizu (2008) charakterisierte den Zweck dieses Unterfangens damit, dass japanische Architektur nicht mehr einfach als »traditionell« und unmodern verstanden werden sollte. Vielmehr sollte ihre Entwicklung über das Programm als moderne Entwicklung sui generis verstanden und kartiert werden. Mit anderen Worten ist es nicht alleine der westliche Einfluss, sondern die japanische Tradition, die die Moderne hervorbringt.

Die beiden Fallbeispiele zeigen konkreter auf, wie die Moderne graduell japanisiert wird. Das erste ist das ehemalige Nishio-Anwesen (Kyū Nishio-ke jūtaku) in Suita, einer Trabantenstadt von Ōsaka. Die Gebäude und der dazugehörige Garten des Anwesens wurden im Wesentlichen zwischen 1895 und 1906 errichtet. Die ehemalige Samuraifamilie Nishio war in der zweiten Hälfte des 19. Jahrhunderts durch Forstwirtschaft zu beachtlichem Reichtum gekommen und konnte sich so ein repräsentatives Anwesen leisten (Adachi 2009: 85). Gebäude und Garten sind für die Zeit typisch eklektisch. Einerseits gibt es eine Reihe von Stilelementen, die wohl als japanisch gelten können, wie Tatami im Wohnbereich oder Schiebetüren, wenngleich diese als Außenwände bereits aus Glas und nicht mehr Papier sind. Andererseits ist vieles im Anwesen sehr westlich modern, so wie die vielen elektrischen Lampen, die sehr gut erhalten sind und durch ein wissenschaftliches Gutachten im Rahmen des Denkmalschutzantrages kartiert wurden (Hara und Matsushima 2009). Außerdem wurde das erste Telefon in Suita hier installiert. Der Anschluss hat deswegen immer noch die Telefonnummer 1 – inzwischen erweitert um einige Nullen vorneweg. War Suita um die Wende zum 20. Jahrhundert eine Kleinstadt, hat es heute über 300.000 Einwohner und ist vor allem durch die Weltausstellung 1970 bekannt, die hier stattfand.

Vor zwei Jahrzehnten begann der Kampf um den Erhalt des Nishio-Anwesens. Mit dem Tod des Familienoberhauptes war die Familie gezwungen, das Anwesen an die Steuerbehörde abzutreten, um die Erbschaftssteuer zu begleichen. Die Steuerbehörde ist in so einem Fall gesetzlich verpflichtet, das Haus abzureißen und den Grund zu veräußern. Um das zu verhindern, gründete sich eine Bürgerinitiative, die das Anwesen als Kulturzentrum nutzen wollte. Die Initiative schaffte es tatsächlich schnell, dort zumindest Veranstaltungen wie Jazzkonzerte, Folklore-Aufführungen, Kammerkonzerte und Vorträge zum Denkmalschutz abhalten zu können. Außerdem gelang es der Bürgerinitiative, die Stadt auf ihre Seite zu ziehen, begünstigt dadurch, dass der damalige sozialistische Bürgermeister ihr Anliegen sehr begrüßte. Vor rund fünfzehn Jahren kam es zu einem Etappensieg, als die Steuerbehörde und die Stadt einen Nutzungsvertrag schlossen. Die Bürgerinitiative konstituierte sich als eingetragener Verein zum Erhalt des Nishio-Anwesens. Sie setzte ihre Lobbyarbeit fort und organisierte weiterhin kulturelle Events.

Der Verein nutzte im Verbund mit der Stadt auch die Möglichkeiten des Denkmalschutzes, in der Hoffnung, so das Anwesen zu retten und dauerhaft für seine Aktivitäten nutzen zu können. 2009 wurde auf Antrag der Stadt das Anwesen zum nationalen Denkmal erklärt. 2013 wurde dann auch der Garten in den Denkmalschutz aufgenommen. Ende des letzten Jahrzehnts wurde das Nishio-Anwesen zu einem Kulturzentrum ausgebaut, das von der Stadt getragen wird, in dem aber der Verein ehren-

amtliche Mitarbeiterinnen und Mitarbeiter stellt. Aufschlussreich war dieser Zeitraum besonders deswegen, weil hier die vorangegangenen Konflikte aufgelöst und die
Kompromisse in Programme für das Kulturzentrum und räumliche Arrangements
übersetzt wurden. Damit kann man in dieser Abschlussphase deutlich sehen, wie die
Ergebnisse der Aushandlungsprozesse in eine soziale Praxis mündeten.

Mit der Eintragung zum Denkmal ging einher, dass das Anwesen nicht mehr
baulich verändert werden darf und gegen Erdbeben geschützt werden muss. Vor
allem aber dürfen nicht mehr alle Arten von Veranstaltungen im Anwesen stattfin-
den. Es muss einen Bezug zur Geschichte des Hauses geben, sodass insbesondere
die Jazz-Konzerte nicht mehr erlaubt sind. Die Regeln des Bunkachō haben letztendlich zum Ende des ursprünglichen Kulturzentrums geführt. Stattdessen werden
zum Beispiel alte japanische Puppen aus den Jahrzehnten um die Wende zum 20.
Jahrhundert gezeigt. Die Ehrenamtlichen machen Führungen durch das Haus, die
laut dem Interview mit uns folgendes Ziel erfolgen:

> (…) die Kinder von heute wissen oft noch nicht mal, was tatami [also Reis-
> strohmatten] sind. In normalen japanischen Häusern von heute … gibt es
> keine tatami. Weil man nicht mehr so wohnt, wissen die Kinder auch nicht
> mehr, was Schiebetüren sind. Insofern ist das hier nicht einfach ein altes Haus,
> sondern ein japanisches! Hier können Grundschüler einiges sehen und lernen.

Aus dem lokalen Kulturzentrum ist also eine Art Museum für japanische Alltagsgeschichte des frühen 20. Jahrhunderts geworden. Indem der Verein in Suita die Gebäude und den Garten als Prototyp japanischer Traditionen ausdeutet und sich den
Anforderungen unterwirft, keine Jazz-Konzerte oder ähnliches mehr zu veranstal-
ten, wird das Anwesen zum Beleg für die Thesen der *nihonjinron*, ästhetisch wie
sozial. Oder wie es einer der Interviewpartner ausdrückte:

> Mit den Events, äh, die es hier bislang gab, halten wir uns jetzt etwas zurück.
> Ja, äh, die Veranstaltungen, die nicht so, also nicht so zur Kultur Japans passen,
> die haben wir gestoppt. Wir beschränken uns jetzt auf das, was tatsächlich eine
> Verbindung zum Nishio-Anwesen hat.

Die ehrenamtlich weiter mitarbeitenden Vereinsmitglieder legen auf ihrem Weg
durch das Haus vor allem Wert darauf, die tiefe Verbundenheit des Anwesens mit
japanischen Werten und einer japanischen Ästhetik zu verdeutlichen. Es gibt es einige Räume, die perfekt zu diesem Programm passen und die durch die Führungen
bevorzugt gezeigt werden. Aber das Haus hätte ebenso ganz andere Seiten wie ein
Billardzimmer oder einen riesigen alten Sicherungskasten, von Funktionsräumen
ganz zu schweigen.

Deutlich wird an diesem Fallbeispiel, wie die Moderne in eine nostalgische, sehr kulturalistische Erzählung überführt wird. Das Haus und die Familie Nishio stand vor rund 120 Jahren für die Ankunft der Moderne in Suita. Kein Haus in der Stadt war moderner, zeitgemäßer und innovativer eingerichtet. Es gab Elektrizität, neue Lampen und sogar das allererste Telefon. Die ursprüngliche Verwendung des Hauses als Kulturzentrum des Vereins schloss tatsächlich gut an diese Atmosphäre an, indem zeitgemäße Kulturevents abgehalten wurden. Durch das Bunkachō ist das Haus dagegen zu einem Heimatmuseum einer nostalgischen, zutiefst japanischen Vergangenheit geworden. Es markiert eine verlorene gute Zeit, die nicht westlich wirkt, weil die Bestandteile, die um 1900 vielleicht neu waren, heute völlig in den japanischen Alltag integriert sind und ihre fremde, *moderne* Anmutung längst abgelegt haben. Zudem werden ältere Schichten des japanischen Alltagslebens als völlig kompatibel mit dieser idealisierten Moderne präsentiert. Schiebetüren und Tatami ergeben mit Elektrizität, Lampen und Telefon ein völlig harmonisches Gesamtbild. In diesem Anwesen gäbe es eigentlich eine große Chance, die neuen Zeiten von um 1900 pädagogisch höchst anschaulich zu vermitteln und zu zeigen, wie die Moderne Einzug in der Peripherie hält, welche Brüche und welche Adaptionen es gibt. All das passiert in Suita aber nicht, wie die Feldforschung gezeigt hat.

Die Ehrenamtlichen vor Ort sind nicht völlig zufrieden mit dieser Entwicklung und spüren, dass ihre Initiative für das Nishio-Anwesen nicht die Form von Begegnungsort hervorgebracht hat, die sie sich ursprünglich erhofft und zwischenzeitlich schon erreicht hatten. In den Interviews taten sich die Vertreter der Bürgerinitiative aber schwer, genau festzumachen, an welchem Punkt ihre Pläne scheiterten. Sie würden einerseits gerne zu den alten Kulturevents zurückkehren, spüren aber gleichzeitig die Verpflichtung, das Anwesen im Sinne des Bunkachō gewissermaßen authentisch auszudeuten. Zugleich stimmen sie, wie gesehen, durchaus mit kulturalistischen Ausdeutungen überein und sind sehr wohl bereit, im Museum einen verklärten zeitlosen japanischen Lebensstil vorzustellen.

Ein typisches zweites Beispiel für eine Reihe ähnlicher Häuser im Datensatz ist das Chōchikukyo-Anwesen in der Präfektur Kyōto, das der Architekt Kōji Fujii 1928 für seine Familie plante und baute. Akira Matsukuma ist der Vorstand des Trägervereins und hat in zwei aufschlussreichen Publikationen zu dem Haus das Wirken des Architekten und seine Bedeutung für die Moderne eingeordnet. Er stellt das Anwesen unter dem Begriff »nihon mokuzō modanizumu« (japanischer Holzbaumodernismus) vor, unter dem es auch vor Ort beworben wird (Matsukuma 2015, 2018: 23–38). Matsukuma argumentiert durchgängig, dass »die Japaner« den Einfluss aus dem Westen erst auf ihre Bedürfnisse und Traditionen anpassen hätten müssen, dabei jedoch eine äußerst naturnahe Architektur hervorgebrachten hätten, die damit sogar Schwachstellen der westlichen Moderne hätten ausgleichen und überkommen können. Ein Schlüsselbegriff ist hier *chōwa* (Harmonie). In der Tat würde ein Haus wie das Chōchikuyo wohl kaum in New York oder Berlin stehen und Details seiner Architektur würden dort wenig funktional sein. Auf der anderen Seite wird von Matsukama durchgängig impliziert, dass es etwas in der japanischen »Tradition« gibt, das in sich schon den Kern einer besseren Moderne trägt und insofern geeignet ist, in einer bewussten Synthese die westliche Moderne zu transformieren und zu überkommen. Ähnlich wie in Suita wird die Moderne nicht mehr alleine als neuer Einfluss von außen dargestellt, der lokale Verhältnisse transformiert und bestimmte Anpassungen hervorruft, wenn nicht gar erzwingen würde. Die Moderne wird vielmehr zu einer Art logischer Fortsetzung des japanischen Lebenstils.

Damit wird die Idee einer eigenen japanischen Moderne transportiert, die über die bloße Aneignung der westlichen Moderne hinausgehen würde. Im Anschluss an Maiken Umbach und Bernd Hüppauf (2005) kann man hier von »vernacular modernism« sprechen. Umbach und Hüppauf (2005) zeigen in ihrem Band, dass die Moderne und das Einheimische in keinem diametralen Verhältnis stehen müssen, sondern gegenseitig aufeinander reagieren. Auf diese Weise ermöglichen sie sehr viel fluider Konzeptionen von Moderne und Einheimischem, die kulturalistische statische Beschreibungen überkommen. Genau das passiert in den von mir angeführten Beispielen aber nur bedingt. Zwar kommt es zu Verschmelzungen und Umformungen, doch es wird hier nur eine klassische Mastertrope der *nihonjinron* bedient, dass es eine urjapanische Eigenschaft wäre, Einflüsse von außen (China, dem Westen) aufzunehmen und im Prozess der Aneignung zu verbessern und zu etwas gänzlich typisch Japanischem zu transformieren. Moderne Architektur stößt konkret auf japanische Tradition. Letztere muss nicht weichen, weil sie konform zur Moderne sein kann, ja diese sogar geradezu zu vervollkommnen vermag.

Aber der Denkmalschutz geht einen Schritt weiter, indem er die Idee einer genuin japanischen Moderne evoziert, die eigene Wurzeln hat, wie z. B. die vermeintliche Zen-Ästhetik des Gartens im Ryōan-Tempel (Tagsold 2017: 106; Yamada 2009: 18). In Japan hätte sich so eine naturnahe, ästhetisch anspruchsvolle Ausprägung zeitgemäßer Architektur entwickelt, die vom Westen zwar Anregungen übernommen hätte, aber mindestens ebenso auf japanischen Einflüssen beruhen würde. Die Moderne speist sich in Japan dieser Logik folgend ebenso sehr aus der eigenen wie der westlichen Geschichte. Sie ist nicht mehr von vornherein etwas fremdes, sondern kann auf einem eigenen nichtwestlichen Strang aufbauen! Daher kann man Umbach und Hüppaufs Logik fast schon umdrehen, denn hier wird eine »modern vernacularism« behauptet, der den Westen nur noch teilweise nötig hat. Die japanische Holzbaumoderne ist ein beredtes Beispiel. Anstöße und Elemente, wie Stühle oder Glasfenster, mögen von außen kommen. Doch der Kern dieser Modernität speist sich aus der japanischen (Architektur-)Geschichte. Dabei wird nicht einfach die Tradition modern interpretiert, sondern die Moderne erst wirklich zukunftsfähig gemacht, indem sie mit der Natur vereint wird und nicht wie im Westen im Widerspruch zu ihr steht – so zumindest argumentiert Matsukuma implizit zum Chōchikukyo-Anwesen.

6   Die Zukunft der Moderne im Denkmalschutz

1933 versuchte der Schriftsteller Jun'ichirō Tanizaki (1987: 16–17) in seinem Essay *Lob des Schattens*, die Möglichkeit einer japanischen Moderne zu skizzieren, die sich unabhängig vom Westen aus sich selbst heraus entwickeln hätte können. Tanizaki benutzte dazu die Metapher des »Tintenpinsels«, indem er beklagte, dass Japan einfach den Tintenfüller aus dem Westen übernommen hätte. Tanizaki (1987: 17) räsonierte, dass mit einer japanischen Erfindung des Tintenpinsel ein eigener Weg in die Gegenwart möglich gewesen wäre, denn dann wären westliche Federn und Tinte nie beliebt geworden, um schnell und etwas unzusammenhängend zu schließen:

> Und nicht nur das, auch unser Denken und unsere Literatur hätten wohl nicht in diesem Ausmaß dem Westen nachgeeifert, wären vielleicht in neue, selbstständigere Sphären vorgestoßen.

Selbst wenn die Schlussfolgerung nicht ganz logisch und sehr unvermittelt war, verwies Tanizaki auf eine Möglichkeit, die sich nicht realisierte und befeuerte gleichzeitig den kritischen Blick auf die westliche Moderne, der prägend für viele Intellektuelle in den 1930er Jahren war.

Im Denkmalschutz der letzten zwei Jahrzehnte und in der Vermarktung der Objekte durch Träger und Kommunen wird angedeutet, es hätte genau diesen genuinen Pfad in die Moderne für Japan gegeben und die denkmalgeschützten Objekte würden dies auf die eine oder andere Art belegen. Diese Tendenz lässt sich auch in neueren Architekturgeschichten wie der von Naohiko Hino (2021) ablesen. Damit holt der Denkmalschutz eine Entwicklung ein, in der aus der Edo-Zeit die Vormoderne wurde, nachdem sie längere Zeit eher als Ausläufer des Mittelalters gesehen wurde. Wenn die Edo-Zeit jedoch die Moderne präkonfiguriert, ist es leichter, in einem nächsten Schritt die Moderne als zumindest teils japanisch zu sehen. Das Bunkachō liefert bauliche Belege, um diese Interpretation zu stützen.

Bislang sind allerdings – auch wegen des wohl noch zu geringen zeitlichen Abstands – die Bauten außen vor geblieben, die tatsächlich weltweit als eigenständiger und besonderer Beitrag Japans zur Moderne in der Architektur gefeiert werden. Die japanische Nachkriegsarchitektur hat mit der Bewegung der Metabolisten und Namen wie Kenzo Tange einen international sehr hohen Ruf. Tange gewann 1987 den Pritzker-Preis, die seit 1979 vergebene renommierteste Auszeichnung für Architekt*innen. Insgesamt ging der Preis sieben Mal nach Japan, und damit führt das Land aktuell die Liste der Preisträger*innen an. Wenn diese Nachkriegsarchitektur geschützt werden wird, könnte sich eine weitere Entwicklung der Denkmalschutznarrative ergeben, die noch stärker in die von mir skizzierte Richtung verweist, ist doch der Diskurs um japanische Architektur seit den 1950er Jahren stark davon geprägt, dass die Protagonist*innen mit der Idee einer spezifischen Tradition in Verbindung gebracht werden. Insofern ist die aktuelle Entwicklung vielleicht sogar nur ein Auftakt für eine viel weitergehende und tiefergreifende Kulturalisierung!

Literatur

Adachi, Ryūji (2009), »Kindai Nihon Jūtaku: Bunka o Taigen shita Kyū-Nishio Jūtaku«, in: Suita Shiritsu Hakubutsukan (Hg.), *Kyū-Nishioke Jūtaku (Suita Bunka Sōzō Kōryukan): Sōgō Chōsa Hakusho*, Suita: Suitashi Kyōiku Iinkai, S. 84–94.

Akagawa, Natsuko (2015), *Heritage Conservation in Japan's Cultural Diplomacy: Heritage, National Identity and National Interest*, London: Routledge.

Aoki, Tamotsu (1996), *Der Japandiskurs im historischen Wandel: Zur Kultur und Identität einer Nation*, München: Iudicium.

BBZKB (Bunkachō Bunka Zaibu Kinen Butsuka) (Hg.) (2002), *Kindai Iseki Chōsa Hōkokusho: Kōzan*, Tōkyō: Bunkachō.

BBZKB (Bunkachō Bunka Zaibu Kinen Butsuka) (Hg.) (2014), *Kindai Iseki Chōsa Hōkokusho: Seiji (Kankō Chōra)*, Tōkyō: Bunkachō.

BBZKB (Bunkachō Bunka Zaibu Kinen Butsuka) (Hg.) (2018), *Kindai Iseki Chōsa Hōkokusho: Kōtsu – Unyu – Tsūshingyō*, Tōkyō: Bunkachō.

BBZKB (Bunkachō Bunka Zaibu Kinen Butsuka) (Hg.) (2021), *Kindai Iseki Chōsa Hōkokusho: Nōrinsansuigyō*, Tōkyō: Bunkachō.

Befu, Harumi (2001), *Hegemony of Homogeneity: An Anthropological Analysis of »Nihonjin-ron«*, Melbourne: Trans Pacific Press.

Benesch, Oleg und Ran Zwigenberg (2019), *Japan's Castles: Citadels of Modernity in War and Peace*, Cambridge: Cambridge University Press.

Brumann, Christoph (2012), *Tradition, Democracy and the Townscape of Kyoto: Claiming a Right to the Past*, London: Routledge.

Bunkachō (1995), *Kindai no Bunkaisan no Hozon: Katsuyō ni kan suru Chōsa Kenkyū Kyōryoku Shakaigi*, https://www.bunka.go.jp/seisaku/bunkazai/hokoku/kindai_kinen-butsu.html (10. Mai 2023).

Chiavacci, David (2008), »From Class Struggle to General Middle-Class Society to Divided Society: Societal Models of Inequality in Postwar Japan«, in: *Social Science Japan Journal*, 11 (1): 5–27.

Ehrentraut, Adolf W. (1989), »The Visual Definition of Heritage: The Restoration of Domestic Rural Architecture in Japan«, in: *Visual Anthropology*, 2 (2): 135–161.

Ehrentraut, Adolf W. (1993), »Heritage Authenticity and Domestic Tourism in Japan«, in: *Annals of Tourism Research*, 20: 262–278.

Ehrentraut, Adolf W. (1994) »The Ideological Commodification of Culture: Architectural Heritage and Domestic Tourism in Japan«, in: Stephen Riggins (Hg.), *The Socialness of Things: Essays on the Socio-Semiotics of Objects*, Berlin: Mouton de Gruyter, S. 231–250.

Ehrentraut, Adolf W. (1995), »Cultural Nationalism, Corporate Interests and the Production of Architectural Heritage in Japan«, in: *Canadian Review of Sociology*, 32 (2): 215–242.

Hara, Naoya und Kōshi Matsushima (2009), »Kyū-Nishioke Jūtaku no Shōmei/Denki Setsubi,« in: Suita Shiritsu Hakubutsukan (Hg.), *Kyū-Nishioke Jūtaku (Suita Bunka Sōzō Kōryukan): Sōgō Chōsa Hakusho*, Suita: Suitashi Kyōiku Iinkai, S. 194–207.

Hino, Naohiko (2021), *Nihon Kindai Kenchiku no Rekishi: Meiji Ishin kara Gendai made*, Tōkyō: Kōdansha.

Hirasawa, Tsuyoshi (2007), »Bunkateki Shisan toshite no Kindai Teien oyobi Kōen no Hogo«, in: *Nihon Teien Gakkaishi*, 18: 117–172.

Itō, Takashi (2000), *Nihon no Kindaikai Isan: Atarashii Bunkazai to Kasseika*, Tōkyō: Iwanami Shinsho.

Japan Cultural Expo 2020 (2020), *Nihon no Kindaika Isan: Shizen no Chikara to Hikidasu Waza*, https://japanculturalexpo.bunka.go.jp/programs/348/ (10. Mai 2023).

Lowenthal, David (1985), *The Past is a Foreign Country*, Cambridge: Cambridge University Press.

Matsukuma, Akira (2015), *Chōchikukyo: Fujii Kōji no Mokuzō Modanizumu Kenchiku*, Tōkyō: Heibonsha.

Matsukuma, Akira (2018), *Mokuzō Modanizumu Kenchiku no Kessaku: Chōchikukyo Hakken to Saisei no 22-Nen*, Ōsaka: Pia.

Minami, Hiroshi (1980), *Nihonjinron no Keifu*, Tōkyō: Kōdansha.

Minami, Hiroshi (1994), *Nihonjinron: Meiji kara Kyō made*, Tōkyō: Iwanami shoten.

Mitsui, Wataru (2021), *Nihon no Rekishiteki Kenzōbutsu: Jinsha – Jōkaku – Kindai Kenchiku no Hozon to Katsuyō*, Tōkyō: Chūō Kōron.

Nakai, Masahiko (2013), »Preservation and Restoration of Tokyo Station Marunouchi Building«, in: *Japan Railway & Transport Review*, 61: 6–15.

Pai, Hyung Il (2013), *Heritage Management in Korea and Japan: The Politics of Antiquity and Identity*, Seattle: Washington University Press.

Shimizu, Shigeatsu (2008), »Kyōtofu Kindai Wafu Kenchiku Sōgo Chōsa«, in: *Nabunken Nyūsu*, 28: 8.

Snodgrass, Judith (2003), *Presenting Japanese Buddhism to the West: Orientalism, Occidentalism, and the Columbian Exposition*, Chapel Hill: University of North Carolina Press.

Song, Jiewon (2017), »The Origin and Evolution of Urban Heritage Conservation in the Specified Block System in Tokyo«, in: *Toshi Keikaku Ronbunshū*, 52 (2): 135–144.

Suzuki, Hiroyuki, Terunobu Fujimori und Tokuzo Hara (Hg.) (2009), *Josaia Kondoru: Rokumeikan no Kenchikuka*, Tōkyō: Kenchiku Gahō.

Tagsold, Christian (2017), *Spaces in Translation: Japanese Gardens and the West*, Philadelphia: University of Pennsylvania Press.

Tanizaki, Jun'ichiro (1987), *Lob des Schattens: Entwurf einer japanischen Ästhetik*, Zürich: Manesse Verlag.

Umbach, Maiken und Bernd Hüppauf (Hg.) (2005), *Vernacular Modernism: Heimat, Globalization, and the Built Environment*, Stanford: Stanford University Press.

Yamada, Shōji (2009), *Shots in the Dark: Japan, Zen, and the West*, Chicago: University of Chicago Press.

Yoshino, Kosaku (1992), *Cultural Nationalism in Contemporary Japan: A Sociological Enquiry*, London: Routledge.

Die Autorinnen und Autoren

Dr. David Adebahr
Studium der Japanologie, Politischen Wissenschaften und Soziologie an der Ludwig-Maximilians-Universität (LMU) München (M. A. Japanologie). 2014–2016 MEXT Research Fellow und 2016–2019 Stipendiat der Japan Society for the Promotion of Science (JSPS) an der Kyōto Universität. 2019 Promotion an der Graduate School of Law (Dekanspreis der Juristischen Fakultät) und anschließend Assistant Professor an der Faculty of Law der Kyōto Universität. Seit 2023 Tenured-Lecturer an der Faculty of Global Human Sciences der Kobe Universität. Forschungsschwerpunkte: Außenpolitik Japans, Internationale Beziehungen im Pazifik, Neoklassischer Realismus und außenpolitische Entscheidungsprozesse.
E-Mail: adebahr@harbor.kobe-u.ac.jp

Denise Fiedler, M. A.
Jahrgang 1993, studiert an der Universität zu Köln und hat hier bereits den Abschluss Master of Education erreicht. Ihr Forschungsinteresse liegt in der international vergleichenden Berufsbildungsforschung.
E-Mail: Denise.J.Fiedler@gmx.de

Dr. Markus Heckel
Nach Studium der Regionalwissenschaften Japan und Volkswirtschaftslehre an der Rheinischen Friedrich-Wilhelms-Universität Bonn, Promotion 2014 zur Bank of Japan an der Universität Duisburg-Essen. Von 2012 bis 2018 wissenschaftlicher Mitarbeiter an der Goethe Universität Frankfurt, Fachbereich Wirtschaftswissenschaften. Seit 2018 wissenschaftlicher Mitarbeiter am Deutschen Institut für Japanstudien (DIJ) in Tōkyō und seit 2022 Leiter der Forschungsgruppe »Nachhaltigkeit und Resilienz«. Forschungsschwerpunkte: Wirtschaft Japans, Zentralbanken und Geldpolitik, Makroökonomie, Wirtschaftspolitik, Arbeitsmarktökonomik sowie Nachhaltigkeitsökonomik.
E-Mail: heckel@dijtokyo.org

Dr. Kerstin Lukner

Managing Director der Alliance for Research on East Asia Ruhr (AREA Ruhr), einer gemeinsamen wissenschaftlichen Einrichtung der Fakultät für Ostasienwissenschaften (OAW) der Ruhr-Universität Bochung (RUB) und dem Institute of East Asian Studies (IN-EAST) der Universität Duisburg-Essen im Rahmen der Universitätsallianz Ruhr. Zuvor Promotion an der Rheinischen Friedrich-Wilhelms-Universität Bonn und wissenschaftliche Mitarbeiterin am Institut für Ostasienwissenschaften/Politikwissenschaft an der Universität Duisburg-Essen. Ihr Forschungsinteresse gilt Japans internationalen Beziehungen sowie seiner Außen- und Sicherheitspolitik.
E-Mail: kerstin.lukner@area-ruhr.de

Prof. Dr. Kostiantyn Ovsiannikov

Assistenzprofessor am Shohoku College in Atsugi (Japan) sowie assoziierter Forscher bei der Fondation France-Japon (FFJ) der École des hautes études en sciences sociales (EHESS, Paris) und Dozent an der Eberhard Karls Universität Tübingen. 2018 Promotion an der Universität Tsukuba zu den Auswirkungen der Shareholder-Value-Ideologie auf die Beschäftigung in großen japanischen Unternehmen. Seine Forschungsinteressen umfassen Arbeitsökonomie, politische Ökonomie und experimentelle Ökonomie. Sein derzeitiges Forschungsprojekt befasst sich mit der Marktwahrnehmung von Unternehmensinnovationen in Japan.
E-Mail: k-ovsiannikov@shohoku.ac.jp

Prof. Dr. Matthias Pilz

Jahrgang 1968, ist Professor für Wirtschaftspädagogik an der Universität zu Köln und Direktor des German Research Center for Comparative Vocational Education and Training (G.R.E.A.T.). Seine Forschungsinteressen liegen in der international vergleichenden Berufsbildungsforschung, den Übergängen von Bildung in Beschäftigung, der Flexibilisierung und curricularen Gestaltung von Berufsbildungsprogrammen sowie im Design und der Evaluation von Lehr-Lernarrangements.
E-Mail: Matthias.pilz@uni-koeln.de

Prof. Dr. Shinji Sakano

Jahrgang 1961, ist Professor an der Tamagawa University. Er beschäftigt sich mit den Forschungsfeldern: Entwicklung des Arbeitsmarktes in Deutschland (insbesondere der Absolventen von Bachelorstudiengängen und der Absolventen dualer Berufsausbildung), Entwicklung der Studienfächer (allgemeine Bildung vs.

Fachbildung an Universitäten), internationaler Vergleich von Schul-, Hochschul-
system und Arbeitsmarkt in Deutschland und Japan.
E-Mail: sakano@edu.tamagawa.ac.jp

Dr. Anke Scherer
Studium der Japanologie und Sinologie in Trier, Wuhan, Heidelberg und an der
School of Oriental and African Studies (SOAS) in London, M. A. im Bereich der
chinesischen Geschichte, Promotion zur japanischen Geschichte, Forschungsauf-
enthalte an der Universität Tōkyō, der Universität Kōbe und der Kōnan Universität
in Kōbe, wissenschaftliche Mitarbeiterin in der Sektion Geschichte Japans der
Fakultät für Ostasienwissenschaften der Ruhr-Universität Bochum. Forschungsschwerpunkte sind der japanische Imperialismus, besonders Japan in der Mand-
schurei, sowie Wirtschafts- und Sozialgeschichte. Derzeitiges Forschungsprojekt
zur Geschichte der Hygiene und zum kulturellen Narrativ von Sauberkeit und Gesundheit im 19. und 20. Jahrhundert in Japan.
E-Mail: anke.scherer@rub.de

Prof. Dr. Christian Tagsold
Jahrgang 1971, Studium der Soziologie, Japanologie und Neuere und neueste Geschichte. 2000–2001 wissenschaftlicher Mitarbeiter am sozialwissenschaftlichen
Forschungszentrum der Friedrich-Alexander-Universität Erlangen-Nürnberg.
2004–2005 wissenschaftlicher Mitarbeiter am Ethnologischen Institut der Martin-
Luther-Universität Halle-Wittenberg. Seit Januar 2006 lehrt er am Institut für Modernes Japan am Ostasien-Institut der Heinrich-Heine-Universität Düsseldorf. Seit
Juni 2019 forscht er auf einer von der Deutschen Forschungsgemeinschaft
geförderten Heisenberg-Stelle. Seine aktuellen Schwerpunkte sind die japanische
Diaspora in Europa, der Denkmalschutz der Moderne in Japan sowie die Idee der
besonderen Naturverbundenheit der Japaner in kulturalistischen Diskursen. Außerdem forscht und publiziert er weiter zu japanischen Gärten sowie zu Olympischen Spielen (Tōkyō 1964 und 2020).
E-Mail: tagsold@phil.hhu.de

Prof. Dr. Wilhelm Vosse
Professor für Politische Wissenschaft und Internationale Beziehungen, Vorsitzender des Fachbereichs für Politik und Internationale Studien an der International
Christian University (ICU) in Tōkyō (Japan). Studium der Politikwissenschaften an
der Universität Hannover und der London School of Economics and Political Science (LSE). M. A. (1992) und Dr. phil. (2000) in Politikwissenschaft. Forschungs-

aufenthalte an der Harvard University, der Oxford University und der University of Warwick. Forschungsschwerpunkte umfassen die Außen- und Sicherheitspolitik Japans sowie die Zusammenarbeit mit neuen Partnern. Aktuelle Forschungsprojekte befassen sich mit der sicherheitspolitischen Zusammenarbeit Japans mit der EU, Cybersicherheit, Cyberdiplomatie und Künstlicher Intelligenz (KI).
E-Mail: vosse@icu.ac.jp

Prof. Dr. Franz Waldenberger
Seit 2014 Direktor des Deutschen Instituts für Japanstudien (DIJ), Tōkyō. Studium der Volkswirtschaftslehre in Heidelberg, Tōkyō und Köln, Promotion 1990 an der Universität zu Köln und 1996 Habilitation dort. Nach Tätigkeiten als wissenschaftlicher Mitarbeiter an der Universität zu Köln und im Stab der Monopolkommission von 1992–1997 wissenschaftlicher Mitarbeiter am DIJ. 1997 Berufung auf die Professur für japanische Wirtschaft an die Ludwig-Maximilians-Universität (LMU) München. Von der LMU München seit Oktober 2014 beurlaubt. Gastprofessor an verschiedenen renommierten japanischen Universitäten. Seit vielen Jahren ehrenamtlich Tätigkeit für die deutsch-japanischen Beziehungen als Vorstandsmitglied des Deutsch-Japanischen Wirtschaftskreises und als Mitglied des Deutsch-Japanischen Forums. Forschungsschwerpunkte: japanische Wirtschaft, Corporate Governance und internationales Management.
E-Mail: waldenberger@dijtokyo.org

Dr. Torsten Weber
Seit 2013 wissenschaftlicher Mitarbeiter am Deutschen Institut für Japanstudien (DIJ) in Tōkyō. Zuvor wissenschaftlicher Mitarbeiter am Institut für Sinologie der Universität Freiburg, der School of Humanities and Social Sciences der Jacobs Universität Bremen und am Institut für Japanologie/Koreanistik sowie dem Institut für Asienstudien der Universität Leiden. Studium der Geschichts- und Publizistikwissenschaft an der Universität Mainz, danach Master-Studium in Chinese Studies an der School of Oriental and African Studies (SOAS) in London. Promotion in Japanologie an der Universität Heidelberg. Forschungsschwerpunkte: Geschichte der japanisch-chinesischen Beziehungen, Asiendiskurse, Geschichtspolitik und Erinnerungskulturen.
E-Mail: weber@dijtokyo.org

Prof. Dr. Christian G. Winkler
Jahrgang 1980. Nach Studium der Japanologie und Politikwissenschaften an der Ludwig-Maximilians-Universität (LMU) München Promotion 2009 zur Verfassungsreformdebatte in Japan. 2010 bis 2015 wissenschaftlicher Mitarbeiter am Deutschen Institut für Japanstudien (DIJ), Tōkyō. 2015 bis 2018 Lecturer im Modern Japanese Studies Programm der Hokkaidō Universität, Sapporo. Seit Oktober 2018 Associate Professor an der Juristischen Fakultät der Seinan Gakuin Universität, Fukuoka. Forschungsschwerpunkte in den Bereichen Parteienforschung und politische Ideengeschichte der Nachkriegszeit.
E-Mail: winkler@seinan-gu.ac.jp